教师实践能力发展丛书

思想政治（品德）教学设计与案例分析

主　编　谭咏梅　崔立宏　庄瑞杰
副主编　刘　智　高　敏

科学出版社
北　京

内 容 简 介

本书分为理论篇和实践篇。理论篇主要对当代教学设计的一般理论做了系统阐述，对初中思想品德和高中思想政治教学设计的学科性及特点进行了梳理。分析了学习者的特点和需要，并对教学目标、教学内容、教学策略、教学模式、教学评价及教学活动设计理论做了较全面的论证。实践篇则精心选择了一线优秀教师真实的教学设计案例，萃取了教师教学经验的精华，这些案例又都经过了教育研究者和教研员的独到点评。

本书凝结了当代教学设计研究的理论成果，汇集了教学设计的优秀案例，既具有理论的深度，又具有实践的高度。

本书适用于初中思想品德和高中思想政治教师、思想政治（品德）教学研究者、思想政治教育专业本科生和研究生。

图书在版编目(CIP)数据

思想政治（品德）教学设计与案例分析/谭咏梅，崔立宏，庄瑞杰主编.—北京：科学出版社，2014

（教师实践能力发展丛书）

ISBN 978-7-03-041747-3

Ⅰ.①思… Ⅱ.①谭… ②崔… ③庄… Ⅲ.①政治课-教学研究-中学 Ⅳ.①G633.202

中国版本图书馆CIP数据核字（2014）第193393号

责任编辑：石 悦 相 凌 王昌凤 / 责任校对：胡小洁

责任印制：徐晓晨/ 封面设计：华路天然工作室

科学出版社出版

北京东黄城根北街16号

邮政编码：100717

http://www.sciencep.com

固安县铭成印刷有限公司 印刷

科学出版社发行 各地新华书店经销

*

2014年8月第 一 版 开本：787×1092 1/16

2021年8月第八次印刷 印张：17

字数：403 000

定价：49.00 元

总　　序

人们对教师教育的关注可谓由来已久。《世界教育年鉴》曾于1963年和1980年两度分别以“教育与教师培养”和“教师专业发展”为主题。关于教师教育的研究成果也十分丰富，仅就数学教育研究而言，根据2001年Ball，Lubienski和Mewborn所做的统计，在1986～1998年发表的48种重要教育研究的期刊中，有354篇是与数学教育有关的论文，其中15%的论文是关于数学教师知识和观念的。

在教师教育研究中，存在着两个重要的相关主题，一个是教师应具备什么知识，另一个是促进教师知识发展的策略。在关于教师应具备什么样的知识的研究中，由于研究者所持有的知识观不同，因此，他们对于教师知识的认识和对教师知识的概念化方式都存在着很大的差异。但从教师知识研究的脉络上看，存在着两条特征十分清晰的主线，一条主线是具有实践取向性的教师知识构想，另一条主线是从理论上，甚至是命题的立场上理解教师知识产生的影响。

许多研究者从教师课堂教学实践的立场出发，认为教师知识是教师在自身的教学实践中发展出来的一种知识。由此得出，教师知识具有实践性特征、个人化特征、情境化特征。实践性特征说明了教师知识是在教师的日常教育教学活动中形成的；个人化特征说明了教师知识是源于教师个体在教育教学活动中生成的，强调不同个体产生的体验不同；情境化特征说明了个体实践环境对个体体验的影响。在一个教师个体身上，教师知识的三种特征是统一在一起的，交融在一起的，即该个体教师知识是对特定情境的反应。

关于命题观点下教师知识的研究成果应首推Shulman关于教师知识的概念性和分析性的框架。Shulman和他的同事提出了构成教学知识基础的七类知识：①内容知识（content knowledge），主要指所教学科的内容知识，包括该学科的主要事实、概念以及它们之间的关系，同时也包括该学科的实质结构和句法结构。一个学科的实质结构指的是“解释性框架或用来引导该领域探究和数据理解的范式”，而句法结构指的是该学科委员会成员为了引导该领域探究而使用的规定（the canons of evidence）。它们是新知识被引入和被认可的各种方式。Shulman认为，教师拥有关于学科所使用的解释性或诠释性框架的知识和在该学科怎样进行探究的知识，而这些知识严重地影响了他们的课程决策以及如何向学生呈现内容和描述该学科的本质。②学科教学知识（pedagogical content knowledge）是指有机融合所教的学科知识内容和教育学原理，进而对具体课题、问题或论点组织、表达和调整，以适应学习者的不同兴趣和能力，以及进行教学的理解。③一般性教学知识（general pedagogical knowledge），指超越各具体学科之上的关于课堂管理和组织的一般原理和策略。④课程知识（curriculum knowledge），指对作为教师的“职业工具”的教材和教学计划的掌握。⑤学习者及其特点的知识（knowledge of learners and their characteristics）。⑥教育环境的知识（knowledge of educational contexts），包括从班组或课堂的情况、学区的管理和经费分配，到社区和文化的特征。⑦关于教育的目标、目的和价值以及它们的哲学和历史基础知识（knowledge of educational ends，purposes and values）。他们认为教师在作教学决定时常常会用到这七个范畴的知识。

“教师实践能力发展丛书”主要由各学科教学活动设计构成，也包括班队会设计和板书设计。不论是哪一类设计都反映出了教师知识的发展水平，特别是教学活动设计，更集中地反映了教师学科教学知识（PCK）发展水平。通常所说的教学活动设计主要是针对某一课时的教学设计。教学设计活动主要包括对学科课程内容分析，特别是基于学科课程标准的要求对教科书的分析，对学生现阶段认知发展水平的分析，学习习惯分析，对现有教学资源和教学设施手段的分析，以及基于上述分析设立科学合理教学目标，并针对目标对教材进行处理与教学流程设计和评价管理设计等内容。由此可见，教学活动设计包含了教师的学科知识、学科课程知识、学习者及其特点的知识、认知心理学和认识论的知识、管理知识等。教学设计是这些知识整合的结果，展现教师如何把学科知识有效传递给学生，以及如何把学科知识中蕴含的教育价值有效释放出来并为学生所理解。因此，教学活动设计较为集中地反映出教师当下拥有的教学知识及其发展水平。

此外，教学活动设计也是教师知识得以发展的重要逻辑起点。通过教科书分析，可以不断地加深对所教学科知识的理解。这种理解是在所教学科知识之间、所教学科知识与其他学科知识之间、所教学科知识与现实生活之间不断建立联系的过程中完成和发展的。通过对学生认知发展水平的分析，掌握学习者认知特点和学科学习心理发展规律。针对即将学习的内容，可以更加具体地掌握该群体学生关于这些内容的认知准备状况，进一步对比教科书中知识发展的要求，再结合以往该年龄段学生面对这些学习内容的认知情况，可以更加精准地找到教学难点所在。针对确定的教学难点，一方面可以结合已有的教学经验，运用已有的破解难点的方法，从而再一次验证经验的有效性；另一方面，还可以尝试新的破解难点的方法。比如，设计与教科书不同的认知途径，或设计比教科书更加细腻的认知过程，或采取与以往不同的师生活动方式等，从而增加和丰富有效教学经验。通过教材分析和学情分析，以及教学手段与资源分析，可以确定教学目标。根据教学目标设计有效的教学过程与方法，使得教学过程、方法与教学目标统一起来，有效落实教学目标。教学过程与方法的设计，一方面涉及学生认知活动流程，即围绕教学目标，如何提出每一个问题，如何设计问题串，使之更有效地引导学生的思维活动达到预设目标的要求；另一方面涉及师生互动的具体方式和方法，即谁来提出问题，谁来解决问题，以及如何创设情境提出问题，如何呈现问题和问题解决方案等。

本套丛书的特色是借助案例阐释教学活动设计的各要素、各阶段，以及各教学环节的功能，期待能够帮助读者充分理解教学活动设计的基本方法、基本原则，深入理解教学活动设计的意义。同时也期待这套丛书能够帮助教师梳理现有的教育教学设计的经验（实践知识），使之不断提升为个人的理论知识。

景　敏

2014 年 1 月

前　言

我国基础教育新课程改革促进了思想政治（品德）教师的教学观念和教学行为的嬗变与创新。在唯有“变化”才是“不变”的社会大潮下，思想政治（品德）教师如何适应教育改革和发展的需要？如何在本学科领域和日常教学工作中，为实现教书育人的神圣使命而有所作为？如何将具有个性化的教学行为与社会对人才培养的需求有效对接？面对这些现实的问题，本书试图在思想政治（品德）课程教学设计领域，探寻这些问题的确切答案。

就理论发展而言，教学设计是在教育学、心理学、系统论、学习论、教育技术理论等诸多理论发展的基础上，在提升课程教学有效性的迫切需要中产生，并在各国教育改革的推动下迅速发展的，我国在20世纪末引入教学设计理论，并在新课程改革的教学实践中使其逐步为人们所认知。对我国多数教师而言，教学设计是需要重新学习的一个新理论。对我国师范教育而言，教学设计理论是在近几年才进入各学科课程与教学视野的。

在课程与教学实践中，掌握教学设计实践操作能力已经成为各学科教师的基本要求。新课程改革推动了教学设计理论在教学实践中的应用。用教学设计代替传统教案，用教学设计统领教师的教学行为，是当代教师专业化的重要特征。

本书为思想政治（品德）教师和师范生学习教学设计理论提供了一个范本。在理论篇中，共设有八章内容，分别是：第一章 绪论；第二章 思想政治（品德）学习者的特点和需要；第三章 思想政治（品德）教学目标设计；第四章 思想政治（品德）教学内容设计；第五章 思想政治（品德）教学策略设计；第六章 思想政治（品德）教学模式设计；第七章 思想政治（品德）教学评价设计；第八章 思想政治（品德）教学活动设计。

在案例篇中，我们精心挑选了初中思想品德、高中思想政治优秀教师的教学设计案例。这些教学设计案例各具特色，凝结了每个教师的教学智慧和创意，每个案例又有教学专家或教师独具慧眼的点评，为思想政治（品德）教师和师范生提升教学设计实践操作能力提供了诸多范例。

“奇文共欣赏，疑义相与析”，诚意相邀思想政治（品德）课程教学研究者们对本书内容评头品足，相互切磋，共同研究，以此提升我国思想政治（品德）学科的科学性和实效性。

在书稿的编写过程中，谭咏梅负责全书的设计与统稿工作，主编由谭咏梅、崔立宏、庄瑞杰担任，副主编由刘智、高敏担任。第一章、第三章、第八章由谭咏梅、张永光编写；第五章、第六章、第七章由崔立宏编写；第二章由刘智编写；第四章由高敏编写。庄瑞杰、谭咏梅负责高中案例和初中案例的收集、筛选、整理与点评。各教学设计案例的作者分别是：庄瑞杰、冯静、苏桂荣、吕小曼、唐铭、杨彦也、李树华、庞玫、胡世民、熊立新、赵彩麟、胡静、暴国辉、谭晓铁、孙洪英、胡颖、张旷达、鄂丽红、柳杰、赵霞、康峰、蔺艳、陈鹏、肖长英、李欣、朱晓曈、魏滨、刘阿娜、王晓芳、曲连娣、任苏媛、冯军、张利荣、金锦顺、张成姬、崔佳、李杰、张玉霞、韩雪莹。

本书在编写中，参阅、参考和引用了有关专家和学者的研究成果，在此声明并表示衷心感谢！

本书在编写过程中得到科学出版社的大力支持和帮助，在此致以真诚的感谢！

谭咏梅

2014 年 4 月于沈阳师范大学

目　　录

上篇　思想政治（品德）教学设计理论篇

下篇　思想政治（品德）教学设计案例篇

上篇

思想政治（品德）

教学设计理论篇

第一章　绪　　论

学习目标

（1）了解教学设计的发展和演进过程。

（2）理解教学设计的基本概念。

（3）掌握教学设计的相关理论基础。

（4）明确教学设计的基本问题。

核心概念

教学设计　思想政治（品德）教学设计　建构主义理论　学习论理论　传播理论　教学设计的基本问题

第一节　思想政治（品德）教学设计概述

学习导航

这是让我们初步进入教学设计知识和实践领域的一节内容。我们先从教学设计的发展过程谈起，在进一步的自主阅读和理解中，感知教学设计的概念、思想政治（品德）教学设计的特点、教学设计的基本问题。作为当代的教师或准教师，这些知识都是基础性的。

一、教学设计的形成与发展

当我们追根溯源时会发现，教学设计（instructional design，ID）作为一种理论和新兴的学科，是当代教育教学理论中最具活力和最为实用的理论成果。

教学设计理论的诞生要追溯到第二次世界大战时期的美国，在那种非常时期，为了在较短的时间内有效培训参战士兵，培训机构邀请了许多教育学和心理学方面的专家参与了培训的设计和实施。由于这些专家们在教学计划制订中采用了设计模型的形式，促进了培训工作的程序性、实用性，培训士兵的有效性优势也凸显出来。

杜威与桑代克被认为是最早提出有关教学设计构想的学者，因为他们在20世纪初就提出了科学构思和制订教学计划的设想。20世纪50年代，系统工程学和行为主义（behaviorism）理论开始盛行，并对课堂教学理论产生深刻影响。行为主义为如何“安排”（program）教学提供了一系列的规则，也为教学设计的理论和操作过程提供了程序性规范。1965年，加涅完成了《学习的条件》一书。该书中有关教学条件、有效教学的教学事件以及学习成果的分类理论为教学设计提供了理论依据，由此产生了“第一代教学设计理论”。

20世纪80年代，个人计算机得到开发和使用，促使教学设计的技术研究和开发也迈向了新的阶段。网络带来的新技术和新信息，支持教学设计更加适应学习者和社会发展的需要，多媒体成为教学设计的重要组成部分。在认知心理学取代行为主义心理学在教学中发挥指导作用后，教学设计转而依据认知心理学进行策略和实施安排。20世纪90年代，建构主义学习理论开始影响教学设计的内容和形式，情境教学、认知学习、建构知识、后现代主义教学思想都在教学设计的策略和实施中有所体现。在这些研究成果的共同作用下，“第二代教学设计理论”形成并逐步完善。

由于来自社会、学生个人和课程发展的需要，在经历了半个多世纪的发展历程后，如今教学设计的理论与实践已经具有广泛的国际性，受到众多教育研究者和教师的青睐。在教学理论上，教学设计成为教学的重要理论基础；在教学实践中，教学设计成为教师进行教学准备和实施教学的重要载体。如今，教学设计领域的研究和实践已从最初仅仅关注程序化教学的狭隘视野，发展成为一个整合了心理学、教育技术学、教育评价学、教育测量学和管理学等多维度研究的宽泛领域，教学设计理论正向“第三代”迈进。

20世纪80年代中期，教学设计理论开始传入我国。我国第八次新课程改革启动后，教学设计受到普遍关注，成为教师由传统教学观念向现代教学观念转变的重要表征。如今，伴随着新课程改革的逐步深入，教学设计的理论和技术已经成为我国中小学教师的基础性知识和专业能力。

二、思想政治（品德）教学设计的概念

（一）教学设计概念

1. 教学设计概念界定

教学设计理论传入我国后，有关教学设计概念的解释归纳起来大致有以下几种：①“方法”说。此说认为，教学设计是系统研究教学过程和制订教学计划的方法，即运用系统方法优化教学要素和过程，以期达到教学最优化的方法。②“技术”说。它是将教学设计与现代教育技术结合，认为教学设计更加代表了现代教学技术的发展前沿。③“学科”说。这种观点认为教学设计是一门提出最优教学方法的独立学科，“教学设计是一门关注理解和改进教学过程的一门学科”。教学设计是帮助教师搞好教学，促进专业成长的基础性学科。④“方案”说。这一说法认为教学设计就是对教学方案的制订和修改。教学设计是运用系统方法分析教学问题和确定教学目标、建立解决教学问题的策略方案、试行解决方案、评价试行结果和对方案进行修改的过程。⑤“规划”说。教学设计是规划教学计划的过程，教学设计是用系统的方法分析教学问题，研究解决问题途径，评价教学结果的计划过程或系统规划。

以上各种观点对教学设计概念的理解角度不同，但都说明了教学设计已经成为当代教师不可或缺的知识和能力，是达成教学目标的重要理论和实践工具，是学习理论和教学实践之间联系的桥梁。

2. 教学设计的内涵

综合以上几种教学设计的不同表述，可以看出教学设计概念具有丰富的内涵。

第一，在教师的备课阶段，教学设计是教师通过精心计划和设计安排的教学方案，它类似于“教案”，是教师“教案”的升级版。

第二，教学设计集中体现了教师教学的方法论和具体教学方法，又以现代教育技术作为教学设计展现和实施的手段，所以教学设计是教学内容、教学方法和现代教育技术（如多媒体）有机整合的载体。

第三，教学设计作为一种系统行为，将关注点集中在学生的学习活动上。教师在教学设计中，不仅设计教师如何教，更要设计学生学什么、怎么学、如何更有效地学。

第四，教学设计是建立在现代教学理论最新成果基础上，并随着教学理论发展而越发成熟的理论体系。从发展趋势上看，它不仅是一门课程，更是日益成熟的学科理论体系。

总之，教学设计（也称教学系统设计）是在一定的教育教学理论指导下，从所要解决的课程问题和学生学习需要出发，依据教学目标和内容，对教学的主要要素进行系统分析和设计，提出有效的教学程序、策略和方法，评价教学设计实施的教学结果，并在评价基础上改进设计的系统过程。

（二）思想政治（品德）教学设计的含义

思想政治（品德）教学设计是在一定的教育教学理论指导下，遵循学生的成长特点和学生社会化发展的需要，应用系统方法对思想政治（品德）教学的主要要素和环节进行分析、描述和规划，提出有效的教学程序、策略和方案，评价教学设计实施的结果，并在评价基础上改进设计的过程。

我们可以从以下四个方面理解思想政治（品德）教学设计的含义。

第一，思想政治（品德）教学设计是以一定的教育教学理论为指导，体现了设计者特有的教育思想和教学观念。教学设计不是在教学经验基础上的重复性工作，而是将教育理论和教学观念转化为教学方案，并实施和评价这一方案的过程。不同的教育理论和教学观念指导下的教学设计会形成不同的设计方案。每一个教学设计既体现了设计者的经验和智慧，又体现了设计者所依据的思想和观念。

第二，思想政治（品德）教学设计是对教学系统各要素和环节进行整体规划的过程。教学过程是由各要素组成的教学系统，这些要素主要包括教师活动、学生活动、教学目标、教学内容、教学方法、教学媒体、教学环境等。教学过程也由相互联结的各个环节组成，一般包括教学的导入、问题的提出、新课的学习、教学活动的组织、教学的小结、学习内容的巩固等。教学设计既要分析规划教学过程的每个要素和环节，也要对教学系统的各个要素、环节进行整体规划，围绕教学目标这一中心，将各种要素统一为一个有机整体，以期实现教学过程的优化和教学效果的有效性。

第三，思想政治（品德）教学设计的成果形式是形成一个科学可行的教学活动方案。思想政治（品德）课教学设计是在对教学要素科学分析的基础上，提出有效教学的活动方案并加以实施。教学设计活动方案类似于以往教师课前的教案，但它与教案不同。教学设计方案是教学活动的预设，它为教学生成留有空白和空间。

第四，评价是当代教学设计中应有的基本内容，贯穿于教学设计的整个过程。在教学设计方案的准备中，提出学生在知识、能力和情感、态度、价值观上会有哪些变化的目标，以此作为评价的依据；在教学设计的实施中，了解哪些教学活动更有效地促进了教学目标的达成；在教学设计实施之后，考察这些目标达成的程度，在此基础上，修改和完善教学设计，并为下一次教学设计提供建议。

三、思想政治（品德）教学设计的特点

（一）教学设计的一般特点

（1）系统性。教学是由多个要素组成的复杂系统，教师、学生、课程标准、教学内容、教学媒体、教学环境和条件等都是教学中不可或缺的要素。各个要素与各个环节是相互关联、相互作用的。教学设计要为达成教学目标、满足学生的需要而将各个要素有机结合，合理布局，科学统筹，系统安排。

（2）整体性。教学设计从整体出发对教学目标、教学过程、教学效果的评价进行设计。教学设计更多的是考虑学习者的需要和教学现实的需要，在目标的引导下让各个要素协调运行，形成高效的教学过程和有效的教学策略与方法。

（3）科学性。教学设计不是教师依靠经验累积就能完成的，教育学、心理学、系统论、学习论等理论研究的成果为教学设计提供了理论指导。教师的每一项教学设计都表达和体现了某种合理的教育思想和教学理念。实践与理论的结合在让教学设计展现出理性光辉的同时又充满了实践智慧。

（4）主体性。教学设计虽然是教师的专业行为，但教学设计的基本主张是帮助学习者学习，即确定帮助学习者建构知识的途径。教学设计以促使学生主动参与教学活动、建构知识为主要教学方式。学生活动设计是教学设计的主体部分，这也是教学设计与传统教案的区别之一。

（5）可操作性。作为方法和技术的教学设计，重视教学活动的循序操作。教学设计的每一部分和每一步骤都是明确的和可操作的。

（6）创造性。教学设计为教师的个性化劳动提供了空间，教师通过精心设计教学，从无效的重复劳动中解放出来，进行更加富有创造性的工作。教师不能仅仅关注学科知识的教学，而要从学生的发展需要出发，从知识传授者的角色，转变为学生发展的辅导者、激励者和促进者。

（二）思想政治（品德）教学设计的特征

思想政治（品德）教学设计除了具有上述教学设计的一般特点外，比较其他学科的教学设计，它还具有自身的重要特征。

1. 体现德育为首的学科性质

思想政治（品德）教学设计，既要体现思想政治学科的思想性、人文性、综合性、实践性的学科特征，又要突出表达人文社会学科与德育学科的双重学科性质，从培养合格的社会主义公民的目标出发，将教学设计的重点放在育人和育德的任务上。

2. 展示综合性的学科内容

思想政治（品德）教学设计要将培养学生适应社会生活的能力作为教学设计的中心任务。目前，我国高中思想政治课内容涉及心理、教育、法律、社会、经济、政治、文化、哲学等多个学科领域，初中思想政治品德课涉及道德、心理健康、国情、法律等教育内容。需要明确指出的是，学生学习的思想政治（品德）学科知识是常识性的，学习目标指向学生真实的成长过程，为学生走向社会、适应社会生活打下良好的人文素养基础。

3. 实现学生主体的设计理念

在思想政治（品德）教学设计中，知识建构要与学生的生命成长同步，课程的内容逻辑要与学生的生活逻辑相统一。学生对社会的认知和道德的增长是在学生主动参与教学活动中，在充分实现自我教育的过程中，在师生、生生互动、合作、交往和对话中实现的。在教师的正确引导下，提供学生自我教育的良好情境和条件，尊重学生的自我判断和选择，促进学生自我成长，都是取得良好教学效果的先决条件。

4. 采用思想性、科学性和艺术性相统一的设计方法

思想政治（品德）教学设计是一项复杂的工作，它体现出思想性、科学性和艺术性的有机融合。所谓思想性，是指教学设计要与学科的性质相一致，将育德放在教学设计的首位。所谓科学性，是指它要在科学的教育教学理论指导下，运用思想政治（品德）学科教学论的方法，形成理论知识准确、思想内容正确的教学方案，以及语言通顺、思维符合逻辑性等。所谓艺术性，是指教学设计要力求精致、完美，行之有效和富于独创性，能极大地激发学生的学习情绪，满足他们的学习欲求，有效地提高课堂教学质量。

第二节　思想政治（品德）教学设计的理论基础

学习导航

思想政治（品德）教学设计是教学设计一般理论在本学科的具体化和学科化，教学设计在形成和发展过程中所依据的基础理论是打开本学科教学设计之门的金钥匙。在教学设计的思想天空中，那些熠熠发光的科学思想如繁星点点，这里挑几个比较亮的，让我们走近它们。

一、教学系统理论

系统理论是教学设计的理论基础之一。20 世纪中期诞生的系统论解释了系统存在的原理。系统论认为，复杂事物的存在都具有系统的结构，系统是由相互作用和相互依存的若干组成部分结合而形成的具有特定功能的有机整体。整体性、关联性、等级结构性、动态平衡性、时序性等是所有系统的共同的基本特征。教学属于复杂系统，教学系统（instructional system）是由一定相互联系的组成部分（教师、学生、教学目标、教学内容、教学媒体、教学方法、教学环境等）有机结合起来而具有某种教学功能的整体结构。教学系统是教育系统中最重要的子系统。教学系统的功能取决于它的构成要素以及这些要素之间的特定关系，即教学系统的结构。

教学系统理论为教学设计提供了一种系统方法，就是把教学设计看作一个系统，从整体上考虑该系统各组成部分之间的关系，从优化学习目标出发对各要素做出合理安排，使系统发挥出最大功效。在教学设计系统中，教师、学生、教学内容和教学媒体这四个要素是关键性的。要想得到最优化的学习，不能只关注某一个因素，如教师，而应从整体出发，不仅完善各要素自身的功能，还应加强各要素之间的关系，使其协调互动，发挥系统的整体优势，才能实现学习效果的最优化。

系统方法还为教学提供了一种程序化活动方式，一般包括：环节设计；确定目标；分析学情；选定教学方案；比较选择最恰当的教学策略；试行方案；评价试行效果，并做出改进；重复以上过程，直到满意为止。教学设计就是一个用系统方法分析教学问题、研究解决问题途径、评价教学结果的系统规划或计划的过程。“学习”是教学设计的核心，促进学习、优化学习是教学设计的目的。

二、教育传播理论

传播（communication）也译成交流、沟通、传通、传意等，它来源于拉丁文，意思是共用或共享。“大自然中一切信息的传送或交换”都是传播，教学过程就是一种信息传播的活动。教学传播过程是一个由教育者借助教育媒体向受教育者传递与交换学科信息的过程。

教学传播过程中的基本要素包括传播者、媒介、受传者、信息和反馈五个要素。传播过程可分为六个阶段：确定教学传播信息、选择教学传播媒体、通道传送、接收与解释、评价与反馈、调整再传送。

大量的事例都表明，在教学活动中，学习者所接受的教学信息的有效输入量并不完全取决于教师所传授的信息的输出量，教学信息的传输与变换的过程中受到众多因素的影响。从教学信息的传播者和教学信息的接受者来看，至少有四个方面的因素影响教学信息传播的效果：①信息传播技能。②态度和情意。③知识和认知水平。④社会以及文化背景。

从信息本身来看，也有很多因素会影响传播的效果。教学活动中的教学内容无法直接传递给学习者，必须通过载体来传播，这些载体可分为语言和非语言两种符号形式。语言符号一般有口头语言和文字语言，非语言符号有动作、图形、图像、音响等。从信息传播的渠道来看，不同的传播媒体也会产生不同的传播效果。

掌握教学传播的基本原理可以大大提高教育信息的传播效果，这些原理包括以下内容：

（1）共同经验原理。有效的教学传播是建立在教师与学生共同经验范围内的。教师必须用学生经验范围内能够理解的事例或比喻，引导他们进入新的知识领域。

（2）抽象层次原理。教学传播的内容必须是学生能够弄懂的各抽象层次上下移动；既要说出抽象要点，又要用具体事物来支持；讲了熟悉的具体事物，又要分析、综合、推理、演绎得出抽象的概念。

（3）重复作用原理。一个概念在不同的场合重新呈现，能取得较好的传播效果。同一概念用不同的方式去重复呈现，能增强传播效果。

(4) 信息来源原理。有信誉的、可靠的传播源会形成较佳的传播效果，当传播信息的人是接受传播者乐于接受的对象时，能取得较好的传播效果。

(5) 最小代价律与媒体选择原理。最小代价律是指以最小的努力得到最大的收获。教育媒体制作和选择的原则是方便省事、显著突出、吸引人、针对需要、注意受众已有的传播习惯。

媒体选择原理，是指预期选择率＝可能得到的报酬/需要付出的努力。

三、学习理论

教学设计包括观念（ideas）、计划（plans）以及为开发真正的教学必须和能够遵守的规则（rule），即推进学习和达到教学开始前预计的学习结果的说明和任务分配。教学设计是为了学生学得更好而设计的，学习理论的推陈出新，为教学设计理论注入了活力。

(一) 学习的定义

行为主义认为，学习是由练习或经验引起的行为的相对持久的变化。这种变化是可观察和可测量的，因此学习成为科学化的过程。

认知学派认为，学习的本质是人的认知结构发生了变化，走向更加高级和完善。加涅认为，学习是人的倾向或能力的变化，这种变化要能保持一定时期。但这种变化是不能观察和测量的，只有通过对外部行为多次观察和测量，才能做出学习是否发生的判断。

(二) 学习的分类

由于学习理论家的理论观点和分类角度、标准不同，学习的分类方法并不一样。

我国学者将学习分为四类：知识的学习；动作技能的学习和熟练；心智的、以思维为主的能力的学习；道德品质或行为习惯的学习。这种分类中的知识、技能等概念与现代认知心理学的学习分类不是一个语义。

奥苏伯尔（D. P. Ausubel）的学习分类主要针对认知领域中的学习现象。他将学习按照两个维度进行划分：一个维度是学习进行的方式，分为接受的和发现的学习；另一个维度是学习材料和学习者原有知识的关系，分为机械学习和有意义学习。这两个维度彼此独立、互不依赖。此外，每一个维度中还存在过渡形式。这样，认知领域中的所有学习现象就可以被分别划归至以下组合之中，如图 1-1 所示。

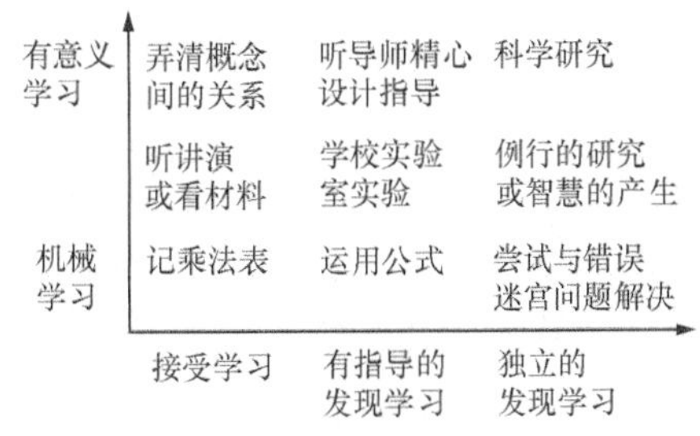

图 1-1 奥苏伯尔的学习分类

(三) 有效学习的一般条件

根据加涅和梅耶学习过程模式，我国学者皮连生归纳出有效学习的一般条件。

1. 内部条件

第一，学习者原有的知识基础。知识基础是指储存于长时记忆中的原有知识和技能，这是新学习的重要内部条件。1978 年，奥苏伯尔在他《教育心理学：认知观》一书的扉页上写道：“假如让我把全部教育心理学仅仅归结为一条原理的话，那么，我将一言以蔽之：影响学习的唯一最重要的因素，就是学习者已经知道了什么，要探明这一点，并应据此进行教学。”

第二，学习者的主动加工活动。在加涅的学习模型中，学习者的主动加工活动包括加工信息的策略和学习的动机两个部分。高效的学习和记忆策略可以提高学习的效率；学习的动机可以让学习者更加努力和集中注意力，并有助于选择更高效的学习和记忆策略。在梅耶的学习模型中，学习者的主动加工表现为学习者的注意、发现新知识的内部联系及找出新旧知识间联系等活动。总之，有效的学习离不开学习动机和学习策略的参与。

2. 外部条件

学习的外部条件非常广泛，大到社会、学校、家庭，小到课堂、同伴、教师。这里主要指教材的组织和呈现、教学方法的选择和应用，教师的知识水平和人格特征，教师或外界提供的学习反馈信息也是学生学习的重要外部条件。

四、建构主义理论

下面这个小故事是对建构主义学习特征的一个注解（图 1-2）。

图 1-2 “鱼牛”童话

一个小池塘里住着鱼和青蛙，青蛙向鱼描述它所见到的牛的样子：它的身体很大，头上长着两个犄角，以吃青草为生，身上有着黑白相间的斑点，长着四只粗壮的腿，还有大大的乳房。鱼从来没有见过牛，它根据青蛙的描述，脑海里勾画出了它心目中的“牛”的形象：一个大大的鱼身子，头上长着两个犄角，嘴里吃着青草，……哇！真是一头好怪的“鱼牛”啊！

这个童话揭示了建构主义关于学习的基本理论。知识的理解依赖于个人经验，即由于人们对于世界的经验各不相同，人们对于世界的看法也必然会各不相同。知识是个体与外部环境交互作用的结果。学习者对教师传授的概念化、抽象化的知识，只有在一定的情境即社会文化背景下，借助于其他人（包括教师和学习伙伴）的帮助，利用必要的学习资料，采取意义建构的方式才能获得真实的理解。因而，学生应该处于中心地位，教师是学习的帮助者。“情境”、“协作”、“会话”和“意义建构”是学习环境中的四大要素。

“情境”是指教学情境，是教师在教学设计和实施中，有目的、有计划设置的课堂教学的参考物（故事、场景、事例等），通过它们，使学生原有的经验与对新知识的感知、解释和建构联系起来。因此，教学情境一定要利于学生对所学内容的理解和意义建构。在建构主义学习环境下，教学设计不仅要考虑教学目标分析，还要考虑有利于学生建构意义的教学情境的创设问题，并把教学情境创设看作是教学设计的最重要内容之一。

“协作”是师生、生生之间的协同互助，共同参与和完成某项学习活动。协作发生在学习过程的始终。协作对学习资料的搜集与分析、假设的提出与验证、学习成果的评价直至意义的最终建构都具有重要作用。

“会话”是协作的附属物，是协作过程中的必要环节。学习小组成员之间通过讨论和商量完成学习任务的措施、办法和步骤，形成完整的计划。在这一过程中，每个学习者的思维成果（智慧）为整个学习群体所共享，因此会话是达到意义建构的重要手段之一。

“意义建构”所要建构的意义，是指学生对新知识或新事物的认知、理解和掌握的形成过程。这种理解在大脑中的长期存储形式就是“图式”，也就是关于当前所学内容的认知结构。由以上所述的“学习”的含义可知，学习的质量是学习者建构意义能力的函数，而不是学习者重现教师思维过程能力的函数。换句话说，获得知识的多少取决于学习者根据自身经验去建构有关知识的意义的能力，而不取决于学习者记忆和背诵教师讲授内容的能力。意义建构是整个学习过程的最终目标。任何真正的认识都是以主体已有的知识和经验为基础的主动建构。

五、思想政治（品德）学科理论

1995 年，国家教委颁布的《关于进一步加强和改进中学思想政治课教学工作的意见》中明确指出：“思想政治课是对中学生系统进行公民品德教育和马克思主义常识教育的必修课，是中学德育工作的主要渠道。”“德育主渠道”，这是对我国思想政治（品德）课性质的基本定位。

我国现行高中思想政治课属于人文与社会领域。高中思想政治课的核心价值是马克思主义基本观点教育，内容主要围绕提高学生认识、参与当代社会生活能力而设置，并以培养公民思想政治素质作为课程的目标取向。

我国现行初中思想品德课是具有德育性质的综合性课程。“思想品德课程是一门以初中学生生活为基础、以引导和促进初中学生思想品德发展为根本目的的综合性课程。”

思想政治（品德）课程标准确定了思想政治（品德）课具有双重性质，它既是学科课程，也是德育课程。思想政治（品德）是中学的一门基础性学科，德育是这门学科的根本任务。学科是基础，德育是目标。

在思想政治（品德）课程的定位上，既要避免课程的“学科化”，也要避免德育工作“课程化”。思想政治（品德）课程的“学科化”，是将思想政治（品德）课程等同于一般的知识类课程，这种认识的有害性在于它过分强调思想政治（品德）课程中的学术性以及课程的学科知识体系，将知识的科学体系作为建立学科内容的主要依据，而忽视了思想政治（品德）课程特有的德育功能。将德育工作“课程化”，是指过分扩张了思想政治（品德）课程的德育功效，期望通过思想政治（品德）课程解决青少年成长中的一切问题，承担起德育工作的全部任务。这种将德育工作“学科化”给思想政治（品德）课程带来的消极结果是调高了人们对德育学科教学的评价标准和期望值，让德育学科教学承担了本不该和无法承担的任务。

我国的思想政治（品德）课程体现了社会主义国家的性质，为我国青少年健康成长提供思想、政治、道德、法律和心理健康方面的智力支持和行为引导。思想政治学科教学设计要正确认识和处理思想政治学科教学中人和书、师与生、知与能等诸种矛盾的关系，使所设计的方案符合教学规律。

第三节　思想政治（品德）教学设计的基本结构

学习导航

思想政治（品德）教学设计基本问题从宏观角度概括了教学设计的基本框架，明确了在教学设计中需要了解和掌握的主要问题，这是我们清晰地把握教学设计的基础。在一个完整的思想政治（品德）教学设计中，各个要素不可或缺。

一、思想政治（品德）教学设计的基本问题

美国著名教学设计研究者马杰（R. Mager）认为，教学设计一般包含三个基本问题："我去哪里？""我如何去那里？""我如何判断我已经到了那里？"

第一个问题"我去哪里"，是教学设计面对的基本问题，主要解决教学设计的方向性问题。通过对教育对象（学习者）起始状态的分析，制订出明确的教学目标。第二个问题"我如何去那里"，这一问题包括教学内容的分析与组织、教学方法与教学媒介的选择。最后一个问题是"我如何判断我已经到了那里"，即教学的评价问题。在思想政治（品德）教学设计中，三个基本问题同样存在，需要中学政治教师在教学设计中逐一解决。

（一）确定目标和分析学情，明确"我去哪里"

1. 确定教学目标

思想政治（品德）教学设计中首先要解决教学的方向即目标问题。教学目标是教学的引领，是教学要去的。思想政治（品德）教师要依据课程目标和内容标准，在全面把握教材的基础上制定出恰当的教学目标。

2. 充分了解学生

学生是思想政治（品德）教学中教学目标的主体，因此对学生情况的分析就显得尤为重要。学生现有的知识、能力与教学目标之间的差距是什么？此次教学对学生而言，在知识、能力、情感态度与价值观上会带来怎样的改变与发展？此次教学能够达成学生的哪些需要？对学生的了解是有效教学的关键因素。

（二）合理设计思想政治（品德）教学，明确"我如何去那里"

思想政治（品德）教学设计，除了制定合理的教学目标，更要为实现目标而做好各种教学中的准备工作。这些准备包括以下五个方面。

1. 精心分析教学内容

教学内容是课堂核心要素。思想政治（品德）教学内容首先来自于教材。教师对教材的理解、取舍和重构是教师能力的重要体现，这其中也体现了教师的教材观、学生观、教学观。例如，"用教材教"还是"教教材"？教学是以教师为中心还是以学生为中心？一堂

好的教学设计，取决于对教材的深入理解和合理解读。

2. 开发和利用教学资源

如何合理开发和利用好课程资源是新课程改革为思想政治（品德）教学设计提出的一项新的任务。教材是教学内容的重要载体，但不是唯一载体。在信息技术飞速发展、信息传播渠道日益多样化、思想政治（品德）教育内容不断变化和发展、人文与社会资源更加丰富的当代，思想政治（品德）课堂教学已经不能仅仅依靠一本教科书就实现有效教学。有效开发和利用各种课程资源是有效课堂教学的必然选择。

3. 优化教学策略

教学内容需要教师和学生在教学互动中，实现内化到外化的转化。这种转化来自于教师选择适合的教学策略，促进转化过程的实现。教学策略是教师教学智慧的积累和体现。思想政治（品德）教师要善于将教材的逻辑结构与学生的思维逻辑有效结合，将教学内容的逻辑与学生的生活逻辑有效结合，将教学内容的呈现过程与课堂教学的过程有效结合，优化组合教学方法和教学策略。

4. 合理安排教学结构

教学结构是教师依据一定的教学理念和教学意图，在实现教学内容与教师和学生活动的有机结合过程中，对教学方法和教学程序进行优化组合的结果。教学结构具有整体性、阶段性和程序性特点。传统的思想政治（品德）课的教学结构是由复习旧课→导入新课→讲授新课→课堂总结→课堂练习→课后作业等环节构成。而思想政治（品德）新课程的教学设计是以师生、生生互动的活动方式展开，活动的程序设计成为新课程教学设计的重要形式。

5. 优选教学手段

教学手段是支持教学活动的一系列物化性的条件。传统的教学手段是小黑板、投影仪、各种量度工具、各种各样的标本、录音机、播放器，直至粉笔等，它们都曾经为有效实施思想政治（品德）教学提供了物质基础，为教师达成教学目标提供了帮助。然而在当代，以多媒体为代表的现代教育技术进入教室，一些传统的教学手段退出了课堂，取而代之的是新的学习环境（光盘播放室、多媒体教室、网络教室等）、多媒体课件、特定的参考资料、参考网址和新的认知工具等，它们都作为教学手段参与到思想政治（品德）教学过程中。

在我国，现代教学设计的发起直至迅速传播，既依赖于前面所述教学设计基础理论的发展，又得益于现代教育技术在理论和技术两个方面的率先垂范，推动了包括思想政治（品德）在内的各学科教学设计理论和实践的产生与发展。因此，在思想政治（品德）课教学设计中，多媒体技术的设计和应用是教学中不可或缺的重要手段。如何利用好多媒体技术，让多媒体技术与思想政治（品德）实现有效整合，是教师在教学设计中必须认真加以对待的。

（三）反思和评价教学效果，明确“是否已经到了那里”

实施思想政治（品德）教学过程后，教学设计的预设目标究竟在多大程度得到落实？这需要通过反思和评价加以检验。在我国，教学设计的评价有教学反思、教学测量、教学评估和教学评价四种形式。其中，教学反思是教学设计者的自身行为，是教学设计者对已经完成的教学设计、教学过程和教学效果的再认知。教学反思让教师不仅成为教学的实践者，更让教师成为教学的研究者。教学测量是以观察和测验所得到的数据作为评价决策的信息基础。教学评估是对测量的数据给予一定的意义。教学评价则是在解释数据和评估的基础上对教学效果做出判断。教学测量、教学评估和教学评价更多来自于他人（教学管理者、学科教研员、其他教师）对教师的教学设计、教学过程和教学效果是否有效的判断。

在教学设计的评价中，教学反思、教学测量、教学评估和教学评价四种评价决策的方法都能对教学设计和教学设计实施效果做出判断。对教学设计评价的主要目的是衡量该教学设计在多大程度上促进了学生的学习，教学效果评价的主要目的是衡量教学在多大程度上达成了教学目标。

二、思想政治（品德）教学设计的构成要素

一个完整的思想政治（品德）教学设计由多个要素所构成，其中的必要要素包括两部分：一部分是教学设计的基本信息；另一部分是教学设计的主体内容。

（一）思想政治（品德）教学设计的基本信息

思想政治（品德）教学设计的基本信息是对教学设计的课题、授课类型、课时、设计者、教学对象的简要介绍。

1. 课题

课题就是教学设计的题目，它来自于思想政治（品德）所采用的教材中的某一单元、某一课或某一框题。一般情况下，思想政治（品德）中的一个框题就是一课时（学时）的教学内容。

2. 授课类型

授课类型主要是依据每一堂课的教学任务所采用的课堂教学形式或课型。教学任务不同，授课的类型也就不同。授课类型一般有绪论课、新授课、讨论课、活动课、实验课、习题课、复习课、考查课、讲评课、综合课等。

3. 课时

课时是指这一课题教学所用的时间，通常为 1 课时。特殊情况也有 2 课时连续教学的。

4. 设计者、教学对象

通常情况下，教学设计者就是授课教师本人，而教学对象则是授课的学生或学生所属的班级的名称。

（二）思想政治（品德）教学设计的主体内容

思想政治（品德）教学设计的主体内容包括学情分析、教学内容分析、教学目标设计、教学重点与难点设计、教学方法与策略设计、教学资源与教学手段设计、教学活动过程设计、板书设计、教学反思或教学评价。

1. 学情分析

学情分析是思想政治（品德）教学的起点，也是新课程教学设计的重要特点。思想政治（品德）教学设计的学情分析在第二章有专门论述，这里不再赘述。

2. 教学内容分析

教学内容分析是对在掌握思想政治（品德）课程标准的基础上，对教材做出全面和系统分析。教学内容分析在本书的第四章中有专门的阐述。

3. 教学目标设计

新课程实施后，思想政治（品德）课程教学目标由情感、态度、价值观目标，能力目标和知识目标三部分组成，即“三维”目标。思想政治（品德）教学目标设计理论在本书的第三章有专门的论述。

4. 教学重点与难点设计

思想政治（品德）课的教学重点是指教材中基本概念、基本原理和与现实密切联系的知识、观点和方法。解读教材，了解学生和社会，是确定思想政治课教学重点的基础。

5. 教学方法与策略设计

教学策略涉及本课题设计的基本理念、主要采用的教学与活动策略，这部分内容将在本书的第五章中重点叙述。

6. 教学资源与教学手段设计

开发和利用教学资源是思想政治（品德）教学设计的重要内容，与其他学科相比，思想政治（品德）课教学资源内容丰富，收集渠道广泛。充分收集和利用好思想政治（品德）课程资源，选用灵活多样的教学手段，才能呈现出富有个性化和创新性的思想政治（品德）教学设计。

7. 教学活动过程设计

教学活动过程设计就是为学习目标的实现所设计的教师活动和学生活动，包括教师的教授过程、学生的学习过程以及师生互动过程。在本书的第六章中将对思想政治（品德）教学过程设计做详细论述。

8. 板书设计

思想政治（品德）板书设计既要符合板书设计的一般要求，又要突出思想政治（品德）学科的特点。

9. 教学反思或教学评价

思想政治（品德）教学反思和评价是对教学设计和教学设计实施效果所作的客观描述与价值判断。关于教学设计评价问题将在本书的第七章中重点阐述。

三、思想政治（品德）教学设计的基本要求

思想政治（品德）教学设计是新课程改革实施以来思想政治（品德）教学的基础性工作，做好此项工作也是思想政治（品德）教师的基本知识和技能。在对思想政治（品德）

教学设计知识内容掌握的基础上，了解思想政治（品德）教学设计的基本要求是十分必要的。

（一）掌握教学设计的理论基础，展示科学性

思想政治（品德）教学设计是建立在当代教育学理论、教育技术理论、思想政治学科理论基础之上的新的教学知识和教学技能，体现和运用这些理论，成为优秀思想政治（品德）教学设计的必要条件。

通过不断学习，形成思想政治（品德）教学设计的理论素养，自觉地将思想政治（品德）教学设计的相关理论作为教学设计的基本依据。教师在成长过程中，经验积累固然重要，但若没有科学理论指导，没有对当代教育学、现代教育技术、思想政治（品德）学科相关理论的学习和了解，就只能把重复的工作做得更熟练，却不能把工作做得更精细、更科学、更合理、更优秀。任何一名优秀教师，都不仅是教学的尖兵和能手，更是具有深度理论修养的学习者。

（二）落实新的课程理念，实现正确性

思想政治（品德）新课程理念既是课程的核心，又是教学的灵魂，缺乏新课程理念的教学设计是没有生命活力、没有正确方向性的。

传统的思想政治（品德）课程奉行的是以学科为本位的课程观、以教材为本的教材观、以教师为主导的师生观、以接受为主的教学观、以甄别和选拔为目的的评价观。我国教育部于2004年3月颁发的《普通高中思想政治课程标准（实验）》、2011年颁发的《初中思想品德课程标准》分别对新课程理念做出了明确解释。学习和实现这些新的课程理念是保证思想政治（品德）课教学设计正确性的关键。

（三）把握教学设计的要素和结构，形成系统性

思想政治（品德）教学设计的系统性是教学设计的内在要求。教学本身就是由各要素组成的有机系统。

（1）思想政治（品德）教学设计的系统性首先体现在设计要素的完整性。特别是教学设计中的学情分析、内容分析、教学目标、教学重难点、教学策略、方法和手段、教学环节和教学过程、教学媒体、板书、教学反思和评价，都是思想政治（品德）教学设计不可或缺的重要组成要素。

（2）思想政治（品德）教学设计的系统性体现在对三维教学目标（知识、能力、情感态度和价值观）的系统设计上。思想政治（品德）课程教学的三维目标对学生发展各有不可替代的价值，它们之间也是相互支撑和相互作用的。因此教学目标设计既要完整、合理、明确、具体，具有可操作性，还要体现各个目标间的内在关联性。

（3）思想政治（品德）教学设计的系统性还体现在对教学内容的系统分析中。教学内容是课堂核心要素。教材内容的分析和整理，知识之间内在关系的梳理，知识逻辑与学生的生活逻辑的紧密结合，开发和利用好教学资源，都是对教学内容系统性的提炼。

（4）合理安排教学过程及其结构是思想政治（品德）教学设计系统性的落脚点。思想政治（品德）教学设计应当充分实现教学结构的整体性、阶段性和程序性特点。

（四）呈现教学设计的新意和亮点，追求创新性

1. 让思想政治（品德）教学设计与现实生活结合得巧、准、新

巧，是指思想政治（品德）教学设计要对生活案例或原型做艺术化和逻辑化的处理。例如，在高中思想政治《新时代劳动者》一课的教学设计中，某老师将王若丹在两部电视剧中扮演的人物加以重构，编导了一部四集穿越剧，展示了一个女大学生从大学毕业找工作、待业、就业、失业、再就业和争取个人职业权益的过程，情境环环相扣，知识层层展开，将《新时代劳动者》的理论知识学习寓于戏剧化的剧情之中。准，是现实生活与课程知识相互佐证与支持的过程，在解释现实生活的问题与疑惑中增强对知识的理解和运用。新，是力求用最新的生活事例设置各种情境，凸显“以生活为基础”的课程理念。思想政治课要让学生“切实提高参与现代社会生活的能力”，这种能力不是强加给学生的，而是学生想要的。每天发生的生活事例带给他们的新问题、新困惑，正是学生自觉接受和增长社会适应能力的内在动力。

2. 思想政治（品德）教学设计不仅要注重“教”，更要注重“学”

新课程强调学生是课堂的主体。作为学习的主体，学生的学习就应当是主动和自主的，而主动和自主的学习是在学生充分参与学习活动过程中实现的。“留白”是当前一些教师教学设计的一个特点。“留白”是教师在课堂上留给学生充分活动和展示的时间，“留白”是教师在知识处理上留给学生更多自主学习和探讨的空间。曾经提倡过的“三不讲”（学生已经会了的不讲，学生自己能学会的不讲，讲了学生也学不会的不讲）与“留白”有异曲同工之妙。看似空洞的“留白”，却给学生自主学习、合作学习和探究活动留下了充分的余地。

3. 现代教育技术与思想政治（品德）教学设计有机整合

如何实现现代教育技术与思想政治（品德）教学设计整合，不仅仅是教师的知识和技能问题，说到底，还是教学理念问题。实现课堂教学与现代教育技术的整合成为课堂教学设计走向时代前沿的标尺。例如，在高中思想政治《股票、债券和保险》一课的教学设计中，某老师情境导入的三分钟是在“涨价歌”——《中国价》中开始的。电影《投名状》画面和人物对话，被授课老师改编成《投资状》，刘德华、金城武和李连杰等明星演员扮演的人物对话内容也被替换为股票暴跌、股票投资风险、股票出售和转让等内容。这种将时尚电影与知识学习巧妙结合，让学习过程妙趣横生。

现代教育技术与思想政治（品德）教学设计整合，使思想政治（品德）教学设计由原来的脱离实际、文本性和线性的结构形式，转变为生动有趣、多媒化和超链接的结构形式。学生在其中学到的不仅仅是平面的知识，生活经验和各种能力也被融入其中。

思想政治（品德）教学设计集中体现了每个教师自身的教学思想和理念，是教师教学经验、教学设计能力、教学能力以及工作态度的展示平台。优秀的教学设计不仅仅符合教学设计的一般要求，还能够展示每个设计者自身独特的构思与创造。

学习视窗

教学设计与教案的区别[①]

教案是教师备课结果的体现，从这个角度来讲，教案大致包括三个方面的内容：备学生部分，备教材部分，备教法部分。而教学设计则不同，首先它是把教育、教学本身作为整体系统来观察、思考，并运用系统的方法进行设计、创新、运行、管理，即把教学系统作为一个整体来进行设计、实施和评价，使之成为具有最优功能的系统。教学设计与教案的区别有以下几点。

一、概念不同

教案是教育科学领域的一个基本概念，又称课时计划，是以课时为单元制订的具体教学方案，是教学过程中的重要环节。教案的基本组成部分也就是课堂教学进程，包括教学纲要和教学活动安排，教学方法手段的具体应用和各种组成部分的时间分配等。

教学设计是以传播理论、学习理论和教学理论为基础，运用系统论的观点和方法，分析教学中的问题和需求，从而找出最佳解决方案的一种理论和方法；是将学和教的原理转化成教学材料和教学活动方案的系统化过程，是一种教学问题求解，侧重于问题求解中方案的寻找和决策的过程；是为了促进学生学习和发展而设计的解决教与学问题的一套系统化程序。其最大的特点是具有很强的理论性、科学性、再现性和操作性。

二、对应层次不同

教学设计是把学习者作为它的研究对象，所以教学设计的范围大到一个学科、一门课程，小到一堂课、一个问题的解决。目前的教学组织是以课堂教学为主，所以课堂教学设计是教学设计中运用最多的一个层次。

教案就是辅助老师自己上课用的教学的内容文本。从研究范围上讲，教案只是教学设计的一个重要内容，因此教学设计与教案的层次关系是不完全对等的。

三、目的不同

教案是教材意图和教师教学思路的体现，它的核心目的就是以教师对教学内容理解为依据的一种教学方案，往往强调教师的主导地位，却常常忽略了学生的主体地位。教学设计是“一切从学生出发”，以学生对知识的理解能力、掌握程度为依据，突出学生的主体地位。教师在设计中既要设计教，又要设计学，怎样使学生学得更好、达到更好的教学效果是教学设计最根本的指导思想。

四、内容不同

教案一般包括教学目的、教学方法、重难点分析、教学进程、教具的使用、教法的具体运用和时间分配等因素，从而体现了课堂教学的计划和安排。教学设计从理论上来讲，有教学目标分析、教材内容分析、学习重点阐明、学情分析、教学策略的制定、教学方法的运用及教学评价等元素……

教案的教学过程就是教师怎样讲好教材规定内容的过程，重视对学生进行封闭式的知识传授，强调教师的主导地位。教学设计则可以分为三个阶段：准备阶段、实施阶段和评

---

① 陈超．浅析教学设计与教案的区别．才智，2010，(18)：216.

价阶段。不同类型课程的教学过程的设计流程是不一样的，但是一定要体现学生既是教学活动的对象，又是教学活动的主体，教学过程的设计要充分突出这一主要特点。

【问题思考】

1. 教学设计是如何发生和发展的？
2. 什么是教学设计？如何理解教学设计的内涵？
3. 思想政治（品德）教学设计有哪些特点？
4. 思想政治（品德）教学设计的理论基础有哪些？它们各有哪些指导意义？
5. 思想政治（品德）教学设计的基本问题是什么？
6. 思想政治（品德）教学设计由哪些要素构成？
7. 思想政治（品德）教学设计的基本要求是什么？
8. 试对思想政治（品德）“教学过程设计”写出你的创新性想法或做法。

【参考资料】

1. 何克抗，林君芬，张文兰．教学系统设计．北京：高等教育出版社，2006.
2. 胡田庚．中学思想政治教学设计与案例分析．北京：科学出版社，2012.
3. 史密斯，雷根．教学设计．上海：华东师范大学出版社，2008.
4. Cennamo K，Kalk D. 真实世界的教学设计．蔡敏译．北京：中国轻工业出版社，2007.
5. 郭成．课堂教学设计．北京：人民教育出版社，2006.
6. 黄甫全，王本陆．现代教学论学程．北京：教育科学出版社，2003.
7. 皮连生．教学设计——心理学的理论与技术．北京：高等教育出版社，2000.
8. 加侬，柯蕾．建构主义教学设计——标准化教学的关键问题．宋玲译．北京：中国轻工业出版社，2008.

第二章　思想政治（品德）学习者的特点和需要

学习目标

（1）了解思想政治（品德）以学生为本的重要意义。

（2）了解中学生思想、情感、学习行为的特点。

（3）了解思想政治（品德）学习需要分析的主要内容。

（4）掌握思想政治（品德）以学生为本的教学思考。

（5）掌握学习需要分析对思想政治（品德）教学设计的意义。

核心概念

以学生为本　学习者特点　学习需要分析

第一节　以学生为本的思想政治（品德）教学

学习导航

本节使学习者了解思想政治（品德）教学以学生为本的重要意义，在教学中要树立以学生为本的教学理念，掌握以学生为本的教学策略。

一、思想政治（品德）教学以学生为本的重要意义

坚持以人为本，树立全面、协调、可持续发展观，促进人的全面发展，是科学发展观的本质和核心。自觉地将以人为本的科学发展观落实在思想政治教育教学过程中，对于促进学生的全面发展具有重要的意义。

（一）以学生为本是强化学生主体地位的需要

以学生为本，可以改变一些教师多年来“以我为主”的传统思维定式，改变过去那种“以教师的教为主，教师一统天下”的局面。思想政治（品德）教学要取得实效性，教师必须勇于突破以“教师为中心”、“课本为中心”、“课堂为中心”的陈旧模式，让学生参与进来，突出以“学生为中心”，加强学生的主体地位，强化学生在学习中的主动性、积极性。只有以学生为本，才能真正实现课堂教学由只重学习结果变为注重加强“双基”、培养能力、开发智力，由教师主宰课堂变为以教师为主导、学生为主体，由只重知识传授变为同时重视学习过程，由教师一讲到底变为讲练结合，突出知识要点教学，努力提高教学效率，切实减轻学生过重课业负担，使学生在良性学习环境中主动地获取知识，提高能

力，健康全面地发展。

（二）以学生为本是思想政治（品德）新课程改革的需要

新时期我国的基础教育改革进入了一个崭新的发展阶段，逐步实现从重视体制改革到重视人才培养模式改革、从重视规模速度到重视质量效益、从重视知识传授到重视“育人为本”，基础课程改革受到前所未有的重视。新课程标准的理念实质就是教学内容、教学方式、方法要符合中学生的认知规律，尊重人的发展规律、人的价值规律，其理论灵魂就是“以人为本”，就是以追求人的全面自由发展为终极目标的。因此，把握了“以生为本”，追求人的终极发展，也就把握了新课程的精神实质。

（三）以学生为本是建立新型的师生关系的需要

教育过程中最重要的关系莫过于师生关系，师生能否和谐相处直接影响到教育教学的质量。实践证明，在教育教学过程中，教师只有以学生为本，热爱学生、尊重学生、理解学生、信任学生和宽容学生，师生才会在心灵深处碰撞出和谐愉悦的火花，才能实现教育教学成果的最大化。因此，在教育教学过程中，教师要时时体现“以生为本”的理念，真心诚意地与学生平等交往，尊重学生的观点、想法，遇事多商议，充分体现民主，理解学生的需要，体谅学生的困难，珍惜学生创造性思维中的合理因素，充分信任学生，树立人人都有创造性的观点，积极期待学生创造能力的发展，自觉成为学生创造潜能的欣赏者、激发者和培养者。因此，只要教师放下师道尊严的架子，更新教育观念，调整教育行为，改革教学方法，就能建立平等和谐的朋友式的师生关系。

二、思想政治（品德）以学生为本的教学思考

新课程改革下的教学应突出以学生为本的特点，尊重学生是新课程改革突出学生主体性的必要基础。教师在教学中应该全面地了解学生，尊重学生的人格，尊重学生的个体差异，树立以学生为本的教学意识，努力成为学生的良师益友。

（一）全面准确把握学生的思想动态

了解学生是对学生进行思想政治教育的一个基本前提和基础。教师一方面要了解学生的思想状况，如对党的基本政策、现阶段基本任务的认识，学生对生活的目的、学习目的的认识等；另一方面要了解学生的道德品质状况，要根据《中学生守则》、《中学生日常行为规范》、学生参加活动等来考察学生的道德品质状况，使上课时能够更具有针对性地进行教育教学。同时，要了解学生的兴趣关注点。爱因斯坦曾说：“兴趣是最好的老师。”教育心理学也证明，兴趣是产生学习动机的重要因素之一，它能使学生对学习内容产生持续的注意，并且激活学生思维的潜能，使学生学习达到事半功倍的效果。教师还要了解学生的生活环境，主要包括家庭环境、学校环境（与同学、老师的关系）、家长对学生学习的关心程度、教育态度以及与学校教育的一致性等。

（二）树立以服务学生成长为本的教学意识

学生是教育的主体，“一切为了学生，为了一切学生，为了学生的一切”。在学校，学生是学习的主体，而老师是学生学习的领路人、引导者，从这个意义上讲，老师们应该时刻以服务学生为主，在学生成长的道路上，为学生撑起一片发展的天空，让学生们能够在老师的帮助下轻松愉快地学习。思想政治（品德）教学要紧紧围绕学生来进行，一切都从服务学生成长出发。在教学的具体过程中要尊重、培养、发展学生的主体性。人的主体性只有被唤醒、被培植起来，才能发挥其能动性、主动性、创造性。教师在教学活动中不宜做一个指挥者、命令者，而应是一个有智慧的服务生的角色，随时随地引导学生参与到学习过程中去，最大限度地培养学生的学习能力，让学生的学习具有自主性、探究性和趣味性。教师应是学生的良师益友，而不应是学生的“师父”。师生关系应是一个在人格上平等、融洽相处的新型伙伴关系，教师的活动不应盛气凌人，而应平易和蔼。服务学生是一切教学活动的出发点和落脚点，忘记这一点，就不能贯彻以学生为本这一教学理念。

（三）丰富学生关注的富有时代特征的教学内容

由于社会转型时期价值观念多元化的趋势和学校德育一元化导向的存在，思想政治（品德）课的教学内容，在遵循思想政治（品德）教材的基础上，应及时增加富有时代气息的新内容，如法制教育、人文教育、环保教育、心理健康教育等方面的新发展、新要求，要针对当前社会现实存在的问题进行讨论，通过讨论、辨别，提高学生对问题的认识与判断能力，从思想深处，清醒地认识到放松思想教育的危害及问题产生的根源。另外，仍需要加强对学生进行艰苦朴素的教育、无私奉献与社会责任感的教育，提高学生的抗挫能力，培养其坚强的意志。总之，思想政治（品德）的教学内容不能照本宣科、一成不变，其历史性的特点要求我们逐步增加现代社会一般的社会规范和技术规范教育。思想政治（品德）的内容要广，要覆盖尽量多的方面，也就是说，我们的思想政治（品德）教学内容要全方位地进行，并在不同时期根据时代特点和主客观需要有所侧重，抓薄弱环节，提高思想政治（品德）课的整体功效。

（四）创新能够引导学生思考的教学方法

著名教育家弗莱雷曾说：“把他们自己认为正确的东西强压给学生，这是一种压迫式的教育。”因此，教师应摒弃只传授知识，而不注重能力培养的旧的填鸭式、灌输式的教学方式，要纠正为赶教学进度，完成教学计划而忽视学生的可接受性所进行的一言堂式的教学方式。在教学活动中要提倡质疑，让学生提出问题，鼓励学生发表与教材、教师、权威的不同见解是非常重要的。教师应深入到学生中去，与学生平等相处，自由灵活地进行适合学生实际情况的教学活动，使教师的教学活动做到有针对性、达到尊重学生的人性化要求，使学生能自觉学习和主动探究各种知识和技能，让学生亲身经历发现问题、分析问题、解决问题，直至将其上升为各种实际应用技术或抽象理论知识的全过程，并因此而享受获取知识的乐趣和成就感。

（五）开展以激起学生兴趣为本的教学活动

孔子说："知之者不如好知者，好知者不如乐知者。"在教学活动中，让学生对思想政治（品德）课产生兴趣，就必须要充分调动学生的积极性，使他们对课程产生兴趣。如在课前几分钟讲故事、讲时事，课后几分钟做游戏，学生"古诗接龙"，讲古代名人故事等。如果教师采取丰富多彩、灵活有趣的形式进行教学，教学中就能做到教学相融、教学相长、共同提高。如改变传统教室的空间组合，采用几何形课桌。由传统的"秧田式"为"圆桌式"等形式，变师生间的单向交流为多向交流，为师生提供和谐互动的交流情景，创造师生民主交流、对话的氛围；还可以创建小组学习的方式调动学生学习的积极性。利用小组学习的优势，将学生按一定的标准或自愿方式编组，加强组内交流、组际交流、组际互查、组际竞赛，调动学生的积极性，使学生在小组中学会交流，以合作、竞争的技巧学会协作，以体验反思的情怀学会分享。

第二节 思想政治（品德）学习者特点分析

学习导航

本节使学习者了解思想政治（品德）教学对象的思想、情感、学习行为等方面的特点，在思想政治（品德）教学内容、教学方式、教学方法上应该针对学习者的特点，实现"以学生为本"，借以提高思想政治（品德）教学实效性。

深入了解学生的特点并作出客观分析，是教学设计的必要条件。琴纳莫和考克认为，教学设计与其他领域设计相比，其最大的不同在于，它集中于学习活动。但所有以设计为基础的行业，都会将计划、评价和修订作为其重要内容。学生分析是教师个性化的工作，不能由他人或参考书的分析结果简单代替授课教师本人对学生情况的具体分析。在思想政治（品德）的教学方式、教学方法上应该实现"以学生为本"，针对学习者的特点，借以提高思想政治（品德）教学效果。

一、中学生的思想特点

当前，可以肯定地说，中学生的思想主流是好的，他们热爱祖国，思想积极上进，刻苦学习、朝气蓬勃、意气风发、立志振兴中华是大多数现代中学生所拥有的精神面貌。他们思维活跃、敏捷、兴趣广泛，努力掌握各种科学文化知识，培养和锻炼自己多方面的能力。他们乐于探索、接受新知识和新事物，渴望了解祖国悠久的历史和灿烂的文化。但同时，中学生的思想方面也存在一些问题。

（一）初中生的思想特点

就初中学生而言，他们的年龄小，身心发展迅速，正处于长身体、长知识的重要时期。他们活动和接触的空间范围比较狭窄，社会生活的知识、经验贫乏，因此，初中生的思想比较单纯，主要表现在：

第一，接受能力强，辨别能力弱。初中生的思维能力发展迅速，反应敏捷，求知欲强烈，接受信息的能力大大增强。他们对各门学科的知识、思想政治教育、社会各种新信息、新事物和新知识都容易接受，任何新奇的知识和事物都是他们探索和追求的对象。但由于初中生的世界观尚未形成，没有一套系统的价值评价标准，社会经验少，因此判别是非的能力较弱，对所接受的大量的复杂的信息，往往分不清良莠，有时甚至对错误的事物津津乐道，是非观念比较模糊。

第二，模仿性强，易受暗示。由于初中生思想比较单纯幼稚，思维又具有形象性特点，因此他们的思想行为容易受各种暗示的影响，模仿性很强。在接受暗示的过程中，他们容易去模仿暗示对象的性格、为人、言谈和行为，可能造成难以预料的结果，如留自己崇拜的歌星、影星的发型，穿戴明星的服饰等，甚至模仿暴力行为和不道德的行为。

第三，求知欲强，目标模糊。多数初中生都能够刻苦学习，有强烈的求知欲望，他们认为最大的需要是学习知识，希望能够通过学习充实思想，增长才干。但初中生对学习的社会意义不明确，缺乏学习的远大目标，学习的目的性比较模糊，因此，在一些外来因素的影响下，或学习遇到困难时容易动摇，缺乏持久学习的动机。

第四，兴趣广泛，转移很快。初中生具有浓厚的好奇心，精力也很充沛，因此，他们的兴趣非常广泛，大到新学科、新知识、国内外重大事件、电影电视、歌星影星、文学作品，小到社会小道消息、娱乐游戏，都能引起他们的关注和兴趣，使他们的知识面迅速扩大，知识积累迅速增加。但也由于兴趣过于广泛，因此在大量无控信息的反馈过程中，兴奋中心迅速不断地发生转移，造成兴趣定向的波动性，热得快，冷得也快，形成在学习上蜻蜓点水、半途而废的不良习惯。初中生迫切需要加强钻研精神的培养和意志力的锻炼。

（二）高中生的思想特点

随着年龄的增长和社会经验的增多，高中生身心发展逐渐趋于稳定和成熟，世界观初步形成，在思想方面主要表现出如下一些特点：

第一，思想敏锐，但辨别能力不强。在高中阶段，学生的抽象思维能力提高很快，社会接触面增宽，视野也更开阔，能敏锐地提出问题，思考问题。他们常常以敏锐、批判的眼光来审视社会和人生；他们关心国家的发展和前途，希望祖国繁荣昌盛；对国内外局势变化非常关注，国内外发生的大事常常是他们谈论的热门话题；他们拥护党的领导和改革开放，对社会的腐败现象深恶痛绝。但他们辨别是非的能力较差，容易把错误的言论或思想界的混乱误认为是解放思想，有时甚至把散布违反四项基本原则的言论，也误认为是宪法规定的公民的言论自由。

第二，有一定的理论分析能力，但不够全面深刻。高中生经过多年的学习积累，特别是通过思想政治课较系统地学习了马克思主义基本观点和社会科学常识，已初步具有一定的理论分析能力，他们开始尝试着用学到的理论观点去观察、分析和认识现实社会生活中的现象和事件。但由于社会经验不多，不善于透过现象去揭示本质，还没有掌握科学的比较方法，他们时常从一些表面现象的比较中得出肯定的结论，因此其观点还很肤浅，看法也常常带有片面性。

第三，有较强的竞争和参与意识，但目标不够明确。高中生的竞争意识比较强烈，有进取心，喜欢争辩，遇事爱争个高低。无论是上课、讨论还是集体活动，都爱表现自我，突出自己。他们希望社会理解、承认和尊重自己的独立人格，希望能在社会上有举足轻重的地位，他们关心时政，参与社会，参与政治。这种强烈的参与意识，使他们爱发表独立见解，评论国家大事，激烈抨击自己“看不惯”的社会现象，但却不注意或提不出切实有效的解决办法，常常流于空谈，在实践中又常常让自己扮演旁观者的角色。

第四，富有正义感，但理想主义倾向明显。学习先进人物，为社会多做贡献，已成为当代高中生的一种美德。他们为贫困和失学儿童捐款、捐物比较积极踊跃，反对和厌恶以大欺小、以强凌弱等。但同时，理想主义倾向也比较明显，认为什么事情就应该怎样，把社会、他人设想得理想化、模式化，社会现实和他人言行一旦与自己的理想模式不一致，则转而对社会、他人失去信心。他们对社会和人生的期望带有强烈的理想主义色彩，因而对现实中存在的弊端极为敏感和反感；又由于社会经验、知识水平以及思维的深刻性、逻辑性发展不够的局限，还不能对现实世界做全面客观的认识，常常会出现一些思维偏激和判断错误，甚至产生强烈的愤怒或绝望的情绪。

二、中学生的情感特点

中学时期是人一生中热情奔放、富于理想的时期，是世界观形成的关键时期。我们要从学生的情感体验水平出发，使学生情感发展趋于稳定，并逐步服从理智监督。

（一）初中生的情感特点

初中阶段是中学生长身体、长知识、长智慧的时期，他们面临着生理和心理上的急剧变化，情感表现有如下特点：

第一，情感带有冲动性。一方面，他们充满热情和激情，容易动感情，也重感情，很容易被那些可歌可泣的英雄事迹所感染，具有活泼、愉快的心境，对周围现实生活中发生的各种事情都很关注，对国内外政治生活中的重大事件也很关心。另一方面，他们的情感又极易受外界影响，易冲动。他们对自己喜欢的事积极性高，不感兴趣的事避而远之。思考问题往往带有浓厚的感情色彩，因而有时片面坚持己见，对教师的要求，合乎己意的去办，不合乎己意的就拒绝或“顶牛”，不能控制自己，凭冲动行事，事过之后又非常后悔。

第二，情感表现强烈但不深刻。他们可能表现出强烈的愤怒或者失望，但是这种情绪体验可能并不深刻，很快会因为一件高兴的事情而转换情绪。由于高度关注自己的情感体验，他们经常会有十分强烈的情绪，但是这种强烈之感却往往带有自我夸张的成分。初中生的情绪经常在暴风骤雨和温柔细腻之间摇摆不定，使得他们表现出情绪反应上明显的不稳定性。

第三，情感表现隐蔽性和表演性共存。初中阶段的学生的情感表达已经能够顾及自己的形象和当时的情景，有意识地掩饰、修整和控制自己的情绪。与此同时，为了掩饰与理想形象不一致的真实情感，他们常常会要求自己按照理想自我认为的最应该表达的情感来表现给别人看。然而这种紧张而认真的情感表演常常会因为经验不足、过分强调而变得不自然。所以，我们常常发现初中生的行为举止有时显得过于兴奋，有时又显得过于淡漠，好像很难做到恰如其分、适可而止。

（二）高中生的情感特点

高中生的情绪、情感仍具有两极性色彩，而且内心体验变化较大，带有闭锁性，不易被人发觉。

第一，情感内容更加丰富。随着生活、学校条件的改变和教育水平的提高，高中学生情感内容趋向多样化、复杂化。他们对什么似乎都“多情”、感兴趣，对课堂学习、课外活动、文科知识、理科知识、国内大事、国际大事，以至宇宙的奥秘或世界的未来……都感兴趣。他们敬仰英雄人物，关心国家前途，追求美好未来，对国家和社会表示了极大的关注。另外，随着青春期生理的变化，他们有强烈的友谊需要，甚至有了初恋的体验。

第二，情感体验更加深刻。在集体感上，高中生特别重视自己在集体中的地位，能够掌握一定的原则，按照一定的思想、目标去形成集体。在友谊感形成中，他们比较注意共同的心理基础，有一定的选择性，往往容易选择兴趣相投、性格相近，在理想、信念、世界观上比较接近的人，交友比较理智，友谊存留时间比较长。大多数学生具有明确的道德意识，如集体荣誉感、社会责任感、民族自尊感，以及为真理和信仰而献身的精神。

第三，情感的“两极性”明显。高中生的心理埋伏多种矛盾，表现在情感上，就是“两极性”十分明显：有时会因一件小事的成功而欣喜若狂，如同一只打足了氢气的气球乘风飞舞；有时也会因一次小小的失败而心灰意冷，如同一只斗败的公鸡垂头丧气。他们有为真理而献身的热情，盼望完成惊人的业绩，但也会因盲目狂热而干蠢事，情感好从一个极端走向另一个极端。

第四，情感的自控力逐渐增强。尽管高中生情感“两极性”明显，但自我意识的发展、自我控制情感的能力也逐渐增强。有人把初中生的情感比作“一团火”，把高中生的情感比作“热水瓶”，就是这个意思。针对这种情况，可以在很多事上点到为止，让他们自己去思考，自己做决定，让他们觉得老师是相信他的，从而自觉自愿地丢下包袱投身于学习中去。

三、中学生的学习特点

中学生智力水平接近成人高峰状态，注意力具有一定的稳定性，能较长时间地注意与自己兴趣有关的事物，并能分配注意力；观察具有一定的目的性、系统性、全面性；初步完成从具体思维为主到抽象思维为主的过渡，开始理智地思考问题，思维活跃，经常提出问题，兴趣范围进一步扩大，并具有一定的稳定性。因此，表现在学习上也具有自身的特点。

（一）初中生的学习特点

少年时期心理活动带有明显的过渡性，致使初中生的学习活动既具有童年时期的波动性，又具有青年时期的主动性特征。他们的学习策略和自学能力得到迅速发展，学习风格日趋稳定，学习成绩的个体差异加大。总体来看，他们的学习主要呈现出以下特征。

第一，学习的自觉性和依赖性、主动性和被动性并存。进入初中阶段，学生的学习目的越来越明确，间接兴趣所起的作用越来越大，他们已经渐渐地理解学习的责任和意义，在学习中能够主动克服一些困难，主动地去探索，学习主动性获得了空前的发展。学生在学习上的自觉性和主动性逐步加强。但是，在这方面学生之间存在显著的差异。许多学生的自觉性和主动性还不能持久保持，教师和家长的管理稍有松弛，就会无法自制，把学业抛至脑后，从而导致学习成绩的下降。随着学生年龄的增长、心理的变化，电脑游戏、武侠小说、通俗言情小说，乃至有些不健康的读物都会对学生产生极大的诱惑，成为影响学习的重要因素。有些学生自制能力比较脆弱，还会沉迷其中不能自拔，严重影响学习。自觉性、主动性比较强的学生能保持相对持久和稳定的学习状态。总体来看，初中生还处在自觉性和依赖性、主动性和被动性并存的阶段。

第二，自学能力逐步提高。随着学生心理上的成熟度、学习态度变化以及年龄的变化，非智力因素在整体水平上也普遍有所提高。因此，进入初中以后，学生自学的能力有了很大的提高。学习的自我监控能力获得很大的发展，在学习上的独立性逐步增强，大多数初中生能较独立地安排自己的学习。在课堂教学中，教师比较注意启发学生独立思考问题；在课堂教学外，学生更多需要自觉地独立安排自己的学习活动。因此，自学能力的强弱对学习成绩的影响明显增强，学习依赖性强的学生成绩往往每况愈下。教师对学生的指导更多地应侧重于学习方法和学习意志品质的培养，使之养成良好的学习习惯，并帮助其形成初中阶段相对独立的学习能力。

第三，学业成绩开始分化。初中生学习成绩波动性增大，充满着动荡和分化。这种结果是由多方面的因素造成的。初中阶段的学习与小学阶段相比，学习内容、学习形式、学习动机、学习监控的主体等都发生很大的变化，在这些方面，个体差异日趋明显，学习成绩也越来越分化。初中生学习成绩的分化，也反映出这个时期是智力因素和非智力因素迅速发展的阶段。从智力因素来看，学习成绩的分化反映智力水平和智力发展速率的个体差异；从非智力因素来看，此时也是他们学习风格形成的关键时期，他们可能形成冲动型和沉思型的差异、内控和外控的差异、高坚持性和低坚持性的差异。因此，此时的学习活动具有很大的可塑性。

（二）高中生的学习特点

随着身体的发育和社会实践活动的增加，可以说高中阶段的学生处于从不成熟向逐渐成熟的过渡阶段。处于这种过渡阶段的高中生在学习上往往有以下特点：

第一，学习目的性强。由于高中生的理想、信念、人生观正在逐步形成，自我意识越来越强，对学习的动机和目的有了自己的认识，再加上高中生面临着毕业后的大学或就业的选择，因此，高中生在学习时经常把眼前的学习与将来升学或就业的需要联系在一起，表现出明确的目的性。凡是与考大学有关的学科、内容，就认真地去学，而自认为与考大学无关的学科或专题，则采取一种应付、放松的态度。这种现象到了高三就更加明显了。这种对学习内容的选择性，正是高中生学习目的性强的一种表现。

第二，思维的独立性强。到了高中，随着神经系统发育逐步完善，生活空间的不断扩大，实践活动的不断增多，高中生的知识增加了，经验丰富了，能力提高了，大脑的机能也更加健全，所以高中生在思维活动上有了明显的进步，逻辑思维能力大大加强。这种发展使高中生能较好地抓住事物的本质和事物的内在联系，能从全局看问题。这样，高中生通过独立的思维活动，能成功地认识和处理的问题越来越多，对家长和老师的依赖也越来越少。而家长和老师也逐渐把高中生看成是大人，尊重他们，信任他们，不再一切包办和命令，经常和他们商量着处理问题，听取他们的意见。这样，进一步促进了他们思维独立性的发展，高中生表现出喜欢通过独立思考去弄懂问题，希望别人尊重他们的意见，对别人的意见不再盲从，尤其不爱听取那些没有讲清道理的意见；对老师上课中的问题，也敢于提出不同的意见；在同学之间，常为一个问题争论不休，为了说明自己是正确的，总想独立地去寻找原因，求得了解；对有真才实学的老师十分佩服。高中生在思维上的这种独立性，对搞好学习是十分重要的，是高中生很宝贵的优点。

但也有些高中生，这种思维独立性的发展过了头，往往变得过于自信、过于固执，总是自以为是，听不进老师和同学的不同于自己的正确意见，原因是这些学生没有认识到自己掌握的知识还很有限，自己的实践经验还很不丰富，过高地估计了自己的能力；还有一个原因就是这些学生顺利惯了，听的表扬多了，经常处于成功的地位，因此骄傲起来，认为自己的意见总是对的。

第三，学习的自觉性高。从高中生大脑的机能上来讲，兴奋和抑制过程逐渐走向平衡，再加上学习目的、动机的明确，意志品质的发展，使高中生的学习自觉性可以达到比较高的水平，能比较主动地为实现自己的学习目的而开展学习活动。他们可以较长时间地、孜孜不倦地伏案攻读，也能主动地去订计划、搞预习、课后复习、做作业、阶段复习、看课外书、做笔记等，也能较好地控制自己的情绪，能比较理智地去处理问题，排除对学习的各种干扰，例如，能较好地处理学习和娱乐之间的矛盾，冷静地处理师生之间的矛盾、同学之间的矛盾以及恋爱等问题。对学习的动机和目的的认识越明确，对以上问题的处理也就越得当，从而使高中生能把主要的精力和时间用在学习上，表现出学习的自觉性。

第三节　思想政治（品德）学习者学习需要分析

学习导航

本节使学习者了解什么是学习需要分析，充分认识到学习需要分析是“以学生为中心”教学设计的基础，是思想政治（品德）教学设计活动开展的必要条件，学习需要分析对思想政治（品德）教学设计具有重要的意义。在此基础上，要掌握思想政治（品德）学习需要分析的主要内容。

一、学习需要分析概述

学习需要（learning needs）是一个特定的概念，指学习者学习成绩的现状与教学目标（或标准）之间的差距。学习需要是学生学习活动的根本动力，它极大地影响和制约着学生的学习效果和学习积极性。正如布鲁纳所说，学习是一个主动过程，对于学习最好的激发乃是对所学材料的需要。可见，激发学生的学习需要至关重要。

学习需要分析是指通过一定的调查研究，发现教学（或培训）中存在的问题，并分析该问题的性质，论证解决该问题的必要性的过程。学习需要分析是教学设计工作的前端分析阶段，是教学设计运用得当的关键之一，即在教学设计过程的开端分析教学问题，了解问题及其实质，以避免无的放矢，浪费人力物力。

在教学设计活动中，教师要考虑的因素很多，如何教、教什么、为什么教等，“如何教”是教学策略的选择与运用，“教什么”是教学目标、教学内容的确定与安排，而“为什么教”则是学习需要的分析。有很多教师虽然教学很卖力，但就是没有取得理想的效果，其中的原因之一就是忽略了学生的学习需要分析。学习需要分析重要的作用就是能够在教学的过程中做到有的放矢，做到真正意义上的因材施教。通过学习需要分析从而确定需要解决的问题及表现程度，以及解决问题的必要性和可行性，它可以使教学设计更有针对性，能够更加精确、科学地运用教学设计技术，从而能为教学带来效益，优化教学，真正成为解决问题的过程的技术。

学习需要分析是在教学设计的前期分析教学中存在的问题，提高解决教学问题的针对性，增强教学设计的效果，以保证教学设计实施方案可靠有效，进而达到提高教学质量的目的。学习需要分析是一个系统化的调查研究过程，这个过程的目的就是要揭示学习需要从而发现问题。分析学习需要，一般要做好两个方面的工作，一是深入实际调查研究，分析教学（或培训）中是否确实存在问题需要解决；二是分析问题产生的原因，确定问题的性质，以确定教学设计是否解决该问题，辨明教学设计是否是解决这个问题的合适途径。

二、学习需要分析对思想政治（品德）教学设计的意义

学习需要分析是整个“以学生为中心”教学设计的基础。学习需要分析的作用就是鉴定教学问题，并在此基础上形成总的教学目标。思想政治（品德）课程标准的确立、教学内容的选择等，都应该建立在对学生学习需要加以分析的基础上。只有对学习需要进行认真细致及全面分析，才可能设计出理性的实施方案，因此，深入分析学生的学习需要，是思想政治（品德）教学设计活动开展的基础和必要条件。

（一）学习需要分析有助于确定恰当的教学内容

思想政治（品德）课是对学生进行正确的世界观、人生观和价值观教育，形成良好的道德品质的主要课程。思想政治（品德）教学内容是根据社会需要和学生的学业需要，根据中学生的接受能力和理解水平精心选择的。离开了对学生的学习需要的分析、理解、把握，就难以正确解读教材，难以恰当地确定教学内容的重点、难点和关键，教学往往就会成为教师一厢情愿的自我表演，学生有可能是听得云里雾里，教学活动只会事倍功半，难以取得预期的效果。因此，学习需要分析是确定教学内容的基础，只有真正了解学生的已有知识经验和认知特点，了解学生的学习需要情况，才能够比较准确地把握学生特定学习活动中的最近发展区，从而才可能在知识与技能、过程与方法、情感与态度价值观三个维度上设定恰如其分的教学内容与目标。

（二）学习需要分析有助于选择正确的教学方法

新一轮课程改革的核心理念是“为了每一个学生的发展”，它要求思想政治（品德）教学必须面向全体学生，创造适合所有学生的政治课教育。为此，需要我们深入分析、真正了解我们的学生，“以学定教”、“以生定法”，从而增强教学方法设计的针对性和预见性，使教学方法设计及其实施建立在客观的、符合学生实际的基础上。

教师要根据学生的需要及学生存在的问题，选择恰当的教学方法，努力创设一种让学生既能在轻松愉快的教学氛围中获得知识，又陶冶学生情境的一种课堂教学情境，把微笑带进课堂，把歌声带进课堂，把辩论带进课堂，把风趣幽默带进课堂，不断加强师生的情感交流，构建和谐课堂。这样，既减轻了学生认识的难度，又激发了学生的学习动力。因此，分析学生的学习需要正是能够设计出良好的教学方法的有力工具，它是一种解决教学问题的合乎逻辑的、富有成效的思维方式。通过分析学生的学习需要，教师能学会如何提出恰当的问题并解决之，从而看到教学改革的实际意义。

（三）学习需要分析有助于解决教学中的实际问题

开展教学设计、编制教学媒体是实现特定教学目的的手段，其本身不是目的。如果教学目的设定脱离学生的实际需要，之后为实现该目的而运用各种教学手段的努力必然陷入盲目。通过深入分析学生的学习需要，可以了解学校的教学中，创新的教学方法是否满足学生的需要，学生的学习成绩是否达到了教学目标的要求，利用现代化教学手段学生能否接受，现有课程的内容是否需要修订或补充以反映该学科领域中新的发展，等等。教学设计作为一种教学的系统方法，不能用来解决所有出现在学校教学或教育中的问题，只能处理属于教学性质的问题。因此，分析学习需要的过程中，可以区别问题的性质，学会透过现象看本质，分析问题的主要原因，深入了解教学中存在的实际问题并能够及时加以解决。

三、思想政治（品德）学习需要分析的主要内容

教师的职能是“传道、授业、解惑”，对于思想政治（品德）教师而言，传道、授业容易做到，最难的就是解惑。什么是惑？惑在哪里？惑又是怎样产生的？一位政治课教师只有深入地了解学生，尤其是了解学生的学习基础、学习态度、学习习惯等，才能帮助学生分析产生困惑的原因及具体解决的对策。

（一）分析学生的学习基础

美国教育学家奥苏伯尔曾说：“假如让我把全部教育心理学仅仅归结为一条原理的话，那么，我将一言以蔽之：影响学习的唯一最重要的因素，就是学习者已经知道了什么。”思想政治（品德）课为了确定教学的恰当起点，必须分析学生已有的知识基础，确定他们对于学习的内容已经知道了什么，包括学生已有的知识技能、已有的认知发展水平等。

第一，要了解学生已有的知识基础。思想政治（品德）教学要取得良好的教学效果，教师首先要对学生已有的知识基础、知识技能进行分析，如已有的知识基础怎样？知道了什么，哪些方面存在欠缺？学生掌握基本知识的能力如何？等等，要了解学习者是否具备了进行新的学习所必须掌握的知识与技能，这是从事新的学习的基础，将对教学目标和学习成果产生重要影响。

第二，要分析学生现有认知发展水平。学生在学习某一特定的学科内容时，不仅需要一定的知识基础，还需要具有相应的认知发展能力。学生的认知发展水平虽然与具体学科内容无直接联系，但影响教学设计者对学习内容的选择和组织，影响教学方法、教学媒体和教学组织形式的选择与运用。思想政治（品德）教师要分析学生的认知成熟度，要了解

学生进入新内容的学习时所具有的学习思维水平，既包括与学习相关的认知发展水平，如观察、思维、想象、记忆及情感、意志等个性特征的发展水平，也包括对思想政治（品德）课的观念或相关观念的发展水平。

（二）分析学生的学习态度

鲍比·迪波特在《定量学习》中说过，在学习方面最有价值的财富是一种积极的态度。态度是学习过程的定向器和动力源，正确的学习态度能使学生克服学习过程中的种种困难，最终完成学习任务。相反，消极的态度往往使学生失去学习的兴趣和动力，遇到困难时则会采取逃避或抱怨的态度，而不去寻求解决的办法，学习常常半途而废。

（三）分析学生的学习习惯

就大多数学生来说，都懂得学习的意义，明确学习的目的，但缺乏良好的学习习惯。现代社会，知识更新速度之快，数量之大都是前所未有的。学习过程更是一项艰苦的过程，仅有良好的愿望，勤奋的努力是远远不够的，必须注重学习习惯的培养，习惯是经过重复练习而巩固下来的思维模式和行为方式。学习习惯一旦养成，它便会以情不自禁、自然而然的方式持续下来，犹如物理学中的惯性力量。良好的学习习惯对提高学习效率具有重要的促进作用。

（四）分析学生的个性特征

分析了解学生的个性特征，不仅包括分析学生的年龄、身体状况、师生关系、居住地、家教环境等个体自然状况，也包括了解学生的个性心理品质，如自尊心、自信心、自控力、求知欲、兴趣需要、竞争意识以及性格特征、气质类型等。只有充分分析学生的个性特征，才能在教学中做到区别对待、分类指导，真正实现发展个性、因材施教。

（五）分析学生的疑难困惑

在教师看来很容易的教学内容，对学生来说理解起来可能会存在一定的困难，接受过程中会产生各种疑虑。因此，教师在备课中要充分分析学生的智力水平和实际接受能力，对学生学习中的疑虑和困惑要预先考虑，采取主动、积极的态度和行之有效的措施来加以引导，帮助学生消除疑惑。要经常深入到学生中了解学生对教学的反应，了解学生对教学的意见和要求，及时调整教学内容、教学方法、教学进程，更好地调动学生的学习积极性，提高教学效果。

学习者在学习的过程中学习需要是逐步满足的，学习需要分析的过程是一个动态变化过程，每个步骤的进行过程中都需要根据不同的需要不断地调整修改并不断地反馈。社会发展和变化所带来的新要求会使学习需要不断地发生变化，不同的学生群体或个体，他们的学习状况、学习需要是不相同的。教师一定要深入实际，获得真实、可靠的信息，避免从“感觉”需要入手，把自己的想象错当成学生的学习需要，所以要在教学实践中经常进行学习需要分析，以保证所得到的学习需要是有效的。

【案例分析】

经济生活第十二课第一框题《经济全球化》学情分析

（1）认知起点。在现实生活中，学生每天都可以感受到全球化的痕迹，因此基本具备学习本框题的相关知识经验及感性认识。

（2）学习兴趣。与初中学生相比较，高中学生的身心发展趋于成熟，知识积累量增多，社会接触面扩大，社会交往更加频繁，思想意识日趋活跃，思维能力明显提高，参与活动、有所获取的主动性增强，有关注国家建设、社会发展的倾向。

（3）学习障碍。对现象的观察、分析尚显幼稚和肤浅，对经济全球化有关知识的了解不完整、不准确，相关事例接触不多。从已有的生活经验来看，学生生活中几乎处处能感受到经济全球化的影响，尤其是他们比较关注的一些品牌商品，但在对经济全球化的认识上可能缺乏辩证的思维。

（4）学习难度。本节课的容量较大，理论性较强，学习中难免会有学生在本节课的知识与能力目标上达不到课标的要求。

分析：在这篇学情分析中，教师从四个角度对学生的认知起点、学习兴趣、学习障碍和学习难度进行了分析。这些分析具有以下特点：第一，全面。该分析从四个角度，较全面地概述了高中一年级学生的认知、行为、生活经验和思维特点。第二，客观。对学情分析就要实事求是，真实客观，既不添油加醋，也不夸大其词，更不能无中生有，只有客观地分析学生情况，才能做到因材施教，有的放矢地实施教学。第三，文字表述清晰流畅，富有层次。

【问题思考】

1. 思想政治（品德）课以学生为本的重要意义是什么？
2. 思想政治（品德）课如何做到以学生为本？
3. 学习需要分析对思想政治（品德）教学设计的意义有哪些？
4. 中学生具有哪些思想特点？
5. 中学生具有哪些情感特点？
6. 中学生具有哪些学习特点？
7. 思想政治（品德）学习需要分析的主要内容是什么？

【参考资料】

1. 李海明．“生成性”学习需要开放式教学．南昌教育学院学报（教育理论与心理学），2011，(11)：24-25.

2. 曾汝弟，徐坤元．理解学生的心理需要，帮助学生过好“心理断乳关”——二谈中学生的特点与教育．云南教育，2004，(29)：9-10.

3. 蔡教文．激励、唤醒、鼓舞中学生学习的主体意识．湖州师范学院学报，2003，(4)：112-114.

4. 和学新．论普通高中新课程教学中学生学习的引导．课程·教材·教法，2004，(8)：37-42.

5. 崔巧云．浅谈新课程改革中学生学习方式的转变．江苏教育，2003，(6)：16-17.

6. 胡田庚．新理念——思想政治（品德）教学技能训练．北京：北京大学出版社，2009.

7. Cennamo K，Kalk D. 真实世界的教学设计．蔡敏主译．北京：中国轻工业出版社，2007.

第三章　思想政治（品德）教学目标设计

学习目标

（1）了解课程教学目标的分类。

（2）掌握课程教学目标设计的理论依据和现实依据。

（3）学会教学目标设计的基本方法。

核心概念

思想政治（品德）课程教学目标　价值取向　目标功能　社会本位　学生本位

第一节　思想政治（品德）课程教学目标概述

学习导航

在思想政治（品德）教学中，制定科学合理的教学目标是教学设计的重要一环，完成这些课程教学目标是课堂教学成功的首要标志。思想政治（品德）课程教学目标有确定的内涵和功能，而每一个课程教学目标又都体现了教育的某种价值取向，中外教学目标概莫能外。

一、思想政治（品德）课程教学目标及功能

（一）思想政治（品德）课程教学目标的内涵

在我国新课程改革实施后，新的思想政治（品德）课程标准确立了新的课程教学目标。无论是教师还是学生，了解思想政治（品德）课程教学目标都具有十分重要的意义。思想政治（品德）课程教学目标支配、调节、控制着整个教学过程。美国心理学家、教育学家布卢姆认为，有效的教学始于教师知道希望达到的目标应是什么，也就是说，实施教学设计、教学过程和教学评价的第一步，是清楚、明确、科学地确定和表达教学目标。教学目标是否明确、具体和科学，直接影响着教师教学实践的有效性。

课程目标是教师教学和学生学习的价值指向和评价准则。我国思想政治（品德）新课程目标由国家教育行政机构组织研制和颁发，并在课程标准中做出明确规定。教学目标是任课教师在一个单元或一节课的教学设计中，依据课程标准、分析课程内容和学生情况，对课程目标达成和学生预设学习结果的表述。课程目标指导和制约教学目标，教学目标是课程目标的具体化。课程教学目标则是从课程与教学两个层面对目标的共同阐述。孟庆男

认为，思想政治（品德）课程教学目标是“新课程教学活动预设的教育结果，是培养学生知识、能力、情感、态度和价值观等方面素质的规格性要求”。把握这一定义，需要注意以下几点：

第一，思想政治（品德）课程教学目标是对教师和学生双向要求，既是教师“教”的标准，也是学生“学”的标准。思想政治（品德）课程教学目标的主体是学生，它是针对学生的学习结果所提出的目标要求。其表现形式是教师通过教学活动而引起的学生在知识、能力、情感、态度、价值观等方面的变化。它着眼于教师的教，落脚于学生的学，是学生对课程的学习所要达到的目标要求。

第二，思想政治（品德）课程教学目标，是指在思想政治学科教学过程中，对中学生知识、能力、思想品德和行为规范等方面素质发展的要求和预期的学习效果。它是学生在学习课程之前的预设标准，是一种主观的期望。当学生学习后达到了目标要求，目标就转化为学生在知识、能力、情感、态度、价值观等方面客观的、现实的结果。这里有一个由主观期望向客观结果转化的必然过程。目标是主观预设的，但它指向一个客观的结果。

第三，思想政治（品德）课程教学目标的建立有其特定的基础和条件，具有可行性、可操作性和可测量性。通过一定的技术手段，可以进行目标的定性或定量测量，从而客观地评价教学效果。

第四，思想政治（品德）课程教学目标体现着本学科教学的价值取向，是在社会需要、学生发展与学科知识三者关系中的价值平衡与选择。

（二）思想政治（品德）课程教学目标的功能

课程目标的功能，是指课程目标对课程与教学活动可能产生的作用和影响。思想政治（品德）课程教学目标主要有四大功能，即导向功能、制约功能、激励功能和评价功能。

第一，导向功能。教学目标规定了教学中的育人标准，为教师的“教”和学生的“学”提出了方向性要求。思想政治（品德）课程教学目标主要是由党和国家对教育的总体目标和社会发展趋势、要求以及中学思想政治课的性质、任务所决定的，反映了社会发展对学生思想道德素质的需求，从质和量上规定了学生思想道德素质发展的规格以及对学生未来思想道德素质水平的发展要求，对思想政治（品德）课程教学坚持社会主义方向和育人目标具有导向作用。思想政治（品德）课程教学目标指导着教学的每一项活动范围和方向，使思想政治课教学的所有环节都能紧紧围绕教学目标这个中心有效进行。

第二，制约功能。课程教学目标是所有教学要素中的核心要素，它决定和制约了教学其他环节和要素都应当围绕着教学目标加以选择和实施。思想政治（品德）课程教学目标制约着教师对教学内容、教学策略、方法和手段的选择。思想政治（品德）课程教学目标是政治教师制订教学计划，规定教学内容的深度、广度以及选择教学方法、手段的根本依据。

第三，激励功能。思想政治（品德）课程教学目标的预见性和理想性，决定了它具有激励教学行为的功能。适当、合理的教学目标能激发教师教学活动的动机，激励教师通过一定方式，把教学目标转化为学生的学习目标。当学生明确学习目标后，目标也会成为学生学习活动的诱因，激励学生自觉地、积极地参与教学活动，产生良好的学习效果。因此，教学目标不仅是教师教的目标，也是学生学的目标。

第四，评价功能。思想政治（品德）课程教学目标为教学评价提供了依据和可以遵循的标准。教学目标是对学习者通过教学后应该表现出来的可见行为的具体的、明确的表述，通过教学可以达到的并用现有技术手段能够测量的教学结果。评价一堂课的优劣，首要的标准就是看教师的教学目标是否明确、适当、科学。思想政治（品德）教学评价就是根据思想政治（品德）课程教学目标，运用科学的测量手段，判断思想政治（品德）教学效果与价值的过程。评价指标必须与思想政治（品德）课程教学目标相一致。

二、思想政治（品德）课程教学目标的价值取向

思想政治（品德）课程教学目标从本学科课程的性质出发，集中体现学科课程价值追求和行为导向。在教学目标的设计中，不仅服从于课程目标，更是基于学科课程所体现的价值追求及其意义。

（一）国外课程教学目标的价值取向

刘旭东认为，课程的价值取向是课程主体在课程活动中根据自身需求进行价值选择时所表现出来的价值倾向性。现代西方课程理论中，课程与教学的价值取向问题得到高度重视。在《教育构思》一书中，Elliot Eisner 和 Elizabeth Vallance 共同提出了五种课程与教学目标的价值取向：①学术理性主义的价值取向；②认知发展过程取向；③个人适应取向；④社会适应/重建取向；⑤课程作为技术取向。五种价值取向为教与学提供了多元的视角和在教学中的不同作用。

（1）学术理性主义的价值取向是以对课程内容即知识的需求为主导，学习者的需求和社会需求被忽视。学术理性主义认为，学习者应当像海绵一样吸收和掌握文化遗产的概念和技能，能记忆并保持课程的知识内容。只有精通文化遗产的学习者才是最优秀和最聪明的，他们可以将所接受的基本的知识迁移到所有情境中，去解决个人以及社会的重要问题，因而也就能成为下一代的领军人物，成为好的公民。

（2）认识发展过程取向认为，如何获得知识和有效使用这些知识比获得和储存知识更重要，课程目的在于造就知道如何学习的终身学习者。教学更关注于学生的认知策略，形成使用科学方法、问题解决、决策策略和批判思考等能力。学生的知识是在建构中形成的，而不是依靠接受。

（3）个人适应取向将学习者的需求放在课程教学的首位，学生的主体性得到充分的尊重。学生有权根据自己的需要对学习内容做出选择，并对选择结果承担责任。个人适应取向通过造就能作出决策并对行为负责的人，来满足社会的需求。学生从自己的经验中生成知识的意义，从创造的意义中建构知识，在这种建构知识过程中形成社会化的过程。因此个人适应取向的教学能够使学习者成为明智的、积极的公民。

（4）社会适应/重建取向侧重于满足社会的需求，课程和教学就是为学生提供适应社会的经验。学生必须掌握能在社会竞争中取得成功的经验和技能，社会用人部门也希望学生一出校门就掌握了与工作有关的知识和技能，形成强烈的职业伦理，表现出责任意识和令人信服的行为方式。

（5）课程作为技术取向的目标在于，课程中运用各种设备和媒体，确定更有效的方法

完成事先所期望的任务；强调学习者与信息来源之间的关系，通过更有效的刺激产生更有效的学习效果。如运用计算机辅助学习方法。

（二）我国课程教学目标的价值取向

我国学者认为，在思想政治（品德）课程教学目标的设计中，形成三种不同价值取向：社会本位的价值取向、学生本位的价值取向和学科本位的价值取向。

1. 社会本位的价值取向

社会本位的价值取向强调教育要为社会输送优秀人才，以社会的需要作为教学的主导，以社会发展为重心设计教学目标。根据这种价值取向，教学的一切活动都应服从和服务于社会需要，教学的结果只能以其社会功能加以衡量，结果的好坏主要看它为社会贡献了什么，贡献的程度如何。法国教育社会学家涂尔干认为，“道德的目的即是社会的目的。合乎道德的行动就是为着集体的利益去行动”，“道德的出发点正是社会的出发点”。在社会本位价值取向引导下，学生个人的需要退居到次要位置，个人的发展以社会发展为前提，个人无条件地服从和服务于社会。思想政治（品德）课程教学的目标设计要以社会需要和社会发展为侧重点，在政治、思想和道德等方面体现社会发展的基本要求。

2. 学生本位的价值取向

学生本位的价值取向主要强调教学的个体发展价值，它要求思想政治课尊重学生，关爱学生，以学生的公民思想道德和主体性素质全面发展为本，把学生的发展和幸福作为教育的出发点和归宿点，并通过学生的公民素质全面发展服务于我国社会主义的经济、政治、文化建设和和谐社会的建设，强调教学应致力于满足个体发展的需要，在满足个人需要的前提下，进而实现社会的需要。思想政治课教学目标的设计首先是以学生个体的发展为核心。根据这种价值取向，教学的根本目标就在于使人的本能和本性得到自由发展，评价教学的价值应当以其对个人发展所起的作用为标准来衡量。

3. 学科本位的价值取向

学科本位的价值取向是在教学目标设计中，应当遵循学科自身的逻辑结构和知识体系，以让学生系统接受和掌握学科知识为主要目标，强调教学传递文化遗产的功能。根据这种价值取向，教学的主要目标是使学生掌握系统的学科知识，衡量教学的好坏主要以学生对学科系统知识的学习和把握为依据。

（三）思想政治（品德）课程教学目标价值的合理诉求

思想政治（品德）在关注社会发展的需要和学科知识体系的同时，强调以学生的发展为本，实现社会发展和学生个体发展的统一、学科知识与学生生活的结合。

第一，社会需要与学生个体发展相结合。一方面，思想政治（品德）课的本质特点具有强调国家意志和社会属性，体现国家的方针政策和基本精神，反映社会发展的要求和趋势；另一方面，社会由个体组成，社会的发展也必须以个体发展为基础，实现学生个体的全面发展是教育不可忽视的重要功能。思想政治（品德）课程教学目标不能无视个人的因素，不考虑人自身发展的各种需要，如求知欲的满足、美的享受与追求以及身心健康的需要等，必须在关注社会需要的同时，强调学生个体发展的需要。

第二，学科知识与学生生活相结合。一方面，思想政治（品德）课程教学有自身的学科背景，如初中思想品德课涉及心理学、伦理学、法学等相关学科知识，高中思想政治课涉及马克思主义经济学、政治学、文化学、哲学等学科知识，这些学科都有特定的学科体系和内容框架，课程教学目标的确定必须尊重这种学科的体系和内容；另一方面，思想政治（品德）课程教学是为学生的发展服务的，要适应学生身心发展的特点，符合学生未来发展的需要。因此，思想政治学科教学目标的确立不能一味强调学科本位，过分追求学科知识的系统性，而必须在尊重学科知识体系的同时，关注学生的生活需要和发展需求。

第三，社会需要、学生个体发展与学科知识的统一。社会发展的需要是学生个人成长的外在条件，学生个体的全面发展是社会发展和进步的主导性资源，思想政治（品德）课程教学所蕴含的人文与社会科学知识、伦理与道德要求则是社会进步和学生个体全面发展的思想基础。

第二节　思想政治（品德）课程教学目标分类

学习导航

教学目标是教学理论研究的一个重要范畴，引起诸多研究者的关注，其中具有较大影响的当属布卢姆、加涅等的研究成果。我国在新课程改革中，对课程教学目标的改革提出了具体要求，构建了“三维目标”的整体结构，形成了由不同层次的目标组成的目标体系。

一、国外课程教学目标分类理论

（一）布卢姆教育目标分类理论的新成果

1956年，由布卢姆（B. S. Bloom）等编著的《教育目标分类学第一分册：认知领域》正式出版，此后数年，布卢姆的教育目标分类学在世界范围内产生了巨大的影响。2001年，安德森以及曾与布卢姆合作研制教育目标分类的克拉斯沃等近10位当代著名的课程理论与教育研究专家共同研究，出版了《面向学习、教学和评价的分类学——布卢姆教育目标分类学的修订》，在布卢姆原有完整的目标分类理论基础上，结合美国20世纪末实施课程标准的教育改革，提出了新的课程目标二维分类理论。

布卢姆原有的一个维度分类包括六个方面（知识、领会、应用、分析、综合和评价），而新的目标分类学采用了“知识”和“认知过程”二维框架，即知识和认知过程两个维度。知识是指学习时涉及的相关内容，包括从具体到抽象四个类别：事实、概念、程序和元认知。认知过程依据认知复杂程度由低到高排列，形成学业行为表现的六个类别：记忆、理解、应用、分析、评价和创造。

1. 知识维度分类

1）事实性知识

事实性知识是学习者在掌握某一学科或解决问题时必须知道的基本要素。包括两个方面的知识：①术语知识。这是指具体的言语和非言语知识与符号（如语词、数字、信号与图片等），是人们在沟通交流时必须用到的知识。②具体细节和要素的知识。这是指事件、地点、人物、日期、信息源等知识。这些信息往往可以从一个更大的情境中分离出来。

2）概念性知识

概念性知识是指一个整体结构中基本要素之间的关系，表明某一个学科领域的知识是如何加以组织的，如何发生内在联系的，如何体现出系统一致的方式等。概念性知识包括三个方面：①类别与分类的知识。这类知识同术语与事实在具体要素的数量及联系上有明显区别。②原理与概括的知识。这类知识是在大量的事实和事件集合的基础上，对类别和分类的内在过程与关系作出说明，对各种所观察的现象作出抽象和总结。③理论、模式与结构的知识。它是将原理与概括的知识用有意义的方式加以整合，以体现某一现象、问题或学科内在一致的联系。

3）程序性知识

程序性知识是“如何做事的知识”。它包括技能、算法、技巧和方法的知识，统称为“程序”。程序性知识还包括了运用标准确定何时何地运用程序的知识。程序性知识看重“过程”，一般都是同具体学科挂钩的，反映了具体学科的思维方式。因此，科学学科的程序性知识和社会学科的程序性知识相去甚远，两者之间很少具有可迁移性。

4）元认知知识

元认知知识是关于一般的认知知识和自我认知的知识。元认知知识在学习者成长以及发挥其主动性中具有重要地位。元认知知识包括三个方面：①策略知识。这是有关一般学习、思考和问题解决策略的知识。②关于认知任务的知识。它包括适当的情境性和条件性知识，即知道何时以及为什么运用这些策略的知识。③自我知识。这既包括了解自己认知活动中的优势与不足，也包括了解自己什么时候不知道什么以及采用什么样的一般策略去发现必要的信息。此外，还有动机与情感的自知，例如，自我效能感、对完成任务与达成目标之间关系的感知、个人的兴趣、价值观与完成任务的关系等。

2. 认知过程维度分类

安德森等课程教学理论专家综合布卢姆原有的分类学精华以及其他一些新的分类办法，在修订后的方案中提出了从记忆到创造六个类别共 19 种具体的认知过程。

（1）记忆，是指从长时记忆库中提取相关知识，包括“识别”和“回忆”两个方面。

（2）理解，即学习者能够从口头的、书面的或图表图形的信息中建构意义。“理解”包括“解释”、“举例”、“分类”、“总结”、“推断”、“比较”、“说明”七个方面。

（3）应用，是在特定情境中运用某个程序。应用包括“执行”和“实施”两个方面。

（4）分析，是将材料分解为其组成部分并且确定这些部分是如何相互关联的以及部分同总体之间的关系。这一过程包括了“区分”、“组织”和“归属”三个方面。

（5）评价，是依据准则和标准来作出判断。“评价”包括“核查”和“评判”两个方面。

（6）创造，是将要素合为一个内在一致、功能统一的整体或形成一个原创的产品。“创造”过程包括“生成”、“计划”和“贯彻”三个方面。

与20世纪50年代的目标分类相近，布卢姆新的目标分类理论仍然用外显的行为陈述教学目标，教学目标具有目标连续性（由简单到复杂）、积累性（后续类别的行为总是积累在前面各种行为的基础上）、层次性（目标间不是孤立的，每个主要类别都包括若干子类别）、超越性（不受学生年龄和教学内容所限）、工具性（目标分类是为教师进行教学和科研服务，目标分类本身并不是目的，而是为评价教学结果提供测量的手段）的特点。

新的认知目标分类学，是对半个世纪以来布卢姆等的目标分类学的全面修订。这种修订主要面向教师，面向教学实践，将学习、教学和评价紧密联系起来，凸显了学习、教学和评价的一致性。新修订的布卢姆认知目标分类学更加聚焦于学习者的学习，重视学习者学习过程的外部表现和学习结果的可评价性等特点，对学习者的预期认知结果作出陈述和评价。

（二）加涅的教学目标分类理论

作为著名的教学心理学理论创始人，加涅对教学目标分类理论的贡献也十分突出。加涅从学习结果的预测中，“近似地代表了教学目标”。因此，通过对学习结果的分类研究，建立其教学目标的分类理论。1965年，加涅在《学习的条件》一书中提出了八种学习分类理论，包括信号学习、刺激-反应学习、连锁学习、言语联想学习、辨别学习、概念学习、规则学习、问题解决学习。1985年，加涅在对该书的修订中，将八类学习凝练为五类，即言语信息、智慧技能、认知策略、动作技能和态度。

1. 言语信息

言语信息是一种陈述性知识，是累积起来的有关“是什么”的知识，包括三个亚类。①名称或符号，即某个物体或一类物体的名称。②单一命题或事实，表示两个或多个有名字的客体或事件之间关系的言语陈述。③对意义加以组织的多个命题，形成由相互联系的事实构成的知识体系。

2. 智慧技能

智慧技能是一种程序性知识，是在应用性学习中关于“如何做”的知识。使用智慧技能的能力是以言语信息为基础的。加涅认为智慧技能是人类学习的最为重要的性能类型，因而也是受教育的实质意义所在。智慧技能典型的形式是规则。智慧技能包括四个亚类，即辨别、概念、规则和问题解决。

3. 认知策略

加涅认为，元认知或条件性知识组成认知策略。“元认知”是一种“对思想进行再思考”的行为。比如，制订出学习计划、预测自己行为成功的潜力、监控自己的表现、评价自己在解决问题过程中恰当与否，这些都是运用了元认知技能。可见，元认知属于对自我的“内部控制过程”。认知策略就是学生选择和调整他们的注意、学习、记忆和思维等的内部过程。认知策略可分为五个亚类：复述策略、精加工策略、组织策略、理解监控策略、情感策略。

4. 动作技能

动作技能是指学习者通过发动身体肌肉群而完成操作性活动的能力。动作技能不仅仅指完成某种规定的动作，而且指这些动作组织起来构成流畅、合规则和准确的整体行为。如每分钟输入 75 个单词、蝶泳、发音等。动作技能又可分为两种成分：一是描述如何进行动作的规则，即动作的程序；二是因练习与反馈逐渐变得精确和连贯的肌肉运动。

5. 态度

态度是指学习者获得的影响个体行为选择的心理状态。态度被列入情感知识目标之中，在品格教育、宗教、个别训练中都发挥着重要作用。言语信息和智慧技能的发展在态度的形成过程中充当着重要角色。有了言语信息、智慧技能或动作技能的铺垫，才有可能形成更加积极而正确的态度。

二、我国思想政治（品德）课程教学目标分类

（一）思想政治（品德）课程教学目标的结构分类

基础教育课程改革前，思想政治（品德）课程教学目标重视学科的基础知识和基本技能，在教学目标中采用知识目标、能力目标和觉悟目标三种分类形式。我国目前思想政治（品德）课程教学目标分类形式是基于我国新课程改革的基本要求，“改变课程过于注重知识传授的倾向，强调形成积极主动的学习态度，使获得基础知识与基本技能的过程同时成为学会学习和形成正确价值观的过程”。教学目标的结构和形式也发生了改变。目前我国中学思想政治（品德）课程教学目标设置依据的是《普通高中思想政治课程标准》（2004 年）、《初中思想品德课程标准》（2011 年）。

初中思想品德课程由情感·态度·价值观目标、能力目标、知识目标组成。“情感、态度与价值观”目标在初中思想品德课程教学目标中居于首位，一是更加明确了初中思想品德课属于德育的学科性质，二是突出显示了初中思想品德课的内容特点，三是符合初中生群体这一特殊成长阶段的心理特点和发展需求。

高中思想政治课程标准中的课程教学目标分为总目标和分类目标。总目标规定了课程的基本任务和核心价值，体现了课程的性质，在课程实施中统领着其他目标。分类目标由三个维度组成，包括“知识目标”、“能力目标”、“情感、态度和价值观目标”。[①]

高中思想政治（品德）课程教学目标的排列次序中知识目标排在首位，符合高中阶段学生掌握人文与社会科学常识的需要，知识目标也是支撑全部目标实现的基础性目标，它服从和服务于能力目标和情感、态度与价值观目标；能力目标强调以认知和行为能力为主的各种社会能力的发展，教学中在尊重理论逻辑的同时，更合乎生活逻辑，以能力发展为主导组织和呈现教学内容；情感、态度与价值观目标是整个目标的核心，思想政治观点是主体，是整个课程与教学优先设置和实施的目标。三类课程目标不是各自独立、分别实施的目标，而是

① 在实际的教学目标设计中，有的教师采用与其他学科教学目标的结构相一致的三维目标表述形式，即“知识与能力”、“过程与方法”、“情感、态度与价值观”，有的则执行思想政治（品德）课程标准中的三维目标表述形式。依教师个人的教学需要选择两种三维目标表述中的一种。两种三维目标表述没有实质性的区别。

相互关联与支撑的一个整体。高中思想政治三维课程目标的关系如图 3-1 所示。

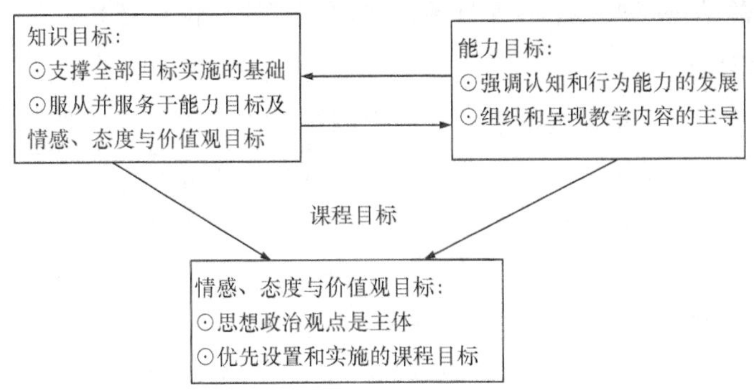

图 3-1 高中思想政治课三维目标关系

思想政治（品德）课的知识目标也称为认知目标，既包括感性认识，也包括理性认识。如认知事实、解析概念、理解观点、阐释原理、树立观念等。

思想政治（品德）课的能力目标包括思维能力、操作能力、实践能力、合作能力、生活能力和创新能力等。

思想政治（品德）课的情感、态度与价值观目标中的情感目标是一种内在的体验；态度是人们对人和事物所抱有的心理倾向；价值观是对事物价值的看法和评价标准。

（二）思想政治（品德）课程教学目标的阶段分类

1. 课程总目标

1）初中思想品德课程总目标

教育部 2011 年颁发的《初中思想品德课程标准》对 2003 年课程标准（实验版）做了修改，新的课程总目标是“思想品德课程以社会主义核心价值体系为导向，旨在促进初中学生正确思想观念和良好道德品质的形成与发展，为使学生成为有理想、有道德、有文化、有纪律的社会主义合格公民奠定基础”。新的总目标突出了社会主义核心价值在初中生思想品德成长中的指导地位，以培养合格公民作为思想品德课程的核心价值。课程总目标为课程实施提出更加明确的方向。

2）高中思想政治课程总目标

高中思想政治课程总目标是课程设计者根据课程的性质、社会及个人发展的需要，对课程的核心价值及预期教育成果的总体设计。思想政治课程标准对此的表述是：“知道中国共产党是中国特色社会主义事业的领导核心，马克思列宁主义、毛泽东思想、邓小平理论和‘三个代表’重要思想是中国共产党的指导思想，‘三个代表’重要思想是马克思主义在中国发展的最新成果。”

高中思想政治课程总目标还高度概括了课程的基本内容是“了解中国特色社会主义现代化建设常识”；提出了知识和能力培养中的根本目标是“学习运用马克思主义基本观点和方法观察问题、分析问题、解决问题”；本课程特有的能力目标是培养学生“具备在现代社会生活中应有的自主、自立、自强的能力和态度”；在情感和价值观的培养上提出了

“具有爱国主义、集体主义和社会主义思想情感”；“初步形成正确的世界观、人生观和价值观”是本课程的总体要求，也是评价课程与教学成败与否的根本标准。

2. 学期教学目标

思想政治（品德）课学期教学目标是高中和初中政治课教师学期教学工作计划中的主要内容，是对一学期教学工作提出的总的目标要求和预期结果的描述。高中思想政治课的学期教学目标与一个课程模块的教学目标相一致。初中思想品德课的学期教学目标与一整册教材的教学目标相吻合。

3. 课时教学目标

设计课时教学目标是教师教学中最具体的常态性工作，是教师对一堂课（通常是 1 学时）的教学内容可能达成的预期效果的设计。课时教学目标是教师教学的出发点和归宿，也是评价教师一堂课教学成果如何的标准。

在阶段教学目标设计中，还可以有单元教学目标、某一复习阶段教学目标等形式。

第三节　思想政治（品德）教学目标设计方法

学习导航

思想政治（品德）教学目标的制订既要体现现代社会发展要求，又要依据课程标准，更要满足学生发展的现实需要。如何设计出科学的思想政治（品德）教学目标？就需要我们进一步了解教学目标的设计要求，掌握教学目标表达的三种方法，按照教学目标的设计程序一步步接近那美好的终点。

一、思想政治（品德）教学目标设计的依据

在教师设计每一节课的教学目标中，其依据主要来自三个方面：现代社会发展的需要、课程标准和学生发展的需要。

（一）客观依据：现代社会发展的需要

时代发展的每个阶段都有其特点，社会给予每个人发展提供客观空间。学生今天的学习就是为走向明天的社会而做好充分准备。了解社会的特点、社会的需要、社会发展的前景，对思想政治（品德）教学而言更具有现实而深远的意义。思想政治（品德）教学要为培养具有科学和人文精神、民主和合作意识、法治和现代竞争意识，具有创新能力和诚实守信，有强烈的事业心和责任感的合格公民做出努力。1996 年，国际 21 世纪教育委员会主席雅克·德洛尔就向联合国教科文组织提交了一份《教育——财富蕴藏其中》的报告，提出了 21 世纪教育的四大支柱：学会认知（learning to know）、学会做事（learning to do）、学会共同生活（learning to live together）、学会发展（learning to be），这份报告正是基于 21 世纪社会发展变化而给予世界各国一份教育变革的指南。思想政治（品德）教师在教学目标设计中应当有这种国际的视野和前瞻性的眼光，从关注社会的现实和发展中

关怀学生的成长和未来发展。

（二）基本依据：思想政治（品德）课程标准

课程标准是全国范围内统一使用的、基本的、指导性的教学规范，它具体规范了中学思想政治课教学过程的一系列要素。课程标准对思想政治（品德）课程教学目标做了明确的规定和表述，为确定具体的教学目标提供了基本依据。

思想政治（品德）课是以教育性为本质属性，知识性和教育性相辅相成、相互渗透的一门基础学科。在了解课程标准的基础上深入研读教材，掌握其知识结构和知识要点是确定教学目标的基础性工作，了解教材知识结构中各单元、课、框、目之间的关系，形成对教材整体知识结构的清楚认识，也就为科学制订具体教学目标打下了基础。

（三）内在要求：学生发展的需要

在思想政治（品德）教学中，学生是教学活动的主体，是学习的主人。确认和重视学生的主体地位，是当前教育教学改革的基本方向，也是提高思想政治（品德）教学的主动性、针对性和实效性的重要前提，是实现教育教学改革目标的重要条件。目前我国学者提出了教学的“生本”理念，值得我们去研究和落实。由于思想政治（品德）教学具有社会性、参与性和实践性的突出特点及其在培养人中的突出地位，因此，确定思想政治（品德）教学目标，必须确认、体现学生的主体地位，满足学生发展的需要。

二、思想政治（品德）教学目标设计要求

1. 教学目标定位明确

思想政治（品德）教学目标不仅应当明确政治课教师应在知识、能力、情感、态度与价值观等方面教什么，更要明确学生在知识、能力、情感、态度与价值观等方面学到什么，做到教师教的目标与学生学的目标之间的统一与协调。各个目标之间相互关联和相互促进，而不是相互排斥和相互矛盾，形成一个相互支撑和互补的目标整体。

2. 教学目标内容表述具体

教学目标对教学活动的内容和形式所提出的要求应力求具体。在目标表述中应当体现学习的具体内容和对学习结果的具体要求，避免空洞和笼统。

3. 目标设计层次清晰

教学目标的层次性是教学目标优化的内在要求，这是几乎所有教学目标理论的共同特点。认知目标，情感、态度与价值观目标应该在教学目标中清晰而具体地表达出来。目标之间也要有从具体到抽象、由低到高的层次推进。

4. 动词运用得当

在目标设计中，每一种类型的目标会有一组相对应的行为动词，而行为动词的选择和运用应当合适。在教学目标的表述中，既要体现目标表述的结构要求，又要对语言和句子的精心雕琢，艺术地再现教学目标的整体性、层次性、科学性。

三、思想政治（品德）教学目标陈述方法

（一）行为目标的陈述方法

行为目标是用可观察和可测量的行为作为目标陈述的一种方法，也是国内外普遍采用的方法。行为目标理论研究主要有泰勒的课程目标理论、布卢姆的教育目标分类学和马杰的程序教学目标理论。行为目标具体、明确，便于操作和评价，在以知识学习、技能训练为主的课程内容中较为适用。

美国行为目标研究者马杰在1962年出版的《程序教学目标的编写》这本著作中，根据行为主义心理学，提出行为目标表述的主要内容和方法。他认为，一个学习目标的陈述应包括三个基本要素：第一，行为表现的陈述。说明学习者学习以后，应当具有什么样的能力，能做什么。教师通过观察学生行为变化，明确目标的达成情况。第二，行为条件的陈述。说明学生行为变化是在什么条件下发生的。第三，行为标准的陈述。学生合格行为的最低标准是什么，说明学生行为在速度、准确度和质量上的变化程度。这一研究为行为目标的陈述方法提供了经典范式。

在经过课程教学论学者的进一步完善后，当代行为目标陈述通常包括四个要素：学习者（audience）、行为（behavior）、条件（condition）、程度（degree），简称ABCD形式。

（1）学习者。教学目标中首先要求有明确的学习者，他们是目标表述句中的主语。学习者作为主语是十分确定、不言而喻的，因此在目标的具体表述中往往处于“隐身”状态。需要明确的是，行为目标的主语一定是学生，不是教师。

（2）行为。教学目标中要求说明通过学习后，学习者应能做什么，是目标表述句中的谓语和宾语，通常用行为动词加以表示。

在我国思想政治（品德）课程标准中，主要的行为动词有：知道、了解、运用、观察、分析、解决、描述、举例、说明、阐述、阐释、解析、归纳、理解、提高、培养、增强、发展、比较、识别、评述、评析、辨析、评议、获得、树立、确立、热爱、关注、乐于等。

（3）条件。教学目标中要求说明上述行为在什么条件下产生，是目标表述句中的状语。通常以一个条件句加以表示。条件是真实的、客观的，包括完成行为的情景条件（如在课堂讨论后，概括出……）；提供的信息条件或提供的辅助教学手段（在阅读本课教材后，总结……）

（4）程度。教学目标中要求明确上述行为的标准、程度和结果。

又如，“学生（学习者）根据所布置的阅读材料（条件），能比较两个文明世界的文化（行为、内容），至少各举出五个特征（标准）”。

（二）内部过程与外显行为相结合的目标陈述方法

1978年，格朗伦在《课堂教学目标的表述》中提出，在教学目标陈述中，先用描述内部心理过程的术语，如记忆、理解、创造、热爱、欣赏等描述学习结果，反映教师总的教学意图，然后再描述学生内在心理变化的具体行为，使这些内在的心理变化通过行为的

表述可以得到观察和测量，让比较抽象的目标具体化。这就是用内部过程与外显行为相结合以陈述学习目标的方法。

例如，“体验文化的多样性，能举出两个实例说明文化多样性对人们生活的影响”。“体验”是表达心理过程的术语，“举例说明”是行为表现。

内部过程与外显行为相结合的目标陈述方法不仅有行为表现和结果可供观察与评价，同时注重对学生心理过程的描述和解读，促进了学生心理机制的成长，避免了行为目标只注重学生外在行为的变化而忽略其内在能力和情感的变化。因此也获得了当代许多心理学家的支持。

（三）表现性目标陈述方法

表现性目标最早由美国课程理论家艾斯纳提出。表现性目标认为，在种种教育情境下，每一个学生都会有个性化的创造性表现，教学目标就应当关注学生的创造精神、批判思维，为学生的个性化成长创造条件。这一目标陈述方法适合陈述情感领域和富有个性和创造性的目标内容。如参加项目活动、参加综合实践活动、参加校外活动等以学生活动为主的活动性课程。

表现性目标明显地反映出人文主义的价值追求，在目标陈述中兼顾了不同的学生个体在一定的情境中参加活动后的不同表现和学习后果，注重的是学生参与活动过程，以及在活动中处理问题和完成任务的情况。表现性目标方法不规定一个统一的、一致的目标，而是允许学生参加活动后有不同的反应和收获，强调学生的创造性表现和个性发展。

表现性目标并未完全否定行为目标的合理性，但认为行为目标能解释学生认知发展中的较低层面。认知的高级层面（思维的创造性、灵活性、解决问题的能力等）需要用表现性目标的方法。表现性目标在解决问题的目标中补充了行为目标的不足。

表现性目标的陈述，例如，“观看保护野生动物的纪录片，交流自己的想法”，“通过协商，小组在论坛上发表观点”，“考察和评估《复兴之路》的重要意义”，“在一个星期里读完《红与黑》，讨论时列出对你印象最深刻的五件事情”。

四、思想政治（品德）教学目标设计步骤

（一）分析教学内容

思想政治（品德）教学目标设计首先起步于教学内容分析。教学内容的分析由两部分组成。一是课程标准分析。准确把握思想政治（品德）学科课程标准中的总目标、分类目标以及与课堂教学相对应的内容目标要求。二是教材的内容分析。对教材的结构和内容、教学内容的重点和难点、教学资源的选择和利用等进行深入细致的分析。从以上分析基础上，准确定位教学的认知目标，能力目标，情感、态度与价值观目标，确定教学的重点和难点。

（二）分解目标层次

思想政治（品德）教学目标不仅由三维目标组成，每一类目标又有不同的层次。这种

层次性一方面来自于知识、能力等目标自身的内在逻辑；另一方面则来自于人的认知规律性。前者在教学目标研究者（如布卢姆、加涅等）的论著中都有阐述，后者则在教育学和心理学的研究中也都得到充分证明。目标的层次性是目标科学性和合理性的前提。从下面的知识阶梯图中（图 3-2），可以了解知识的层次与目标层次的对应关系。

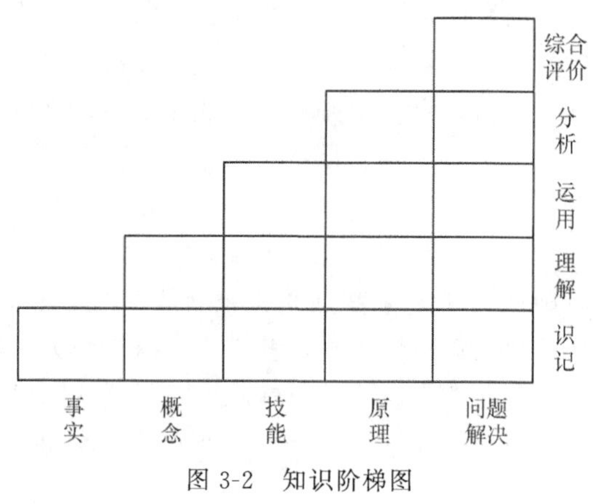

图 3-2　知识阶梯图

在图 3-2 中，事实是指一些术语，如姓名、时间、地点、一些事件的名称，以及可确定的事件。概念是指将具有同样特征的事物进行归类，用来表征这种事物的属性以及名称的名词。技能是指一系列动作的连锁化（语言＋智力＋手工＋机械操作＋综合），主要指智力的技能。原理是指把若干个概念组合在一起，用来陈述事物的因果关系和规律。问题解决是指发现问题、提出假说、搜集事实、作出解释论证的程序和方法。

（三）表述教学目标

（1）思想政治（品德）教学目标陈述中的主体应当是学生，不是教师。教师作为教学设计的主体，在教学目标的表述中往往将教师自己作为教学目标的陈述主体。如在教学目标表述中，使用“使学生……”、“让学生……”、“提高学生……”、“培养学生……”这样的用语开头，隐去的是教师的主体存在。因此在教学目标表述中，应当避免这种主体错位的情况出现。目标设计者应当牢记教学目标是学生的学习结果，而不是教师的教学行为。教师的教学行为服务于学生学习的结果。在目标动词前所表达的主体，无论是隐身，还是明示，都应当是学生。

（2）行为动词必须是可测量、可评价、具体而明确的。要做到这一点，教学目标的设计者就应当将目标具体化，避免使用含糊、空泛、拔高、虚假等既无法实现，也无法评价和测量的行为动词及形容词。例如，“牢牢掌握……的性质”、“深刻理解……的关系”、“牢固树立……观念”。什么程度才算是牢牢掌握、深刻理解、牢固树立？无可评价和测量的目标，等于是虚设的目标，对教学结果而言无评价意义。“能够复述……的性质，并解释性质的所属类型和基本结构”或“通过对同类概念的对比，解释……的性质”，这类表述形式就较为具体，具有可测量性。

（3）教学目标的陈述要反映学习类型。教学目标中对学习类型的反映是通过能力动词来体现的，即不同类型的知识，采用不同的动词来陈述。这里可参考布卢姆对教学目标动词形式的解释，如表 3-1 和表 3-2 所示。

表 3-1　认知领域教学目标可供选用的行为动词

目标层次	目标特征	行为动词
知道	对信息的回忆	为……下定义、列举、说出（写出）……的名称、复述、排列、背诵、辨认、回忆、选择、描述、了解、指明
领会	用自己的语言解释信息	分类、叙述、解释、鉴别、选择、转换、区别、估计、引申、归纳、理解、举例说明、猜测、摘要、改写
运用	将知识应用于新的情境	运算、计算、示范、阐述、解释、说明、修改、订计划、制订……方案、解答
分析	将知识分解，找出各部分之间的关系	分析、分类、比较、对照、图示、区别、检查、指出、评价
综合	将知识各部分重新组合，形成一个新的整体	编写、写作、创造、提出、组织、计划、综合、归纳、总结
评价	根据一定标准进行判断	鉴别、比较、评定、判断、总结、证明、说出……价值

表 3-2　情感领域教学目标可供选用的行为动词

目标层次	目标特征	行为动词
接受或（注意）	愿意注意某事件或活动	听讲、注意、看出、知道、接受、赞同、容忍
反应	乐意以某种方式加入某事，以示作出反应	完成、回答、陈述、选择、列举、遵守、记录、听从、称赞、表现、帮助
价值判断	对现象和行为作价值判断，从而表示接受、追求某事，表现出一定的坚定性	接受、承认、完成、参加、决定、影响、支持、辩论、论证、辨别、区别、解释、评价 、继续
组织化	把许多不同的价值标准组成一个体系，并确定它们之间的相互关系，建立重要的和一般的价值	讨论、组织、判断、使联系、确定、建立、选择、比较、下定义、系统阐述、权衡、决定
个性化	具有长期控制自己的行为以致发展了性格化的价值体系	修正、改变、接受、判断、拒绝、相信、继续、解决、贯彻、要求、抵制、认为……一致、正规

【案例分析】

案例 1.《做诚信的人》教学目标设计

(1)“转变”，学生实现从谈到诚信问题时的灰色心态向积极健康情绪的转变。

(2)“认同”，学生认同诚实守信对于提升自我价值，抓住人生机遇具有重要意义。

(3)“渴望”，学生从抱怨社会、等待社会，转化为渴望拥有诚信人格。

分析：北京师范大学实验中学的郑坛老师在确立其情感、态度、价值观目标中，用了三个关键的动词形式“转变”、“认同”、“渴望”，语言简练且生动。其中的“转变”主要体现了情感的变化，“认同”是一种态度的形成，而“渴望”拥有诚信的人格则是学生在诚信情感、态度和价值观总和方面的表达。

案例 2. 叙写教学目标的反例

(1)“使学生成为德智体全面发展的人”。

(2)“提高学生的写作技巧”。

(3)“拓宽学生的知识面”。

(4)“学生能获得发展”。

分析：以上 4 个教学目标都存在表述上的不当。其中，(1) 是以教育目的代替学习目标；(2) 是含糊其辞，难以评价；(3) 是行为主体是教师，而不是学生；(4) 是行为动词没有指向具体概念或内容。

【问题思考】

1. 课程目标和教学目标之间有何区别？
2. 如何理解思想政治（品德）课程教学目标的内涵？
3. 思想政治（品德）课程教学目标的功能有哪些？
4. 查阅资料，比较布卢姆教育目标分类早期理论与新理论成果之间的区别。
5. 加涅教学目标分类的理论对目标设计有什么启发和指导意义？
6. 我国新课程改革后，思想政治（品德）课程教学目标的结构有哪些新的变化？
7. 试分析各种教学目标价值取向的利弊，并作出你的选择。

【参考资料】

1. 崔允漷．有效教学．上海：华东师范大学出版社，2009.
2. Cennamo K. Kalk D. 真实世界的教学设计．蔡敏译．北京：中国轻工业出版社，2007.
3. 布卢姆．教育目标分类学第一分册：认知领域．上海：华东师范大学出版社，1986．
4. 潘慧玲．学习的条件和教学论．上海：华东师范大学出版社，1999.
5. 郭成．课堂教学设计．北京：人民教育出版社，2006.
6. 盛群力，褚献华．布卢姆认知目标分类修订的二维框架．课程·教材·教法，2004，(9)：90-96.
7. 谢树平，李宏亮，胡文瑞．新编思想政治（品德）教学论．上海：华东师范大学出版社，2006.
8. 孟庆男．思想政治新课程教学论．长春：东北师范大学出版社，2007.
9. 刘旭东．课程的价值取向研究．兰州：甘肃教育出版社，2002.
10. Chiarelott L. 情境中的课程——课程与教学设计．杨明全译．北京：中国轻工业出版社，2007.
11. 马云鹏．国外关于课程取向的研究及对我们的启示．外国教育研究，1998，(3)：38-43.
12. 檀传宝．德育原理．北京：北京师范大学出版社，2007.

第四章　思想政治（品德）教学内容设计

学习目标

（1）掌握思想政治（品德）课程标准的概念和基本内容。

（2）了解思想政治（品德）课程内容和设计思路。

（3）知道思想政治（品德）教材的呈现方式和特点。

（4）掌握思想政治（品德）教材分析的方法和主要内容。

（5）初步形成开发和利用思想政治（品德）课程资源的意识和能力。

核心概念

课程标准　教学内容　教材　教学内容分析　课程资源

第一节　思想政治（品德）教学内容

学习导航

本节重点讲述的是思想政治（品德）教学内容。遵循从宏观到微观的原则，我们将对初中思想品德和高中思想政治教学内容进行剖析和解读。

一、思想政治（品德）课程标准

课程标准是新课程改革过程中最为重要的纲领性文件，它由国家制定和颁布，成为指导教学活动的基本依据。新课程标准体现了新的课程理念，提出了新课程实施中需要明确的课程目标、内容结构、教学方式和评价方法等基本要求。

我国目前的课程标准是在第八次新课程改革后陆续颁布实施的。课程标准取代原来的教学大纲，改变了传统课程教学的价值取向，也促成了现代教育思想和理念在我国课程教学中的统领地位。

《思想品德课程标准（实验稿）》于2003年5月由教育部颁布，表明推动我国初中思想品德新课程改革大幕拉开。经过近10年的发展，2011年12月，新的《初中思想品德课程标准》（2011版）正式颁发。新标准紧跟时代特点，对课程目标、课程理念、内容标准等方面作了调整，课程标准也更加完善。

2004年3月，教育部颁发《普通高中思想政治课程标准（实验）》，对高中思想政治课程的性质、内容、教学方式等方面都作出了明确规定，促进了我国高中思想政治新课程改革实验相继启动。

（一）初中思想品德新课程标准的构成

初中思想品德新课程标准由前言、课程目标、内容标准、实施建议四个部分组成。

第一部分，前言。前言是思想品德新课程的总纲和核心，它阐明了本门课程改革的背景、课程性质、课程的基本理念、课程标准的设计思路。

第二部分，课程目标。课程目标首先提出“思想品德课程以社会主义核心价值体系为导向，旨在促进初中学生正确思想观念和良好道德品质的形成与发展，为使学生成为有理想、有道德、有文化、有纪律的社会主义合格公民奠定基础”。其后，明确课程目标的三个方面（即三个维度），一是情感、态度和价值观目标；二是能力目标；三是知识目标。

第三部分，内容标准。内容标准是课程标准的主体部分。内容标准按“一、成长中的我”、“二、我与他人和集体”、“三、我与国家和社会”三个方面进行陈述。每个方面又分为“课程内容”和“活动建议”两条脉理，形成相互对应和说明的目标体系。

第四部分，实施建议。实施建议由教学建议、教材编写建议、评价建议、课程资源的利用与开发四个方面组成。

（二）高中思想政治课程标准的构成

高中思想政治课程标准由前言、课程目标、内容标准、实施建议四个部分组成。

第一部分，前言。前言是思想政治新课程的总纲，它阐明了本门课程改革的背景、性质、基本理念和设计思路。

第二部分，课程目标。课程目标划分为总目标和分类目标，总目标揭示课程的本质，分类目标揭示了在知识、能力和情感态度价值观三个维度上的目标要求。

第三部分，内容标准。内容标准具体阐述了思想政治新课程的内容目标，分必修课程的内容目标和选修课程的内容目标。必修课程主要阐述了“经济生活”、“政治生活”、“文化生活”、“生活与哲学”四个模块的内容目标、提示与建议；选修课程主要阐述了“科学社会主义常识”、“经济常识”、“国家和国际组织常识”、“科学思维常识”、“生活中的法律常识”、“公民道德与伦理常识”六个模块的内容目标、提示与建议。

第四部分，实施建议。实施建议主要是对思想政治新课程的教学、评估，教科书的编写，课程资源的开发与利用等提出了具体的指导性建议，目的是为确保国家课程标准能够在大多数学生身上得以实现。

二、初中思想品德课程内容设计

（一）初中思想品德课程设计思路

思想品德课程以初中学生逐步扩展的生活为基础，以学生成长过程中需要处理的关系为线索，有机整合道德、心理健康、法律、国情等方面的内容，进行科学设计。

初中学生逐步扩展的生活，尤其是处在青春期的初中学生的身心发展特点是思想品德课程设计的基础，课程从学生的生活实际出发，直面他们成长中遇到的问题，满足他们发展的需要。初中阶段的学生需要进一步学习正确处理与自我、与他人和集体，以及与国家和社会的关系。这三组重要关系依次构成了本课程的三大内容板块。每一内容板块中均涉及道德、心理健康、法律和国情等方面的具体内容。

（二）初中思想品德课程结构和内在逻辑

课程结构主要涉及课程结构的层次、课程内容的表现、课程设置或课程框架、课程类型、课程平衡以及课程结构的形成机制等。新课程改革对初中思想品德课程结构作出重大调整。

初中思想品德课程结构和内容设计力求增强课程的针对性、实效性、主动性。初中思想品德新课程采用单一课程结构。针对初中学生的学习和心理特点及成长规律，结合我国小学、初中、高中和大学德育课程的各自目标和相互衔接，思想品德新课程在课程结构设计上采用了单一的课程形态，即必修课的课程形态，而没有设选修课等其他课程形态。

思想品德新课程根据初中生逐步扩展的生活为依托，以心理健康、道德、法律和国情教育四个方面作为学习内容的“横坐标”，以“成长中的我”、“我与他人和集体”、“我与国家和社会”三个方面作为学习内容的“纵坐标”，通过二者间的交叉点来体现学习主题，实现初中生成长过程与认知水平逐步提升与扩展的一致性，体现了成长逻辑与认知逻辑的统一，以此构建了思想品德的课程结构体系。基本逻辑如表 4-1 所示。

表 4-1　思想品德课内容结构表

课程	心理健康	道德	法律	国情教育
成长中的我	认识自我	自尊自强	学法用法	文化认同（中国心）
我与他人和集体	交往与沟通	交往的品德	权利与义务	共同理想
我与国家和社会	积极适应社会的发展和进步	承担对祖国、社会和自然环境的责任	法律与社会秩序	知国情、爱中华

三、高中思想政治课程内容设计

（一）高中思想政治课程设计思路

我国现行的高中思想政治课程采取模块式的组织形态，分为必修课和选修课两部分。各课程模块的内容相对独立，实行学分管理。必修课部分是所有学生必须学习的课程，共 8 个学分，设 4 个课程模块；选修部分是学生自主选择的课程，共 12 个学分，设 6 个课程模块；各课程模块均为 36 学时，经考核合格，可获 2 个学分。课程模块的开设顺序应根据学生的选择和学校的实际情况确定，必修课模块的学习主要在高中一、二年级完成。本课程必修课部分每周 2 学时，各课程模块的教学以一学期为单位。

（二）高中思想政治课程结构和内在逻辑

1. 思想政治课程模块建构

《普通高中课程方案（实验）》规定，高中课程由学习领域、科目、模块三个层次构成，思想政治课是人文与社会学习领域中的一个科目。思想政治学科由必修模块和选修模块所组成。

高中思想政治新课程的每个模块之间既相互独立，又反映学科内容的逻辑体系。每一模块都有明确的教育目标，并围绕某一特定内容，整合学生经验和相关内容，构成相对完整的学习单元。每一模块都对教师教学行为和学生学习方式提出要求与建议。模块不是固有的知识体系，而是课程意义上的模块。课程模块的开设顺序应根据学生的选择和学校的实际情况确定，必修模块的学习主要在高中一、二年级完成。

2. 思想政治必修课程模块

思想政治必修课程模块包括思想政治 1（经济生活），思想政治 2（政治生活），思想政治 3（文化生活），思想政治 4（生活与哲学）。其中，“思想政治 1、2、3”分别讲述经济、政治、文化三大生活领域的常识，以对应社会主义物质文明、政治文明和精神文明协调发展的要求。社会主义市场经济、民主政治、先进文化的意义，是整合这三个课程模块的核心概念。“思想政治 4”的哲学知识则是上述三个模块内容目标的支撑，即认识经济、政治、文化三大生活领域的世界观和方法论，集中体现了辩证唯物主义与历史唯物主义的科学精神，求真务实是整合这个课程模块的核心概念。

高中思想政治必修课程共四个模块，围绕经济生活、政治生活、文化生活的主题设置三个模块，以马克思主义哲学常识为主要内容，设置生活与哲学模块，如图 4-1 所示。

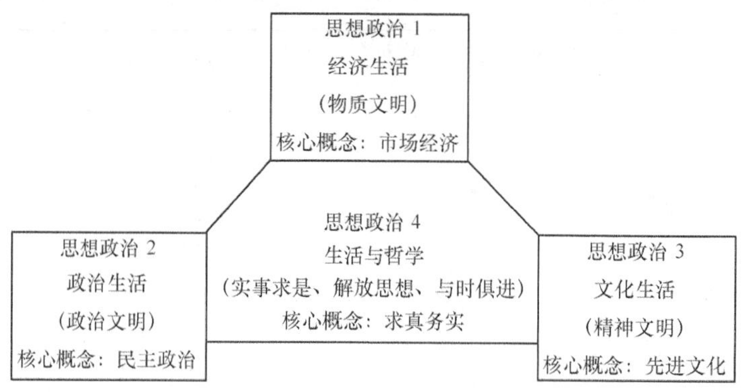

图 4-1　高中思想政治必修课程模块

这四个课程模块的建构，贯彻了整体规划小学、初中、高中阶段德育课程体系的思路，既保持以生活主题为基础的系统联系，又体现内容目标的递进层次。对应社会主义物质文明、政治文明、精神文明的协调发展要求，社会主义市场经济、民主政治、先进文化建设常识，将成为本课程的重要内容。

3. 理解和把握选修课的设置

高中思想政治选修课程是基于四个必修模块教学的延伸和扩展。国家课程标准中规定的选修课程，由六个模块构成，即科学社会主义常识、经济学常识、国家和国际组织常识、科学思维常识、生活中的法律常识、公民道德与伦理常识。在新课程的实施过程中，各地要根据学生的需要和学校的实际情况，合理地开设好选修课程。六个选修模块均为36学时，共12个学分，经考核合格，每个模块可获2个学分。

选修课是必修课的专业拓展和延伸。一般来说，科学社会主义常识是政治理论教育的拓展性课程，为要求加入中国共产党的高中生选修；经济学常识是“经济生活”的拓展课程；国家和国际组织常识可作为“政治生活”拓展课程，供关注国际政治的学生选修；科学思维常识是“生活与哲学”的拓展课程；生活中的法律常识可作为法律教育的应用性课程为所有学生特别是毕业后不再升学的学生选修；公民道德与伦理常识是“文化生活”的拓展课程，为所有学生选修。

第二节　思想政治（品德）教材解读

学习导航

本节将对思想政治（品德）教材内容进行详细解读。对思想政治（品德）教材观、教材呈现形式以及对教学设计中的分析策略的研究，将有助于思想政治课教师树立科学的新课程教材观、提高对教材结构和体例的把握以及有助于提高教材的使用水平和教师的教学设计水平。

一、如何理解教材

（一）教材定义

教材是依据课程标准编写而成的教授和学习材料，一般有广义与狭义之分，广义的教材是指教师教授和学生学习过程中所使用的一切素材和手段，狭义的教材就是指教科书。

在日常的使用当中，人们所说的教材一般是指狭义的教材，即教科书。教科书在教学中有着重要的作用，它作为教学内容的载体，不但是教学活动得以进行的物质凭借，而且是联结师生之间关系的桥梁与纽带。

（二）新课程的教材观

在教学活动中，教师对教科书的基本价值、根本作用以及处理方式抱着一个什么样的观点和态度就构成了一个教师的教材观。教材观是教师教育观念中的一个十分重要的组成部分，它从根本上影响着一个教师的教学行为方式，继而影响教学质量的高低和学生的发展。因此，科学而正确的教材观是高素质教师所应具备的基本品质之一。

新课程改革实施后，要求教师要树立新型的课程教材观，在全面准确地把握教材内容的基础上，学会利用和使用教材，创造性地处理教材。总的原则是用教材教，而不是教教材。

教师对教材的认识、分析与处理总是与一定的课程理念直接相关联，并在其指导下进行的。在新课程理念下的教材其根本特征是“范例性”，即把教材看成是引导学生认知发展、生活学习、人格构建的一种范例，而不是学生必须完全接受的对象和内容。因此，新课程的教材观强调教材是学生发展的“文化中介”，是师生进行对话的“话题”。师生进行教学活动的目的不是为了记住“话题”本身，而是为了通过以此话题为中介进行的交往，最终使师生双方在交往中获得发展。正因为这样，如今课程标准不那么具体也不那么精确，却多了些弹性空间；而教材也不是经典，不再是记忆的库房，而只是教学使用的材料了。

新课程教材观要求我们补充、调整教材内容，确立学生学习的主体地位，让学生真正地走进教材，使学生充分体验学习的过程，恰当融入生活素材，让教学更加密切联系生活，树立新型教材观，尽量丰富、开发课堂教学资源。

二、思想政治（品德）教材的呈现方式

根据我国初中思想品德新课程教材“一标多本”的原则，现行思想品德课教科书已有人民教育出版社、江苏人民出版社、广东出版集团、山东人民出版社、湖南师范大学出版社、北京师范大学出版社、人民出版社等多种版本。各版本的教材都有不同于其他版本教材的特点和优点，在出版后又都在不断补充、修订和完善。

初中思想品德教材的编写既遵循学生的身心发展和思想品德形成的规律，又能够把党和国家的要求与学生的身心需要有机地统一起来，素质教育理念能够渗透在文本的字里行间。

下面以初中思想品德教材（人教版）为例进行分析。

（一）初中教材（人教版）的呈现方式

1. 初中思想品德教材（人教版）结构

（1）尊重、关爱、责任是整个初中阶段思想品德教育的基本价值目标。这种基本价值观的培养，在初中各个年级的教育内容中以不同的方式得到体现，成为统领各年级教学内容、确定各个年级教育的核心概念。但是，这三个核心概念并不以标题的形式出现在教材中，而是内隐在教材的所有教育内容里。

（2）学生生活主题是组织整个初中教材内容的主线。根据课程标准的精神，组织教材内容有三个维度。一是学科的维度，包括心理健康、道德、法律、国情等方面；二是课程目标的维度，包括情感、态度、价值观、能力、知识等方面；三是学生生活的维度，即以“成长中的我”、“我与他人”、“我与集体、国家、社会”的逻辑逐步扩展。

学生生活维度是组织整个初中教材的主线。具体来说，就是根据学生现实的成长历程的特点和需求，安排教材内容序列，同时结合初中学生不同学段的主要问题，确定各个年级的教育主题，围绕教育主题扩展教学内容。相比较而言，初一、初二的国情知识少一

些，而初三的法律、心理方面的内容少一些。这主要是考虑到学生的成长规律及接受程度。从微观来说，每一个单元、每一课都涉及课程标准规定的多方面的内容，而且这些内容不是按照课程标准中的固有顺序。

（3）以三级标题组织教学内容。初中思想品德教材（人教版）以有意义的生活主题建立单元课题（即第一级标题），建立相对独立的单元结构，着重贯彻课程标准有关“选取现实生活中的素材”，“将心理健康、道德、法律、国情等学习内容有机整合，以生活主题模块的编写方式，统筹设计教材结构”的要求。体现价值取向的观点表达课题（即第二级标题），作为支撑生活主题的重要环节，贯彻课程标准有关“导向正确，内容科学”的要求。以洋溢生活气息、有寓意、个性化的标题，建立框题（即第三级标题），作为课题的分解和细化，着重贯彻课程标准有关“呈现方式要生动活泼、丰富多样，有利于学生自学”的要求，同时充当量化教学内容的基础。

（4）各年级能力培养的重点。在教学内容的安排上，充分考虑对学生进行各种实际能力的培养，并确定了不同年级能力培养的重点。与初一走进新的生活相适应，着力培养初一学生的适应（新环境）能力、调适（情绪）能力和生活（自立自强）能力；与初二面临因学习分化、同学关系等问题相适应，着力培养初二学生的交往能力和维权能力；与初三面临就业与升学的问题，着力培养初三学生的社会参与和选择能力。

2. 初中思想品德教材（人教版）编写体例

初中思想品德教材（人教版）按课、框、目等层次编写，相关内容以单元的形式出现。

（1）主题探究。单元伊始，安排“主题探究活动”。顾名思义，主题就是本单元的主旨，探究就是围绕主题展开的活动。一般而言，“主题探究”分三层意思。第一层意思是点题，第二层是活动安排，第三层是总结。这三部分都是围绕本单元的内容展开的。在一定意义上可以说，“主题探究”既是对本单元内容的总的提示，又是以一种崭新的形式激发学生学习的兴趣。目的在于突出研究性学习、合作学习，调动学生参与教学活动的积极性，并通过实践活动内化、体悟知识，运用所学知识解决实际生活问题。对这些小课题、长作业，要结合具体教学内容，通盘考虑，灵活安排，并作为评价的重要依据。

（2）引文。课题之后并不立即接正文，而是一段引言，但不出“引言”标题。引言的功能：一是通过趣味引入，吸引学生；二是承前启后，体现课与课之间的逻辑关系，揭示本课基本内容。引言可能是一个具有启迪意义的小故事，也可能是一段散文的语言，文字精练，生动活泼，具有启发性。全书各课的引言连排成文，能清晰地反映出全书的逻辑结构。

（3）正文。引言后直接列出框题，然后进入正文。正文的关键在于教学设计，依据课程标准及具体教育目标，精心安排适合学生学习、参与、活动、体验、内化及实践应用的综合内容。导入活泼、有趣，富有吸引力。一般由有趣的可辨析的事例入手，为学生提供真实的情景、参与教学的空间。然后根据本框题目标，引导学生活动，可分析、可讨论、可扮演、可选择、可填表……结合目标和学生实际，根据思维冲突的需要提供相应的资源（图、资源链接、资料等）。在此之后，呈现出相应的结论。

正文内容使用宋体和楷体两种字体。宋体用于表述和分析基本事实、一般概念、观点和结论；楷体用于提供教学活动所需资源，如介绍有关事例和资料等，所用材料新颖、典型、有趣，富于思辨性，与学生时空相近、心理相容。宋体字内容是教学的结论和正确导向，要求学生懂、信、用，文字表达准确、规范。楷体字内容帮助学生理解和掌握教学内容，或为学生活动提供活动设计、引导和素材，增强教材的可读性，活动围绕教学内容，趣味性强，文字活泼。宋体文与楷体文的搭配杂而不乱，形散神聚，相得益彰。

（4）辅助小栏目。思想品德课教学具有较强的思辨特征，提高教学实效须紧密联系学生实际。借鉴以往教学经验和教学机智，扩展、深化、迁移所学知识，联系学生思想中的热点、兴奋点和盲点，颇有必要。为此，在正文相应位置辅设小栏目。例如，相关链接、资料卡，介绍典型、精炼、有趣的材料，简短的法律条款。名言，将恰当的名言警句、语录列出，强化学生对教材的理解，特别注意使用了中华传统美德格言。

（5）插图。插图意在增加教材的可视性、思辨性，做到图文并茂。插图紧扣教材内容，图意明确，构思力求新颖，画面美观，思想性强，能够形象地反映课文内容。图的具体安排视教学设计来定。

3. 初中思想品德教材（人教版）的特点

在当代，德育的重点逐渐由强调道德教育转向强调道德学习，即由培养论转向学习论，强调学生自主的道德学习。学生是道德的学习者。学习者与教材的关系应当是面对真实生活的对话、感悟、体验的关系。教材不是支配者、说教者，而是学生的对话者、商谈者。教材设计要充分重视发挥学生的主动性，重视学生的参与、践行和思考。教材不仅重视传授道德知识，更重视以其内在召唤力焕发学生的生命活力，激发他们的道德需要，激励他们主动学习、主动思考，产生做有道德的人的强烈愿望，帮助他们提高道德判断、道德选择、道德践行的能力。为此，初中思想品德教材（人教版）具有以下特点：

（1）情境化。新《思想品德》教材通过情境的导入展开内容，一并呈现过程与方法、知识与技能，把知识学习、能力培养与情感体验有机地结合起来。

（2）生活化。新《思想品德》教材注重引导学生从自己的生活得出结论。

（3）思维化。新《思想品德》教材贯穿思维活动，注重形成概念、观点、结论的过程，鼓励学生感悟和思考。

（4）活动化。新《思想品德》教材的课文主体是引发思考、鼓励动手和体验的活动设计与案例分析。

（5）综合化。新《思想品德》教材注重相关学科的综合。综合有两种，一是宏观上的，一是微观上的。前者指在一册教材中，既有心理、品德的内容，也有法律方面的内容。后者指在一篇课文中，对同一件事、同一个问题从心理、道德、法律、国情等角度去探讨。[①]

---

① 见扈文华《义务教育课程标准实验教科书·思想品德教材编写体例规范》，课程教材研究所思想品德课程教材研究开发中心，总第135期《思想品德专辑》。

（二）高中思想政治教材（人教版）的呈现方式

1. 高中思想政治的教材结构

高中思想政治教材（人教版）采取课程模块形式，作为建构高中课程体系的基础。普通高级中学课程由学习领域、科目、模块三个层次构成。思想政治课被列为人文与社会学习领域中的科目。课程包括必修和选修两部分。各课程模块的内容相对独立，实行学分管理。

高中政治新课标的鲜明特色和一大亮点是构建以生活为基础、以学科知识为支撑的课程模块。在内容选择上，过去是学科概念决定知识点，现在是思想政治观点决定知识点。在组织方式上，过去只遵循理论逻辑，现在不违背理论逻辑，更合乎生活逻辑。学科知识成为联结学生生活关切和思想政治观点的桥梁。偏于知识的理论性，可能导致思想政治观点的概念化、空泛化；偏于知识的应用性，可能导致思想政治观点的弱化、淡化。

2. 高中思想政治教材（人教版）的编写体例

高中思想政治教材在编写体例上，分为四个层次：单元、课题、框题、目题。循着教材的次序依次打开，呈现的形式和所具有的意思如下：

（1）单元管涌图。它描绘本单元内容的梗概、思维的流向。

（2）单元导语。其内容是：话题引入，承前启后，提示单元主要内容、单元教学达成的主要目标和学习意义。其功能是：把学生拉入话题，帮助师生高屋建瓴地统摄单元内容，明确教学目标。各单元的导语连排，即整本教材的提要。

（3）各课引言。它是单元导语的有机组成部分。其内容是课题的引入，承前启后，本课内容提示，学习本课的意义。其功能是把学生拉入本课话题，帮助师生明了本课所要讲述的主题，明确本课教学目标。全书各课引言连排，即全书内容的概述。

（4）框题。它是“课”下面的第一层次。有具体的内容框定，其分量一般讲一课时。

（5）目题。它是“课”下面的第二层次，也是最小的层次，讲更小的话题。每框2～3目。

（6）活动导入。它提供案例、情景和问题，是提供给学生的探究平台，也是合作探究的小课题。有的针对本框或者本目的主旨，有的针对某个观点。其作用，有的侧重于导入；有的提供合作学习的背景、课题、路径。

（7）正文。广义上讲，教材的正文与辅助文的要求不同。正文是学习的主体内容，文字包括宋体，也包括穿插在其间反映各种思维活动的仿宋体。这两部分在呈现方式上有所区别，但在内容上是密切相关、相互呼应、浑然一体的。宋体字主要用于事实的叙述，逻辑的论证，基本的结论，知识的剖析和运用，提出行为要求的预期等。

（8）辅助栏目。主要安排三类：一是名词点击，用于解释相关学科概念，帮助学生理解正文；二是相关链接，是对事例、资料、数据的引述，主要提供例证性说明、图示性说明、扩展性说明、解释性说明、引申性说明；三是专家点评，是对疑难问题的解析和拓展性说明，侧重于理论上的剖析、归纳、介绍。这些内容主要是为教材的主要知识、逻辑服务，在近几年的高考中，这部分的内容也出现过。由于这些设计不是简单的堆积，而是根据教学内容的推衍、思维逻辑的需要而精心安排的，所以它形散而神聚，为教学内容的主旨服务。

(9) 单元综合探究——是本单元实质性内容。综合探究课是帮助学生体验研究性学习的重要环节。它具有体现本单元相关知识之间联系的功能，有益于发展学生综合运用知识的能力。正文是探究的基本内容。辅助文，提供进行探究的有关材料和基本思路。活动建议，是探究成果的展示方式。

单元综合探究是以小课题、长作业的方式进行学习。它突出实践性、开放性。强调学生动手做、体验、感悟；强调学生合作学习，能力培养。对于单元综合探究，可以早做安排，然后让学生课下做，最后整理总结，把最终成果呈现出来。

此外，新教材的语言力求简明、朴实、活泼、深入浅出；课文配以丰富的数字、图表、图片和漫画烘托主题，将重要的知识点尽可能以直观明了的形式展现出来，便于学生观赏、阅读、理解和把握。

3. 高中思想政治（必修）教材内容的特点

第一，体现时代感。21世纪是科技发展、生产飞跃、社会生活急剧变化的时代。思想政治课要增强时代感，加强思想教育的针对性，就不能不反映真实的现实生活，反映中国共产党领导人民开创社会主义建设新局面的最新理论成果。同时，高中思想政治新教材还随着社会政治、经济、文化生活的变化而不断补充和修改部分内容，让教材更贴近社会、贴近生活，为高中生认识社会提供帮助。

第二，强调思想政治教育。从高中思想政治课的核心价值来看，它“是一门对中学生进行马克思主义基本观点教育的课程”，旗帜鲜明、理直气壮地对学生进行符合我国主导价值观的思想政治教育是课程的内在要求。尤其在各种社会思潮相互激荡、学生处处面临不良诱惑的今天，作为高中德育主渠道、主阵地的思想政治课，突出思想政治教育是其应有之义。高中思想政治教材正是以正确的价值观为指导，以当代中国的马克思主义为统领，加强对学生的思想政治、高尚道德品质的教育。

第三，突出能力培养。从高中思想政治课的基本内容来看，它“是一门提高学生认识、参与当代社会生活能力的课程”。培养创新精神和实践能力，是这次课程改革的一大特点，也是帮助学生更好地参与社会生活的需要。创新和实践能力的培养，实际是透过现象看本质、对复杂事物会辩证思考，在多种可能的选择中，引导学生学会权衡利弊、果断作出正确选择，教给学生参与社会各种活动的种种智慧。

教材设计，从真实情景出发，由此引发学生的兴趣，引领学生入门。通过基于案例、基于问题、基于情景的设计，引领学生感悟内容目标的意义。在这种开放式的设计中，以求达到“内容活动化，活动内容化”的境界。

第四，贴近学生、贴近生活。从高中思想政治课的培养目标来看，它“是一门培养公民思想政治素质的课程”。贴近学生，就是从学生的兴趣、能力和需要出发，结合学生的生活经验，遵循学生的生理、心理及认知发展规律，把对学生认识和改造世界有用的知识、原理和方法写进教材，把培养有理想、有道德、有文化、有纪律的合格公民作为根本目标。

三、思想政治（品德）教材分析策略

教师要吃透教材、把握教材，变教师的一言堂为师生互动的大课堂，变知识为主的教学为能力为主的教学，变单纯强调学科观念为综合素质的培养，全面提高教学质量。

（一）教学内容的优化选择的步骤

第一步，要深入钻研教材，明确课程标准的要求，挖掘教材当中能够体现教学标准要求的内容。值得注意的是，教材是教学内容的基础，但并不是教学内容的全部，教材中的内容并不需要在课堂教学当中全部出现，比如，对于一些显而易见的内容，教师可以让学生在课外通过阅读的方式了解和学习。在课堂教学当中要抓住教材的关键和重点部分，加以详细的讲解和训练，对于那些与一定的教学目标联系不密切的则可以选择性地讲解。

第二步，要从第一步选择出来的重点、难点中区分出来最为基本的部分，作为课堂教学的突破口，这些部分能够让学生掌握基本的原理规律，然后举一反三的领悟其他教学内容。这些最基本的定义、规律和原理的选择有两种情况。一种是当教学内容为一个整体时，应该寻找其中的概念性的特点，如一定的数量、定义等。另一种是当教学内容是由诸多部分组成的，就应该将教学的内容按照一定的逻辑方式划分为部分，从每个部分中找出各自的规律、概念等内容。

第三步，要根据特定的教学情况，围绕具体的教学目标，要有选择性地补充一定的教材以外的知识，包括相关学科的知识、时事政治内容等。选取这些内容的时候要充分考虑到课堂教学的需要，选择那些社会生活中具有一定的价值和教育意义的事件、人物作为探讨的对象，让学生用自己的视角来观察生活，提高学生的社会适应能力。同时还要选取一些具有争议性的社会性事件，将其转化和加工，成为能够发动学生独立学习和讨论的话题，培养学生分析解决问题和辨别大是大非的能力。

（二）教学内容结构优化处理的方法

无论是对教材的深刻解读，还是结合教学现状来创造性的理解教学的内容，都是从静态上来认识课堂教学的内容，而实际上教学内容是一个相互联系、共同运动发展的有机整体，因此我们也要从动态的角度研究教学内容的优化——教学内容结构的优化。

将有联系的教材内容按照一定的知识逻辑重新组合起来，构成一种有别于以前的内容结构，这些结构又不断的相互关联、相互交叉，从而在最大程度上开发了教材所蕴含的内在知识，也由此产生了大量的、新的教学资源——这就是对教学内容结构的优化。这样的结构优化可以从以下三个方面着手。

一是将教学内容进行纵向重组。所谓的纵向重组就是把教科书中以纵向的“点”为单位的符号系统，按其内在的逻辑结构组成由简单到复杂的结构链，使学生主动把握贯穿单元教学前后的知识结构对教学内容进行结构重组。

二是将教学内容进行横向重组。横向重组就是指把教科书以横向的“点”为单位的符号系统，按其内在的特征组成一个整体，使学生先整体感悟认识，再局部地把握知识。这就打破了原有教学的孤立地看待知识点的模式，让学生对具有类似结构特征的知识点有一个整体上的把握，培养他们的抽象思维能力。

三是将教学内容进行辐射重组。所谓对教学内容的辐射重组就是指在一个特定的教材内容中，各知识点以一个核心概念为中心，从这个中心开始按照一定的逻辑层次展开其他相关的知识点，这些展开的知识点是相互联系、相互作用的，它们和中心知识点共同构成一个完整的知识结构。在辐射的教学内容结构当中，中心知识点是处于结构的中心位置的，具有高度的概括性和抽象性，以此为中心向外发展的各层次知识点的概括性、抽象性是递减的，因此，我们要逐个弄清楚各个知识点的内涵以确定其所存在的教材层次。另外，处于同一层次的知识点又是相互联系、互相补充的。

（三）思想政治（品德）教材分析的内容

思想政治（品德）教学内容分析或教材分析是学科教学设计的重要组成部分，这些分析主要集中在以下三个方面。

1. 思想政治（品德）课程标准解读

思想政治（品德）课程标准是教材编写的重要依据，学生学习考核的基本依据，更是教师进行学科教学设计的主要依据。教师在进行教学内容分析时，首先要搞清楚在课程标准中，教学内容所对应的“内容标准”有哪些，是什么。思想政治（品德）课程标准准确地提出了教学的“内容目标”，并相应地提出了教学的“提示与建议”，教师若不了解这些目标和建议，在教学设计中就会迷失基本方向。

2. 教材的地位和作用分析

思想政治（品德）教材地位和作用分析，主要是针对教学中使用的相应教材内容所作的分析。其地位和作用可以是教材内容在单元中的排序和作用，如“本课教学内容是本单元的第一课，对这一单元的教学起着开篇引导的作用”。还可以是在某一课题中的地位和作用，如“本课内容是第二框，是第一框题知识的深化，也是第三框题知识应用环节的理论指导。因此在本课中起着承前启后的作用”。

3. 教材主要内容和知识结构分析

思想政治（品德）教材主要内容分析是了解教材，呈现形式和特点，对教材内容的知识逻辑作出说明。

4. 分析知识阐述的方法和呈现方法

初中思想品德教材在“一标多本”的教材编写体制下，每一个出版社出版的教材编写体例是不同的，即使同一个出版社出版的教材，不同年级不同册的教材的编写特点也会不同。如初中三年级全一册的教材和初中一年级的第七册书的知识呈现和阐述的方法就有所不同。高中思想政治课各个模块的教材在编写中也存在各自特点。在思想政治（品德）教学设计中，分析知识内容呈现的不同方法，对教师深入了解教材，对学生更快掌握和理解教材无疑具有促进作用。

第三节 思想政治（品德）课程资源

学习导航

新一轮课程改革赋予了思想政治（品德）课课程资源前所未有的丰富内涵，同时也确立了其前所未有的重要地位。开发和利用内容丰富、形式多样的课程资源是思想政治（品德）课课程实施的重要组成部分，也是思想政治（品德）课教学活动中学生能自主探究、创造性学习的重要条件，更是改变学生学习方式的有力保证。

一、思想政治（品德）课程资源含义及开发的原则

（一）思想政治（品德）课程资源含义

课程资源有广义与狭义之分。广义的课程资源指有利于实现课程目标的各种因素，狭义的课程资源则仅指形成教学内容的直接来源。综合两种观点，可以将课程资源视为课程设计、实施和评价等整个课程教学过程中的一切人力、物力以及自然资源的总和，包括教材、教师、学生、家长以及学校、家庭和社区中所有有利于实现课程目标，促进教师专业成长和学生有个性的全面发展的各种资源。

需要明确的是，并不是所有的资源都是课程资源，只有那些进入课程并与教学活动联系起来的资源才是现实的课程资源。

（二）思想政治（品德）课程资源开发的原则

思想政治（品德）课程资源开发应遵循主导性原则、针对性原则、效益性原则，上述三个原则是有机联系在一起的，不管是有针对性地选择还是效益目标的实现都需要教师主导作用的发挥。只要政治教师做个有心人，开发利用好课程资源，成为课堂教学的研究者、创造者，就能有效提高思想政治课的教学效果，促进学生的成长与发展。随着新课程改革的不断推进，强化课程资源意识，提高对课程资源的认识水平，因地制宜地开发和利用各种课程资源，更好地实现课程改革的目标，是每一位中学政治教师必须面对的一个十分重要而又紧迫的课题。

二、课程资源的分类

对课程资源分类实质上是按照某种特定标准将具有相同或相近特质的课程资源归在一起，以便能够对它们有更清晰的认识。课程资源的丰富性和多样性，必然导致其多种分类的形式的存在。目前，我国学术界采用的分类方式有以下几种。

1. 按课程资源的功能，分为素材性课程资源和条件性课程资源

素材性课程资源和条件性课程资源两者都作用于课程，但前者能够成为课程的素材或来源，而后者则在很大程度上决定课程的实施范围和水平。

2. 按课程资源的存在形式，分为显性资源和隐性资源

显性资源（也可称为有形资源）可以包括教材、教具、学具、计算机网络等诸如此类以物化形式存在的资源。隐性资源（也可称为无形资源）是指校园文化、教师和学生的知识经验等一些非物化存在的，但能够对教育学生起到潜移默化作用的一类资源。

3. 按课程资源的空间分布，分为校内资源和校外资源

校内资源包括学校的基础设施、人文资源以及校内组织的各种活动等。校外资源则指在校园以外的一切课程资源，包括图书馆、博物馆、展览馆、科技馆、工厂、农村、部队、科研院所等广泛的社会资源及丰富的自然资源。

4. 按课程资源的呈现方式，分为文字资源、实物资源、活动资源、网络资源

文字资源指以纸张为载体的教学资源，如教科书、教辅资料等。实物资源指那些直观、具体形象的以实物形式存在的教学资源，如教学模型、仪器、标本等。活动资源指以各种活动形式存在的教学资源，如师生之间的交往活动、社会实践活动、文体活动等。网络资源则是指以互联网为载体的各种教学资源。

上述对课程资源的分类，都有其理论依据和实践意义，基本能够反映出当前人们对课程资源的认识程度。在进行课程资源的开发时，可以按照学校自身的课程建设理念选择适当的分类方式。

三、思想政治（品德）课程资源的开发与利用

（一）扩展思想政治（品德）课的教材资源

思想政治（品德）课教材从出版到修改再版有一个周期，其间，国内外形势会发生变化，党和国家的方针政策也可能出现重大调整。现实中教材结构单一、落后于时代、脱离社会生活实际的情况比较突出。因此，用活教材，开发教材这一文本资源不仅需要再加工，还需要改革教材的使用方法，将其用好用活，使“教材”变为“学材”，使教材变为教师引领学生思维“起飞”的“平台”，变为学生掌握知识、形成能力的媒介，变为师生对话的引子、案例和话题。这就需要教师寓理于例，把概念、原理融入热点事例，通过师生对话与活动创造新的知识，提高学生自主建构知识的能力。

（二）创新思想政治（品德）课的实践资源

思想政治课是一门实践性很强的课程，要注重培养学生理论联系实际的能力，就必须为学生创造和提供可以选择的实践资源。在课堂教学中，放手让学生根据教材及相关材料去发现问题、解决问题，在自我探究中主动求知、快乐求知。我们还要建立起“社会即课堂”的大课堂教学观，要积极地创造和提供条件，根据学生活动的兴趣及教学内容的要求，及时地安排学生从事课外实践活动，有计划地组织学生到博物馆、科技馆、青少年活动中心、工厂、农村、部队、政府机关、企事业单位、科研部门等进行调查研究、体会感受、实际操作、归纳总结，以实践活动形态为主，围绕一些实际的社会生活和生产而展开，在活动中学，在活动中教。

（三）联结思想政治（品德）课的信息资源

1. 开发时事政治信息课程资源

思想政治（品德）具有鲜明的时代特征，时事政治信息是重要的课程资源。在思想政治课教学中应及时介绍、渗透时事政治信息，引入当前党和国家的重大方针政策、国内外重大时事政治、改革开放中的热门话题，以进一步充实课堂，更新补充教学内容，增长学生知识，使思想政治课常教常新、常学常新、活力常在。如通过开展时事政治学习、收看《新闻联播》和《焦点访谈》、浏览报纸杂志、课前进行“三分钟新闻”发布会以及“社会热点”问题讨论，经常性地组织时事报告会、专题讨论会，让学生学习党和国家的路线、方针和政策，对党和国家的大政方针及焦点、热点问题运用哲学、政治、经济学原理进行讨论、分析。这样将新的理论、新的事实、新的政策等引入课堂，不仅使学生开阔了视野，而且激发了学生主动参与探索新知识的兴趣与欲望，使思想政治课永远充满生机和活力。

2. 挖掘校本人文资源

要积极挖掘思想政治（品德）自身的文化积淀，弘扬和培育校本人文资源，让敬业爱学的传统发扬光大。再者，要积极创造条件为学生接触更多的信息提供服务，建设好图书馆、电教室、实验室、音像资料库、校园广播电视系统、校园网络教室等，以求不仅能满足教师对教学资料的选择，而且还能满足学生自我探究知识的需要，从而开拓出多种教与学的渠道，更新好教与学的方式，更大程度地增强思想政治课教学的开放性和灵活性。

3. 利用校外信息资源

信息技术正以前所未有的影响力，影响着人类特别是青少年思想政治的发展及知识的构建。在新课程标准中，让学生能够初步掌握和不断提高搜集、处理、运用社会信息的方法和技能，学会独立思考，提出疑问和进行反思。这就要求学生有信息获取、信息分析、信息加工、信息利用，以及对信息内容的批判与理解能力，融入信息社会的态度和能力。

校内外的课程资源对于课程实施都是重要的，但校内的课程资源可能更占主导地位，校外课程资源起到一种辅助的作用，但绝不能忽视。

（四）建立思想政治（品德）课的人力资源

新的教育理念认为，在教育教学中，新课程的知识将在三个方面均衡分布：教科书及教学参考书提供的知识；教师个人的知识；师生互动产生的知识。由此可见，教师、学生乃至家长在课程资源中处于重要地位，即人力资源是课程资源的核心组成部分。

新一轮基础教育课程改革为更好地开发和利用教师这一人力课程资源提供了一个平台。在整个教育教学过程中，作为课程资源一部分的教师，具备了课程资源条件性和素材性的双重性。教师是最重要的人力资源。教师个人所具备的知识，在今后的教学中有着举足轻重的作用，开发和利用教师所储备的课程资源将显得十分重要。我们不但需要教师不断去汲取新的知识营养，学习新的技能和方法，还要具有自主地、创造性地、合理地鉴别、开发、积累利用课程资源的能力。

另外，人力资源开发和利用中还应该包括学生家长、学科专家、社区工作者等一系列人员。教育是一项复杂的社会性工作，我们有必要尽可能多地把管理教育、关心教育、支持教育等人士的力量整合起来，形成一种强大的社会人力资源，使思想政治教育成为一种全社会的教育，从而进一步提高教育的实效性。

【案例分析】

《处理民族关系的原则：平等、团结、共同繁荣》教学内容分析

《处理民族关系的原则：平等、团结、共同繁荣》是高中思想政治必修2第三单元《发展社会主义民主政治》中第七课《我国的民族区域自治制度》第一框题的教学内容。由于处理民族关系的基本原则是我国建立和实施民族区域自治制度的依据，民族区域自治制度体现了处理民族关系的基本原则，因此学习本课知识是学习下一框题《民族区域自治制度：适合国情的基本政治制度》的基础。

对于本课教学，《普通高中思想政治课程标准（实验）》在《提示和建议》中明确指出："用民族互助的实例，说明坚持民族平等、民族团结和各民族共同繁荣，是我国社会主义时期处理民族关系的基本原则；表达全国人民珍惜民族团结、维护国家统一的愿望。"因此，在教学设计中，教师应努力引导学生举例说明观点并突出教学内容的思想教育性。

从教材内容来看，本框题分为三目：第一目《雪域高原的历史性跨越》为情景导入；第二目《我国处理民族关系的基本原则》为情景分析；第三目《巩固社会主义民族关系，我们该做什么、能做什么》为情景回归。其中第二目为教学主体，该目主要讲了三个方面的内容：第一，我国的民族概况。第二，我国社会主义民族关系的形成。第三，我国处理民族关系的三项基本原则及其相互关系。其中，我国处理民族关系的三项基本原则及其相互关系为本课的教学重点。

分析：这一课的教学内容分析选择了三个方面。第一方面是对教学内容所属框题的地位分析。在整个单元中，本课是单元的第一课，第一框，因此是单元的开篇之作，它对于后面的学习就有着基础性作用。作者对此作了明确介绍。第二方面找到了对应本课在课程标准中的提示与建议，这对本课学习无疑具有重要的指导意义。第三方面是提供了教材的逻辑结构，每一目题的地位，指出了本节课教学的重点，使教师对教学内容心中有数，为有效教学打下了坚实基础。

【问题思考】

1. 什么是课程标准？思想政治和思想品德课程标准的基本内容有哪些？
2. 思想政治（品德）课程设计思路是什么？
3. 思想政治（品德）框架结构和内容体系是什么？
4. 思想政治（品德）教学内容的内在逻辑是什么？
5. 新课程的教材观是什么？
6. 思想政治（品德）教材的呈现方式是什么？
7. 教学设计中的教材分析策略是什么？
8. 思想政治（品德）课程资源开发遵循的原则是什么？
9. 思想政治（品德）课程资源是如何分类的？
10. 思想政治（品德）课程资源开发包括哪些内容？

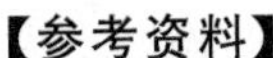

【参考资料】

1. 中华人民共和国教育部．普通高中思想政治课程标准（实验稿）.2004 年．
2. 中华人民共和国教育部．义务教育思想品德学科课程标准（2011 年新版）．
3. 基础教育课程改革纲要（试行）．教基［2001］17 号．
4. 钟启泉．中国课程改革：挑战与反思．比较教育研究，2005，(12)：18-23.
5. 王德斌，胡荣华．教学方式的五个转变．湖南教育，2004，(2)：24.
6. 孙月圣．信息技术与课程整合的理念与实施．北京：首都师范大学出版社，2010.
7. 黄甫全．新课程中的教师角色与教师培训．北京：人民教育出版社，2003.
8. 吴铎，彭承福．中学思想政治课教学法．北京：高等教育出版社，2006.
9. 杨明全．新课程下的课堂观．北京：首都师范大学出版，2005.
10. 黄甫全．现代课程与教学论学程．北京：人民教育出版社，2006.

第五章　思想政治（品德）教学策略设计

学习目标

（1）了解教学策略的内涵及形成。
（2）掌握课堂教学方法策略。
（3）学会运用教学媒体和教学活动策略。
（4）熟悉教学策略制定的依据。

核心概念

教学策略　教学方法　教学媒体

第一节　思想政治（品德）教学策略概述

学习导航

教学策略是当前教学论研究的热点问题，对教学理论研究的深化和教学实践的创新有重要意义。教学策略作为教学活动的执行控制系统，在具体的教学过程中可以表现为教学方法、教学手段和对教学活动的调节与控制的有机统一。

一、教学策略的含义

（一）教学策略概念解析

教学策略作为教学设计的有机组成部分，是指教师为实现特定的教学目标或教学意图而采用的对教学内容顺序、教学环节、教学组织形式、教学方法和教学媒体等因素的总体考虑。包括教学准备的策略、教学实施（行为）的策略、教学评价的策略。

教学策略是教师教学思想理念的具体化，既能体现出教师个体较具体的教学理论，又能体现出较概括的教学方法，可以看做是教师在一定的具体情境中，运用一定的教学理论解决某一实际教学问题的规则或原则。这里既包括解决某一实际问题的教学理论，又包括解决某一实际问题的带有规律性的教学方法，并且这一实际问题能够通过具体的教学方法、手段和操作行为得以实现。因此，在教学实践中，教学策略往往表现为具体教学方法和技能的实施过程，但又不同于具体的方法和技能，主要区别在于：

（1）教学策略性行为对具体教学方法的实施和选择，具有明确的教学目标和教育理念，如果对实施的具体方法没有明确的意图，即便操作程序掌握的细致娴熟，也只能算作是低级的机械运动。

（2）教学策略性行为虽然是教学过程中的有效行动，但它是对具体教学方法和技能的抽取和提升，并将以抽象的形态保持在实施者的头脑之中。

（二）教学策略的特征

1. 教学策略的调控性

教学策略与教学方法、教学方案等相比，具有明显的调控性，主要表现在：教师在运用教学策略时，始终保持一种自我监控状态，对自己教学策略的操作及时进行控制和调整。教学策略的运用受师生关系以及教学目标、教学内容、教学环境等因素的影响，因此，教师必须对教学活动有一个整体性的把握，并及时对教学策略的运用做出调整和修改，以高效地完成教学任务。调控性体现了教师对教学活动的把握、反思和调整，反映了教学过程的动态性。

2. 教学策略的灵活性

教学策略制定以后，具有相对稳定性，但在具体实施的过程中，会受到诸多因素的影响，比如，问题情境、教学目标、教学内容及学生主体等发生变化时，都要及时调整教学策略，相同的教学策略对不同的学生群体会产生不同的效果。比如，一名教师，面对同一个年级，教授同一个内容，采取同样的教学策略，在不同班级取得的教学效果却不尽相同。可见，教学策略与要解决的教学问题之间并不是一一对应的关系，因此，为了良好教学效果的达成，要在教学策略的稳定性中关注灵活性。

3. 教学策略的操作性

操作性是教学策略与教学理论的一个重大区别，具有对教学行为的直接指向性。任何一种教学策略都针对一定的教学行为，具有与之相对应的方法、技术和实施程序，都要转化为教师与学生的具体行为，不具有操作性的教学策略是没有价值的。因此，教学策略有着明确具体的内容和实施方式与步骤，一经制定，就能指导教师在教学中运用，从这个意义上来说，教学策略必须是具体的、可操作的，是教学活动具体展开的基本依据。

二、教学策略的功能

（一）中介功能

教学策略在教学理论与教学实践之间发挥着中介功能。教学策略是连接教学理论与教学实践的桥梁，教学策略总是在一定的教学理论、教学思想的指导下，按照教学规律和教学原则的要求，针对教学过程中的具体问题，对参与教学过程的各个要素及其相互关系作出适当的安排和操作。教学策略对抽象的教学理论作了具体化的解释，使之具有可操作性，这样就接近了教学实际，也易于被教师理解、接受和把握。

（二）概括化功能

教学策略除了依据教学理论和教学思想制定以外，也是建立在教学实践基础之上的。

教学策略把教师在教学实践中积累起来的大量的、丰富的教学实践经验进行归纳整理、提炼概括，使之上升到教学策略的层面，这样就使这些教学经验具有了普遍的指导意义。所以，教学策略不仅依据教学理论，也来源于教学实践经验，具有概括提升教学经验的作用。

（三）调控功能

教学过程不是一成不变的，而是一个动态发展变化的过程。即使教师在课前做了充分的准备，各个方面都做了精心的安排，在课堂教学过程中还是会经常出现意想不到的情况。所以，教师要根据变化了的情况，应用教学策略及时监控学习者的认知活动过程，调整或修正解决问题的方式方法和手段，推进教学活动的顺利展开，并不断向教学目标迈进。

（四）提高教学质量的功能

如果教师能根据教学实际，制定并采取行之有效的教学策略，无疑会使教学活动顺利高效的进行，保证教学目标的实现，师生共同愉快地完成教学任务，有效地提高学生的学业成就和教师的教学质量。国内外的研究表明，制定和运用教学策略上的差别，是导致教师取得不同教学效果的一个重要原因。

三、制定和选择教学策略的依据

（一）依据教学理论和学习理论

教学策略是教师教学成功和学生学习有效的根本保证，因此，教学策略的制定既要依据教学理论，又要依据学习理论，教学理论反映教学的规律，学习理论反映学习的规律，只有使教学策略与教学规律、学习规律相一致，才能使教学活动顺利有效地进行。

（二）依据教学目标

教学策略总是与特定的教学目标相联系并为其服务的，离开了特定的教学目标，教学策略也就无从谈起。有什么样的教学目标，就要选择与该教学目标相一致的教学策略，这是区别教学策略与教学方法这两个概念的标志。例如，在思想政治学科教学中，如果教学目标是掌握基本原理、提高对本学科的学习兴趣，那么，在制定教学策略时就应该注重趣味性和实用性，选择与日常生活紧密相连的材料。

（三）依据教学内容

教学策略是完成教学内容的有效方式，没有一种教学策略可以解决和适用于所有的教学内容，一种教学策略对于某一教学内容是有效或高效的，但对另一教学内容可能是低效甚至是无效的。因此，要依据不同的教学内容选择不同的教学策略。

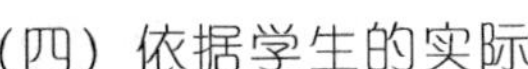

（四）依据学生的实际

教师的教是为了学生的学，为体现教学中学生的主体地位，教学策略的选择要适应学生的初始状态。学生的初始状态主要是指学生现有的知识和技能水平、学习风格、心理发展水平等。实践表明，制定教学策略时如果无视学生的初始状态，就会因缺乏针对性而失效。因为学生的初始状态决定着教学的起点，教学策略的制定和选择必须以此为起点进行具体分析。所以，选择教学策略要充分考虑学生的准备水平，要能调动学生的兴趣和态度。如果说教学目标是选择教学策略的前提，那么对学生实际的分析则是制定有效教学策略的基础。

（五）依据教师的特点

教师的教学理念及知识经验是影响教学策略选择的重要因素，理念先进，经验丰富的教师既能够充分注意到教学目标、教学内容、教学环境的变化，又能够随着学生的变化灵活的调整教学策略，充分发挥教师的主观能动性，并不断地进行反思。因此，教师作为教学策略的制定者，要关注自身的特点，充分考虑到学识、能力、性格以及自己的教学风格，挖掘自身的优势，尽量扬长避短。

（六）依据其他客观物质条件

其他客观物质条件包括教学环境、教学设备等，它们是教学活动赖以进行的重要因素。从表面上看，这些客观物质条件只存在于教学活动的周围，是相对静止的。但实质上它们却以自己特有的影响力潜在地参与着教师的教学过程和学生的学习过程，并影响着教学活动的效果。随着科学技术的迅猛发展，学校的教学环境和教学设备正在变得复杂化和多样化。因此，它们对教学策略的制定和选择的影响也越来越大。

第二节　思想政治（品德）教学方法策略

学习导航

教学方法是教学过程整体结构中一个重要的组成部分，是教学的基本要素之一。思想政治学科的教学方法，不仅直接关系到教学工作的成败，教学效率的高低，还关系到把学生培养成什么样人的问题。选择合适的教学方法，既是教学策略设计的重要内容之一，也是教学过程最优化的核心问题之一。

一、教学方法的含义

教学方法是教学理论讨论最多的一个概念。前南斯拉夫学者弗·鲍良克（Vladimir Poljak）认为，教学方法是教学的工作方式，教学是师生的共同劳动，因此任何方法都具有两方面的意义，既关系到教师的工作方式，也关系到学生的工作方式。

苏联著名教学论专家巴班斯基认为，教学方法是教师和学生在教学过程中为解决教养、教育和发展任务而开展有秩序、相互联系的活动的办法。

钟启全认为，教学方法是指向于特定课程和教学目标、受特定课程内容所制约、为师生所共同遵循的教与学的操作规范和步骤。

李秉德认为，教学方法是在教学过程中，教师和学生为实现教学目的、完成教学任务而采取的教与学相互作用的活动方式的总称。

教学方法是教学过程中教师与学生为实现教学目的和教学任务要求，在教学活动中采取的行为方式的总和，是对所采取的教与学相互作用活动的总体考虑和实施，是教师的教与学生的学的统一。良好教学方法的特点，应当具有目的、方法、效果的统一性和教学的高效率性。教学方法包括以下几个方面的思想和内容。

（一）教学活动的双边性

教学活动是教师的教和学生的学密切联系、相互作用的双边活动。因此，教学方法始终应当包括教师的教法和学生的学法，如教师进行讲授，学生聆听思考；教师进行演示，学生观察分析。如果教学活动只单纯地反映教师的活动，就会使教学陷入生硬灌输、强迫注入的境地。

（二）教的方法与学的方法相互联系与作用

教学方法包括教的方法和学的方法，但二者不是机械地相加，是教学活动统一体的两个方面。具体来说，教师教的方法制约着学生学的方法，学生学的方法也影响着教师教的方法；教师的教法必然通过学生的学法体现出来，学生的学法实际上是教师引导下的学习方法。教学方法是通过教法与学法的有机结合和辩证统一来发生效力的。

（三）教学方法的实质

方法从实质上来说就是一种运动规律的规定性和活动模式，规定着人们按照一定的行为模式去活动。所以，揭示教学方法的实质就不能把教学方法等同于教学工具和教学手段，而是对工具和手段的运用；也不能把教学方法看成是某种固定的方式或动作，而是系统的活动。这种活动是有目的的活动，是师生相互作用的活动，更是以一定方式结合的活动。

二、教学方法的分类

（一）以语言传递信息为主的教学方法

以语言传递信息为主的教学方法，是指通过教师运用口头语言向学生传授知识、技能以及学生独立阅读书面语言为主的教学方法，主要包括讲授法、谈话法、讨论法、读书指导法等。

（二）以直接感知为主的教学方法

以直接感知为主的教学方法，是教师通过对实物或直观教具的演示和组织教学性参观等，使学生利用各种感官直接感知客观事物或现象而获得知识的方法。这类方法的特点是具有形象性、直观性和真实性。但是这种教学方法只有和以语言传递信息为主的教学方法合理地结合起来，才能保证教学效果的提高，主要包括演示法和参观法。

（三）以实际训练为主的教学方法

以实际训练为主的教学方法是通过练习、实验、实习等实践活动，使学生巩固和完善知识、技能、技巧的方法。这种方法是以学生的实践活动为特征，通过实践活动使学生的认识向高一层次发展。在教学过程中，以实际训练为主的教学方法包括练习法、实验法和实习作业法。

（四）以欣赏活动为主的教学方法

以欣赏活动为主的教学方法，即欣赏法，是指教师在教学活动中创设一定的情境，或者利用一定的教材内容和艺术形式，使学生通过体验客观事物的真善美，陶冶他们的性情，培养正确的情感、态度、价值观的方法。在教学中，有些教师只注重知识技能的传授和训练，而忽视情感、态度、价值观的培养，而这些在人的成长中恰恰具有重要的作用，是学生将所学知识和技能回馈社会的重要保证。因此，现代教育理论和实践很重视教学中对欣赏法的运用。

（五）以引导探究为主的教学方法

以引导探究为主的教学方法主要指发现法，是指教师组织和引导学生通过独立的探究和研究活动而获得知识的方法。其特点在于，在探索解决认识任务过程中，使学生的独立性得到高度发挥，进而培养和发展学生的探索能力、活动能力和创新能力。在这类方法中，教师的地位与前几类方法中的情况有较大不同。它的指导思想是在教师指导下，以学生为主体，让学生自觉地、主动地探索，掌握认识和解决问题的方法与步骤，探究客观事物的属性、发现事物发展的起因和事物内部的联系。在这里教师有意识地让学生有较大的活动自由，并且使自己作为成员参与到学生的探究活动中去。但教师的引导作用并未减弱，反而由于探究活动的复杂性，对教师提出了更加细致和全面的要求。

三、教学方法的特点

（一）师生互动性

传统的教学方法主要关注的是教师讲授的方法，而现代教学方法关注的是师生共同活动的方法，既包括教师传递信息和控制职能的传授，也包括学生听、看、读、思、动等学习方法，总之，是教与学双方的活动。

（二）内外双向性

所谓“双向性”是指教师调控学生活动时既要注意学生的外部活动，又要注意学生的内部活动。传统的教学方法往往只注意学生活动的外部，只注意听课是否认真、观察是否细致、活动是否有序。但是，有时学生活动的外部表现尽管相同，内部则可能完全不同。因此，现代教学方法不仅要注意控制学生的外部活动，而且要更加重视学生的内部活动。

（三）模仿与创新性

模仿是指学生通过模仿活动来获得现成的知识和技能，创造性是指学生通过创造活动来获得新知识。传统的教学方法习惯于通过教师讲演、示范和学生模仿，使学生掌握现成的知识。现代教学方法既要借助于学生的模仿使学生获得现成的知识，又要借助于学生的创造活动使学生获得“新”的知识。它不仅重视教师传授知识，而且注重学生独立探索知识和培养他们的发明创造能力。

四、教学方法选择的依据

（一）依据教学规律和教学原则

有一些教育学的书籍中只有在教学原则的论述中提到教学必须遵循教学规律和教学原则，而在谈到教学方法的选择时却没有明确的提到这一点。这种前后不一致的叙述，为教师的活动制造了人为的困难，使他们看不到教学论各基本范畴之间的相互联系以及逻辑上的相互制约。事实上，只有在教学规律和教学原则的指导下，教师才能自觉地选择各种教学方法，并使其实现合理的结合。

（二）依据教学目标和教学任务

不同的教学目标和任务，需要不同的教学方法去实现和完成。每一节课都有具体的教学目标和任务，这就需要教师根据本节课的教学目标和任务，选择与确定相应的教学方法。如在教学中，要掌握知识，可选择讲授法、阅读法；要形成技能，可选择练习法、实习作业法；要发展能力，可选择实习作业法、发现法、讨论法；要陶冶个性，可选择欣赏教学法、情境教学法、参观法。一节课往往要完成几项教学任务，就要以完成主要的教学目标和任务的教学方法为主，其他教学方法加以配合。

（三）依据学科特点和学习内容

教学目标是通过学生在教学过程中掌握特定的教学内容来实现的。所以，在选择教学方法时应尽可能考虑本学科的特点及学习内容的特点。本学科初中内容比较贴近学生的生活和学习实际，适合采用情境教学法、欣赏教学法、谈话法等形象生动的教学方法，而高中内容逻辑性比较强，概念和理论知识比较多，适宜采用讲授法、讨论法、发现法、读书指导法等能够更多体现教师引领作用的教学方法。

（四）依据学生的认知结构和身心特征

教师的教是为了学生的学，教学方法要适应学生的基础条件和个性特征，有些学生对某种事物有大量的感性认识，教师一点拨学生就能理解。而有些知识学生缺乏感性认识基础，或者由于年级较低抽象思维能力较差，就需要采用比较直观的方法，对于高年级学生适宜采用讨论法、阅读法、自我发现法。依据学生的已有水平并不等于消极被动地适应学生，而是从学生的实际出发，选择能够促进学生学习和发展的教学方法。

（五）依据教师的个性特点和实际水平

好的教学方法必须以教师能够驾驭为前提，任何一种教学方法，只有适合教师的个性特点和实际水平，才能够发挥作用。如有的教师形象思维水平高，可以用生动形象的语言把问题的现象和事实描绘的生动具体，由浅入深地讲清道理，这样的教师可以选择以语言传递信息为主的教学方法；而有的教师不善于用逻辑性的语言描述，但善于运用直观教具，就可以多选择以直观感知为主的教学方法。总之，要根据自己的性格特点、语言优势、教学风格以及对各种教学方法把握的能力，扬长避短地做出明智的选择。

（六）依据教学时间和教学效率

教学之所以要采用一定的方法，其主要目的是使教学工作顺利有效地进行。教学的最优化，就是要求以最少的时间取得最佳的效果。所以，在实际教学中选择某种教学方法，应考虑教学过程效率的高低。好的教学方法应该是高效低耗的，至少能在规定的时间内完成教学任务，实现教学目标，并能使教师教得轻松，学生学得愉快。

（七）依据教学环境条件

教学环境条件主要是指教学设备条件，如信息技术条件、仪器设备条件、图书资料条件；教学空间条件，如教室场地条件、专用教室条件，以及教学时间条件等。教学环境条件对于教学方法的实施具有一定的制约作用。教师在选择教学方法时应该将教学环境条件充分考虑在内。

第三节　思想政治（品德）教学媒体策略

学习导航

教学设计中必须做出的一个重要决定是，应当采用什么样的媒体来传递教学信息和提供材料资源。本节将讨论教师面临的媒体选择问题。

一、教学媒体概述

（一）教学媒体的含义及特点

教学媒体是为了实现教学目标，在教师教与学生学之间携带并传递教学信息的工具。教学媒体能够储存、表达、传递、传播教学信息，在教学过程中为人所选择、控制、操作、使用。教学媒体一般包括硬件和软件两部分，硬件一般指装备或设备的机件本身，如幻灯机、电视机、投影机、计算机等；软件一般指储存教学信息的载体，如教学内容、教学程序等。

教学媒体的特点包括固定性、扩散性、重复性、组合性、工具性、能动性、表现性、重现性、接触性、参与性、受控性。

（二）教学媒体的分类

随着科学技术的进步，教学媒体越来越多，依据不同的标准，教学媒体可以分为多种类型。但在教学设计中，通常使用的是根据教学媒体作用于人的感官不同进行的分类：

（1）非投影视觉媒体。又称传统教学媒体，包括黑板、印刷材料、静止图画、图表、表格、图示材料、模型和实物等。

（2）投影视觉媒体。如幻灯机、投影器等，以及相应的教学软件。

（3）听觉媒体。如录音机、收音机、电唱机、激光唱机（CD 机）等，以及相应的教学软件。

（4）视听觉媒体。如电影放映机、电视机、录像机、激光视盘机（影碟机）等，以及相应的教学软件。

二、教学媒体的选择

（一）教学媒体选择的依据

教学媒体的选择是一项复杂的工作，因为影响媒体选择的因素很多，疏漏掉其中一项都会削弱教学媒体作用的发挥，因此，要取得良好的教学效果，必须依据以下三个方面选择教学媒体。

（1）教学目标。教学媒体的选择和运用，是为了更好地完成教学目标，每一节课的教学目标不同，对教学媒体的使用要求也不同，因此，教学目标制约着教学媒体的选择。

（2）教学内容。一种教学媒体适用于多个教学内容，同样一个教学内容也可以选择多种教学媒体。虽然二者没有一一对应的关系，但是教师在进行教学媒体的选择时，仍然要把教学内容作为一个重要的依据，并尽量使教学媒体与教学内容相一致。

（3）教学对象。在教学媒体选择时既要考虑学生的共性又要考虑个性差异。共性主要包括学生的年龄、受教育背景、学生的规模等；个性包括兴趣爱好、学习能力、认知结构等。依据学生的共性选择教学媒体比较容易，如对年龄比较小的学生多采用直观演示、媒体播放或色彩鲜艳的图片等。而对于学生个性的把握则比较难，教师很难找到一种教学媒体适用于全班所有的学生，所以，只能是照顾大多数，兼顾少数，并且尽可能多地变幻教学媒体的形式，以适应全体学生的需要。

（二）教学媒体选择的原则

（1）发展性原则。要求选择的教学媒体，要能够最大程度地发挥教育教学功效，促进学生的全面发展。

（2）低耗高效原则。要求选择的教学媒体能够实现最小的投入、最大的产出，即投入较少的人力、物力，获得较好的教学效果。

（3）优化组合原则。每一种教学媒体都有优点和不足，多种教学媒体的有机组合，既形式多样，避免单一，又扬长避短，优势互补，但是教学媒体的组合并不是形式上的简单相加，而是要实现整体优化的教学效果。

三、教学媒体的应用

（一）找准教学媒体的作用点

教师在课堂教学过程中为了实现教学目标，就要发挥教学媒体的辅助作用，作用的大小，取决于教学媒体的运用是否处于教学的关节点上，所以要先找准教学媒体的作用点：

（1）突出和强化教学重点时。

（2）突破和解决教学难点时。

（3）创设情境引发学习动机时。

（4）建立概念时。

（5）解释原理时。

（二）找准教学媒体的出示时机

把握好教学媒体的出示时机，能够收到事半功倍的效果，以下几种都可视为最佳时机：

（1）学生的心理状态由无意识向有意识转化时。

（2）学生的心理状态在有意注意与无意注意相互转化时。

（3）学生的心理状态由抑制向兴奋转化时。

（4）学生的心理状态由平静向活跃转化时。

（5）学生的心理状态由兴奋向理性升华时。

（6）激发学生的求知欲望时。

（7）鼓励学生克服困难树立信心时。

（8）满足学生的成功表现欲望时。

（三）教学媒体的评价

我国对教学媒体的评价一般从以下五个方面进行考核：

（1）教学性。看其是否能用来向学生传递课程标准所规定的教学内容，为实现预期的教学目标服务。

（2）科学性。看其是否正确地反映了学科的基础知识或先进水平。

（3）技术性。看其传递的教学信息是否达到了一定的技术质量。

（4）艺术性。看其是否有较强的表现力和感染力。

（5）实用性。看其是否操作方便、界面友好、容错能力强、文档齐备。

由于各种教学媒体特性不同，因而在组织评价时，应根据各种教学媒体的基本特性制定科学的、具体的、便于操作的指标体系，以便进行评价。

学术视窗

关于教学活动的要求

加涅的“九大教学事件”，也就是关于教学活动的安排，在实际应用时要注意以下三点基本要求。

1. 根据学习者的特点安排教学活动

学生独立学习的能力是逐步形成的。如初中生，知识经验积累不足，独立学习能力比较弱，因此教学活动的设计应强调教师的外部推动作用；而对于高中生来说，就可以通过自己的学习完成一定的学习活动，教师可以把教学活动的设计结合到教材中，在课前列出具体的学习目标。

2. 根据教学目标安排教学活动

不同类型的教学目标的学习，应安排不同的教学活动。加涅指出，对每一类学习结果，构成这些活动的具体操作是不同的。对不同类型的教学目标安排不同的教学活动，正是加涅教学论的核心思想。

3. 应灵活地安排教学活动

对于一节课的教学活动的设计要灵活，加涅指出，在开始时，就应该认识到，这些教学活动并不是一成不变的、严格地按照次序出现的，尽管这是它们最可能出现的次序。更重要的是，绝不是说为每一节课都提供所有这些活动。也就是说，不必每一节课都有固定的教学活动，要灵活地根据实际情况作出合理的安排。

【问题思考】

1. 教学策略的含义及选择依据是什么？
2. 教学法的含义和特点是什么？
3. 如何对教学方法进行分类？
4. 教学方法的选择依据有哪些？
5. 思想政治（品德）课应做哪些教学准备？
6. 什么是思想政治（品德）课堂教学活动策略？
7. 如何理解教学媒体的含义、特点及分类？
8. 教学媒体的选择及应用有哪些？
9. 教学媒体评价的标准是什么？

【参考资料】

1. 王升．教学策略与教学艺术．北京：高等教育出版社，2007.
2. 李晓文，王莹．教学策略．北京：高等教育出版社，2011.
3. 徐英俊，曲艺．教学设计：原理与技术．北京：教育科学出版社，2011.
4. 马国顺．教学设计的智慧．长春：吉林大学出版社，2010.
5. 李龙．教学过程设计．呼和浩特：内蒙古人民出版社，2000.
6. W. 迪克，L. 凯瑞，J. 凯瑞．系统化教学设计．上海：华东师范大学出版社，2007.
7. R. M. 加涅，L. J. 布里格斯，W. W. 韦杰．教学设计原理．上海：华东师范大学出版社，1999.
8. 保罗·D. 埃金，唐纳德·P. 考切克，罗伯特·J. 哈德．课堂教学策略．北京：教育科学出版社，1990.

第六章　思想政治（品德）教学模式设计

学习目标

（1）了解教学过程的实质和要素。

（2）熟悉教学结构的要素。

（3）掌握教学过程的环节。

（4）学会运用有效教学模式。

核心概念

教学结构　教学模式　教学过程

第一节　思想政治（品德）教学结构

学习导航

过去我们理解的教学结构，主要指教学流程，即教学各个环节的设计，环节与环节之间的衔接，其实真正意义的教学结构，是一个纵横交错的结构。本节我们就将探讨这一问题。

一、思想政治（品德）教学结构概念

思想政治（品德）教学作为一个整体系统，其结构主要表现在两个方面：一是空间结构，指教师、学生、课程和教学条件等要素构成的关系结构，这种关系结构决定了教学的活动形式。二是时间结构，指教学活动的展开和进行的逻辑历程，也可以叫活动结构。

过去我们理解的教学结构，主要指教学流程，即教学各个环节的设计，环节与环节之间的衔接，于是就有了五步法、六步法、七步法、八步法等教学结构。其实真正意义的教学结构，是一个纵横交错的结构。所谓的横向结构指的是教学目标、教学原则、教学流程、教学策略、教学评价等内容的相互联系，即所确定的教学流程，要兼顾到各项内容。所谓的纵向结构，就是教学环节的相互联系，也就是我们通常所说的教学流程。一个完整的教学结构，自然应该包括课程的导入环节、课程的中间环节、课程的结束环节，也就是主题的呈现、主题的展开、主题的完成。过去评价教学结构，主要看时间的控制是否恰当、教学计划是否如期完成、教学环节设计是否合理、教学环节之间的衔接是否自然等，这些内容依然是评价的重要方面，但是，光看这些内容还不足以真正能体现教学结构对于课堂教学的作用。

二、设计教学结构应注意的问题

（一）教学结构的设计和实施要关注学生的实际

从课程理论来说，有理想课程、所教课程、所学课程等不同的课程意义，教学结构也同样如此，有教师设计的教学结构和实施的教学结构的区别。从某种意义上说，教师的教学设计是教师对课堂教学过程的一种假设，也就是根据课程标准、教材、学生的要求来确定一堂课的教学计划、教学环节。但具体实施的教学结构往往会因为课堂教学的生成性和不确定性而作必要的调整，这也就是“两种结构”的不同点。不同班级的学生，必然会有所差异，学生的昨天、今天与明天，也会有差异。因此，在教学的过程中不可能完全按照教学设计的思路来进行。例如，对一个问题的讨论，有的班级的学生可能很快就解决了问题，而有的班级的学生则可能要花一定的时间。

教师对教学结构必须通过课堂教学的实施来加以调整，应给学生以充分的思考、讨论的时间，在实施过程中，完全可以大胆打破已经设计好的教学结构，而不要为片面地追求结构的完整，使学生不能充分思考，不能畅所欲言。说得极端一些，有时候不完整的教学结构，恰恰是一堂好课，因为教师能根据课堂教学实际过程中的情况，随时调整自己的教学思路，从而使学生真正有所收获。

大多数教师在教学过程中都遇到过学生对问题的讨论超出自己构想的情况，优秀的教师往往会因势利导，让学生在认知冲突的过程中有所感悟、有所得益，而一般的教师则为完成教学设计的内容而打断学生的思路。因此，对教学结构的评价，重点不在这些课的结构是否完整和完美，而是这堂课的结构是否能随机变化，其依据就是学生的思考、交流是否充分，学生的认知冲突是否激烈（认知冲突既包括学生相互间的冲突，也包括学生个体的冲突）。

（二）教学结构的安排和设计要考虑学生的综合能力

教学结构的安排和设计，按照以往的教学评价，主要是看教学环节是否符合教材的规定，是否符合学生的承受能力。现在由于教学目标的变化，必然带来教学结构的变化。教学目标兼顾各方面的内容，因此，在教学环节的设计时，不能只考虑单一的内容。已故的特级教师徐振维先生曾用比喻的方法对教学环节设计的单一性和综合性作了一定的说明，他认为，某一教学环节只考虑单一的知识或能力，并以此来推进课堂教学，是线条式的课堂教学结构，而如果在某一环节的设计考虑了学生的综合能力（包括知识的综合），并以此来推进课堂教学，是板块式的课堂教学结构。由于徐先生走得太突然，因此，未能把这一教学理论作充分的说明，但是，我们已经深切地感受到了，徐振维先生是希望教学环节的设计和推进要充分考虑学生的综合能力。所谓的线条式课堂教学结构，简单地说，就是分化课堂教学的知识点，由一个一个知识点串联起来构成一堂课的教学结构。所谓的板块式课堂教学结构，就是一个环节的设计，综合考虑上述的诸多知识点，整堂课的教学结构是主次分明地一个板块、一个板块地推进的。且不说这样的比喻是否确切，也不说怎样来构成“板块”，只说教学环节是否考虑到学生的既有知识和既有能力，这一理论就非常有意义。把知识点分解得过细，从表面上看，似乎更能落实知识点，使学生的学习有看得见、摸得着的收获，但是，教学毕竟不是只让学生获得知识的，而是使学生产生一定的感悟，陶冶思想情操，积淀文化。因此，“支离破碎”式的教学结构，只能使学生获得一些知识要领，掌握一些条条框框，而不能使学生从整体上来把握知识的内涵，不能使学生获得整体的美感。教学结构的安排和设计，必须考虑诸多方面的因素，包括学生的既知、未知、新旧知识的联系、学生的学习习惯和学习方法、学生的情感等，这些如果用简单的语言来表述，就是学生学习的综合能力，也就是说，教学结构的设计和实施，不能从单一的知识点出发，而是要从学生的实际能力和思维学习习惯出发，这与教师对教材的把握和处理也是密切相关的。

（三）教学节奏要适切

课堂教学必须追求“快节奏”，以提高教学的质量和效益，这是非常有意义的。但是，教师对“节奏”的理解各不相同，因此，“快节奏”的境界并没有达到。有些教师由于对“快节奏”的理解还产生了偏差，因此，在课堂教学结构设计的过程中，对一些重要环节没有引起足够的重视。所谓的“节奏”，说白了，也就是长短、快慢、轻重的变化。课堂教学的节奏，就是通过教学环节的变化而得以实现的。所谓的“快节奏”，主要是指要主次、轻重分明地推进课堂教学，实现课堂教学效益的最大化。面对课程改革和教育发展的今天，课堂教学依然强调快节奏，它的意义主要在于，不在学生已经熟悉的知识上多花费时间，不要总是千篇一律地来组织课堂教学，要使学生不断地在学习的过程中产生新鲜感，要不断地促使学生的思维处于一种活跃状态。教师在设计教学结构的时候，必须充分考虑到，哪些环节只需点到即可，哪些环节必须舍得花时间。在实施的过程中，更要根据学生的实际情况，来确定某一环节所花时间的长短。从节奏的角度来评价课堂教学结构，主要是看在实施过程中，教师是否注意到了学生的实际情况，是否在该花力气的地方花了力气，在不必纠缠的地方简洁处理。

三、思想政治（品德）课堂教学结构的要求

1. 教学环节

教学环节安排合理，既符合学生学习思想政治（品德）的认识规律，又符合教材编写的逻辑规律，使得教学环节紧凑，程序安排严密，能体现较强的教学设计意识。

2. 教学节奏

把握教学节奏的协调、和谐，使教学做到动静结合、收放得当、衔接自然；使教与学的双边活动协调，课堂气氛民主、平等、活跃；使师生感情和谐，整个教学过程体现出师生情绪轻松、愉快、自然、和谐的气氛。

3. 知识容量

如果整堂课教师设计安排的知识容量过大，会因学生大脑疲劳而导致部分信息失去价值；如果知识容量太小，会因学生思维松散而导致信息不连贯。因此，知识容量适当、密度合理，才能收到较好的课堂教学效果。

4. 教学时间

教师要安排好各教学环节的时间，避免出现前紧后松、前松后紧、超时、剩时的现象，使课堂教学的时间得到合理、高效的利用。

第二节　思想政治（品德）教学过程

学习导航

教学过程是一种有目的、有计划的活动过程，是教师与学生共同参与的过程，是培养人的过程，教学过程理论是教学理论体系的重要组成部分。

一、教学过程的特点及要素

（一）教学过程概念界定

教学过程就是一个多任务、多层次、多要素构成的复杂系统和运动过程，是一个由各种要素集合于一定的社会目的之下，有秩序、有规律地相互依赖、相互作用着，自然汇合成的一个客观过程，并由此组成的一个不可分割的有机整体。也就是说，教学过程是教学系统中的核心子系统，它通常是学生在教师的有目的、有计划的指导下，积极主动地接受人类社会的间接经验，并实现全面发展的过程。思想政治（品德）教学过程同样肩负着指导学生掌握知识、培养能力、陶冶情感、提高认识、锻炼意志、形成个性的重任。

（二）教学过程的基本要素

构成教学过程的要素有很多，如教师、学生、教材、教学手段、教学环境、教学目的、教学内容、教学组织形式、教学评价等。但是每一种因素对教学过程的影响作用是不一样的，因此形成了三要素说、四要素说、五要素说、多要素说等。我们认为，对于整个教学过程系统来说，任何一个要素都是重要的，但其中有五个基本要素是必不可少的，即教师、学生、教材、教学手段和教学环境。

教师是接受过专业训练的教学过程的组织者和引领者，是新的教学理念的践行者，是教学任务的主要完成者，是学生人格的重要影响者，是整个教学工作计划的制订者。

学生作为教学过程的主体，是教学目标的直接指向对象，在教学过程中起着关键的作用，教学效果最终体现在学生知识、能力、情感态度价值观等方面的提升上。

教材是连接教与学的媒介，是沟通教师与学生的桥梁，教学过程的展开是以教材内容为依据的，教材规定着教学的内容，同时也规定着教学的程序，因此教学活动是围绕教材展开的，整个教学过程离不开教材。

教学手段是教学过程中教与学或教师与学生采用的方法、工具、措施以及采用的形式等，是教学目标得以实现、教学内容得以实施的依据，只有教学手段才能将教师、学生、教材统一到教学过程中去。

教学环境包括校内环境和校外环境，这里主要指校内环境，比如，校园的环境、班集体的环境、校风、班风、教师的风貌、学生的风貌等。教学环境对人的影响是潜移默化的，特别是对思想政治（品德）教学过程的作用尤为突出。

（三）教学过程的特点

1. 长期性

学生思想品德、道德素养的形成和发展不是一蹴而就的，要经过长期不断的教育和自我教育。在一定时期内，教师结合当时的社会要求，按照一定的教学目标和教学内容，完成一定的教学任务，实现学生某一方面的提升，或某一品质的形成，这可以看作是一个具体教学过程的结束。但从学生的终身发展的角度，或从时代不断发展，对人才提出新的要求角度来看，这一过程是永无休止的。因此，思想政治（品德）教学过程作为一个系统的育人工程的组成部分，本身就具有艰巨性、复杂性和长期性。

2. 实践性

思想政治（品德）教学过程是理论与实践统一的过程。中学生正处在世界观、人生观、价值观走向成熟的关键时期，这个时期的学生具有很强的可塑性，仅仅对他们进行有关思想政治（品德）科学理论的指导和教育还远远不够，应该创造实践的机会，使学生将学到的理论与社会实践联系起来，在实践的过程中体会、感悟，使自己的道德认知得到升华，使已经内化的认识外化到自己的行动中去，实现思想政治（品德）教育的最终目标。

3. 时代性

思想政治（品德）教学过程的时代性体现在两个方面。一是社会要求的时代性，思想政治（品德）教育是为一定阶级社会和时代要求服务的，时代在发展，社会在进步，青年学生作为国家未来的建设者，要在道德素质、品德修养方面适应这种变化，就必须接受与时俱进的思想政治（品德）教育。二是课程改革的时代性，基础教育的课程改革是教育发展的需要，是学生发展的需要，在思想政治（品德）教学过程中要充分体现出这种改革的时代需要。

二、思想政治（品德）教学过程的环节

就教学活动本身来说，教学过程是由每一单元、每一课、每一个年级、每一个学期的教学时间决定的；从内容上来说，教学过程包括认知过程、情感过程和意志过程。所以，教学过程必然涉及环节的问题。教学过程的环节是教师组织和管理教学过程的步骤，也就是教学过程展开和实施的程序。

现代教学论关于教学过程的研究，主要是从教师的教和学生的学两个方面的活动来阐释的。教师教的活动是备课—讲课—辅导—检查—总结；学生学的活动是预习—听课—练习—复习—总结；将教和学的活动结合起来的教学过程环节可以归纳为预备—上课—辅导练习—复习检查—总结教学。其中，“预备”是上好课的前提，是提高教学质量的保证；

“上课”是教学的中心环节，是提高教学质量的关键；“辅导练习”是上课的继续和主要补充；“复习检查”是巩固教学成果的手段；“总结教学”是师生总结经验教训，改进教和学不可缺少的必要环节。

古今中外还有许多值得我们借鉴的教学环节，如我国古代的“博学—审问—慎思—明辨—笃行”的学习过程论；赫尔巴特的“预备—提示—联想—系统—方法”的五段教学法；杜威的“疑难—问题—假设—推理—验证”的实验教学环节；凯洛夫的“感知—理解—巩固—运用”教学过程四环节。目前，我国有些地方的思想政治（品德）教师也根据自己多年的教学经验和教学结构的需要，按照教学目的和内容进行了不同教学环节的尝试，并且取得了较好的教学效果。

三、思想政治（品德）教学过程最优化

教学过程最优化就是把教学的目标作为整体，使教学工作多任务、多层次、多环节之间做到有机结合，关系协调，使学生得到全面的、和谐的发展，取得最佳的教学效果。从另一角度看，也就是用最优化理论体系和工作体系指导教师有效地组织教学活动，即教师通过对教学系统的分析和综合，通过对最优教学方案的选择和安排，争取在现有条件下用最少的时间和精力获得最大的效果。

（一）思想政治（品德）教学过程最优化的基本特点

（1）思想政治（品德）教师合理地安排教学过程的重要的方法论原则。最优化理论的根基是教学组织和科学管理的学问，是按一定目标确立的、有科学依据，是反陈规旧套、千篇一律，引导师生进行创造性的教学工作，以少量的时间和力量取得巨大的效果的一种安排，即要求思想政治（品德）教师从教学实际出发，将科学的管理方法、组织方法落实到具体的班级学科教学过程中去。

（2）思想政治（品德）教师采取不同的教学手段和方法，处理好条件、方法和结果之间的辩证关系。不同时代、不同条件下的最优化理论的标准是不完全一样的，因此不存在固定的、绝对的、万能的教学方式和方法，教师要视具体情况具体对待。在教学过程中处理好整体与部分的关系，主要矛盾与次要矛盾的关系；具体分析教学任务、教学内容和教学特点以及使教师与学生相互合作、相互作用的最大可能性，然后选择一个在这一特定情况下最佳的教学方案。

（3）思想政治（品德）教师以最少的时间和精力的耗费来求得最佳的教学效果。最优化的教学效果就是从整体上达到最优设计、最优控制、最优管理和最优决策，实现整个教学系统的综合最优化。在思想政治（品德）教学过程中，一方面，要使知识、能力、情感态度价值观等培养目标以及教学过程的环节都得到周密的安排，使这些功能和目标与教学总目标一致。另一方面，要使教学系统中各部分与各要素之间保持联系，使全局与局部之间密切配合，在这种联系中选择最佳的教学方案，实现教学过程最优化。

（4）思想政治（品德）教师要实事求是，因材施教，使全体学生发挥最大潜能，获得最大可能的发展。中学生认识水平不同，个性差异较大，这就要求教师在教学过程中从学

生的实际出发，承认差别，因材施教，调动学生的积极性，不强求学生达到统一的标准，也不用整齐划一的标准来衡量学生的优劣，而是争取使每一个学生都能在教学过程中得到锻炼和提高，使每一个学生都能发挥出最大的潜能，就是实现了教学过程的最优化。

（二）思想政治（品德）教学过程最优化的基本标准

1. 效果标准

效果标准是从质量上监督教学过程。每位学生的起点不同，确定的效果标准和要求也不同。评价教学效果一方面要以课程标准为依据，在知识、能力、情感态度价值观方面达到课程标准的最低要求标准，尽可能地使学生达到本人可能达到的最高水平。另一方面要依据不同学校、班级、教师和学生的实际条件和具体的可能性提出不同的评价标准，不能搞一刀切。

2. 时间标准

时间标准是指教师与学生用于上课和作业的时间不应超过国家相关部门及有关文件规定的时间，争取用最少的时间达到要求的效果。如果用超过规定的时间完成规定的任务，就等于增加教师和学生的负担，不仅会直接影响他们的身心健康，还会使教育的效果受到影响。因此，在教学过程中教师一定要按照教学计划中对课堂教学时间和课外作业量的要求，优化教学设计，提高教学过程的性价比，提升教学质量。

效果标准和时间标准有机结合，成为衡量教学过程好坏、教学效果大小的依据，只有坚持这两个标准，思想政治（品德）教学过程最优化才能得以顺利实现。

（三）思想政治（品德）教学过程最优化的方法体系

为了使教学最优化体现出一个完整的过程，教师应该用充分的科学理论依据选择确定成功的教学策略、教学方案和教学方法；同样，学生也要选择最优化的学习策略、学习方案和学习方法，把教的最优化与学的最优化有机地结合在一起。教学过程最优化的实施方法涉及教学过程的所有要素即教学目标、教学任务、教学内容、教学方法、教学手段、教学组织形式等，只有实现了各个组成要素的最优化，才能实现整体最优化。所以说，教学过程最优化的方法体系是指相互联系着的，能够实现教学过程最优化的所有方法的总和。

1. 应注意以下方法论原则要求

（1）要完整地掌握思想政治（品德）教学过程全部基本要素的选择程序。

（2）领会思想政治（品德）教学的辩证性质，了解各种教学形式和方法的辩证统一性，明确它们的适宜范围。

（3）以动态观点对待教学过程，关注教学系统的发展与变化。

（4）保证教学形式和方法的灵活性和多样性。

2. 要注意以下具体方面的优化

（1）教学的有序性。思想政治（品德）教学过程要使学科的逻辑系统和学生的认识发展顺序统一起来。教学活动也要考虑与前后学习的相互关系和影响，教师要时刻注重知识的系统性和逻辑结构，以及新旧知识间的内在联系，推动学生思维的发展。教师按照学生知识、能力、情感态度价值观的阶梯结构进行教学过程的设计，把学生掌握知识的顺序和思想品德形成和发展的顺序统一起来。

（2）教学的实践性。选择恰当的时机对学生进行思想品德的特殊教育与训练，做到教师的教与学生的学都与实践活动密切结合，使教学贴近学生的生活，贴近学生的学习，贴近学生的实际，以收到最优化的教育效果。

（3）教学的实效性。教师对教学内容的设计、选择与安排一定要符合中学生的身心发展水平，不能盲目拔高，使学生蹦一蹦却仍然够不到；也不能搞一刀切，导致发展好的学生上升的势头受到遏制。对于所有的学生来说，适合的才是最好的。

（4）教学的反馈性。教师在教学过程中要积极的创设学习条件，以激发学生学习的积极性和创造性，对学生的学习情况要及时进行反馈，以便对教学过程中的问题进行及时调控，保证良好教学效果的实现。

（四）思想政治（品德）教学过程最优化的实施程序

最优化实施程序就是把每一步骤看作一个有机整体的组成部分，利用各部分之间恰当的联系来达到教学过程最优化的目的。具体实施程序如下：

（1）确定任务。全面把握教学任务，在综合研究学生在各个节点实际可能的基础上，力争做到教学任务具体化。

（2）确定标准。选择在某一节点、某一实际可能的条件下，最优的组织教学过程的具体标准。

（3）选择教学手段。针对具体的教学计划和教学任务，确定在该节点、该条件下最优的教学手段。

（4）最大限度地创造和改善教学条件，利用各种教学资源有效地实施教学预案。

（5）按照前面确定的最优化的标准，对教学过程的实施结果进行分析。

以上实施程序是从组织管理的角度探讨教学过程最优化的实施程序，是为了使教学过程最优化服务的简单工作程序，是提供给教师参照的实施办法。广大教师在参照引用的时候，还要联系本地区、本学校和本班级学生的实际，探索出一条既适合自己，也适合教学对象的最优化教学过程和教学程序，做到理论联系实际，把有关教学过程最优化的理论在思想政治（品德）教学过程中加以贯彻实施。

第三节 思想政治（品德）教学模式

学习导航

教学模式在教学理论和教学实践之间起着承上启下的作用，它是教学思想与教学规律的反映，它规范师生双边活动，是教学活动的指南，同时将教学程序、教学方法、教学手段、教学组织形式融为一体。

一、教学模式概念解析

（一）教学模式的概念

作为教学论的专家学者，都对教学模式予以关注。叶澜认为，教学模式俗称大方法，它不仅是一种教学手段，而且是从教学原理、教学内容、教学目标和任务、教学过程直至教学组织形式的整体、系统的操作样式，这种操作样式是加以理论化的。李秉德认为，教学模式就是在一定的教学思想指导下，围绕着教学活动中的某一主题，形成相对稳定的、系统化和理论化的教学范型。李伯黍认为，教学模式就是指反映特定教学理论逻辑轮廓的、为保持某种教学的相对稳定的两个具体的教学活动结构。其作用是设计课程、安排教学材料、指导课堂教学等。

综合各家论述，可以确定，教学模式是建立在教学理论基础上的，为实现特定的教学目的而设计的教学模型。在教学模型中，教学活动的诸因素以一定的方式组合，形成有相对稳定的结构、具有可操作性的程序。教学模式是教学理论应用于教学实践的中介，它的主要任务是根据一定的教学思想和教学理论去设计教学、组织和实施教学。它可以使教师明确教学先做什么，后做什么，先怎样做，后怎样做。

（二）教学模式的内涵

（1）教学模式与教学理论有关，是介于理论与实践之间的操作体系，包含着比教学理论更丰富的东西，如教学程序、教学方法、教学结构等。

（2）教学模式与教学方法有关。教学模式具有教学方法的特性，但它与具体的教学方法不在同一层次，属于更高层次的方法论。

（3）教学模式与教学程序有关。教学程序体现教学模式，但并不是操作意义上的具体教学流程。

（三）教学模式的特点

（1）系统性。教学模式是教学现实和教学理论的统一，是由教师、学生、教材、教学媒体、教学方法、教学环境等诸多要素构成的教学方法论体系，拥有一套完整的结构和运行要求。

（2）稳定性。教学模式是依据一定的教学理论和教学思想提出来的，是对大量教学实践活动的理论概括，能够揭示教学活动中带有普遍意义和规律的教学方法，是经过一定时期形成的，具有一定的稳定性。

（3）操作性。教学模式是一种具体化、可操作的教学思想或教学理论，为教师提供了一个比较系统的教学行为框架，来规定教师的课堂教学行为，使之有据可依、有章可循。

（四）教学模式的结构

1. 教学理论基础

教学模式既以一定的教学理论和教学思想为基础，又是一定教学理论和教学思想的产物。因此，教学理论和教学思想是教学模式的内在规定性和本质特征。不同的教学理论会形成不同的教学模式，教师由于教学思想的差异，也会导致对某种教学模式的偏好。

2. 教学目标

任何一种教学模式都指向一定的教学目标，都是为完成特定的教学目标而设计的，如果没有明确的教学目标，教学模式的设计就将失去实际意义。因此，教学目标在教学模式的结构中处于核心地位，制约着其他几个因素。

3. 教学程序

教学程序指完成教学目标的过程和步骤。任何一种教学目标的实现，都有一定的操作程序和步骤，教学模式就是在教学过程中体现出来的基本固定的操作程序，但这种稳定是相对的，任何教学活动都不能固定在某种或某些教学模式里面，使教师的教学活力受到束缚。

4. 教学手段和策略

教学模式的实现要受到许多因素的影响，如教师、学生、教学内容、教学手段、教学环境等，只有这些条件都具备了，并且在教师一定的教学思想指导下，形成最佳方案时，教学模式才能发挥出应有的功效。

5. 教学评价

教学评价是教学模式的重要组成因素，每一种教学模式都指向一定的教学目标，教师在运用一定的教学模式实施教学以后，都要对实施的效果进行评价，各种教学模式的目标、操作程序、实施条件是不同的，因此对其评价的方法和标准就会不同。

二、思想政治（品德）有效教学模式

（一）自主参与课堂教学模式

自主参与课堂教学模式是为教师提供的范型，它既研究教师教的过程、教的技巧、教的策略，又研究学生学习活动的特点和规律，把学生学的模式与教师教的模式统一起来，形成一种教学交流模式。这种交流模式包括以下几个环节。

1. 教师提出问题，使学生产生认知冲突

教师提出问题的目的是使学生产生认知上的障碍，从而激发出学生探求新知的欲望，主动的、自觉的参与到教学活动中来。教师在设计问题时一定要符合由浅入深、由易到难的原则，且符合学生的认知发展规律，使学生在原有的知识基础之上就能够解决。教师提出的问题既要带有启发性、激发性，能调动学生积极参与的热情，又能有效地促进教学目标的实现。

2. 学生个体思考，形成新的认知基础

教师提出问题以后，要给学生充足的时间和空间进行思考，这个时候往往是学生的思维最放松和最自由的时候，容易建立起新旧知识的联系，并渴望通过与同学进行的交流，在原有知识基础上形成新的认识，但是有些问题是个体解决不了的。

3. 分组讨论初步达成共识

在学生独立思考的基础上进行分组讨论，将个体无法解决的问题带到小组里解决，在小组内初步达成共识。在组内交流的时候也要以问题为线索展开，这时往往会迸发出一些新想法、新结论，是学生思维最活跃的阶段。在这个环节里，教师要及时对学生交流的状况进行监控，避免与教学问题无关的内容出现，同时逐渐培养学生自我监控的能力。

4. 全班进行交流并得出结论

有的时候各个小组讨论的结果和得出的结论是不尽相同的，只有得到大家一致的认同，才能被认为是正确的，因此全班交流是非常必要的。在这一环节，各个小组要提交或展示自己的结论或成果，教师要做好记录，及时进行总结，并评选出交流的优秀学生和先进小组。

5. 个体运用新知，进一步深化理解

经过以上环节的学习和交流，新的结论已经形成，新的知识已经理解，这时就要转向学生个体对知识的掌握和应用上来，以扩大加深对新知识的认识和理解，教师要及时要求学生巩固、记忆、运用并反思自己理解上的不足。

（二）先学后教课堂教学模式

先学后教是指教学活动以学生的自学为主，教师的指导为辅，并且自学和辅导贯穿教学活动始终的一种教学模式。其操作程序如下。

1. 教师布置学生自学的内容

教师向学生出示本节课的学习内容、学习目标、学习重点、难点、学习要求，为学生提供导学案（或自学提纲）、阅读材料、辅助参考资料等。教师在要求学生自学之前，提供给学生的所有材料都要具体明确，对学生开展自学有切实的引导作用。

2. 学生按照导学案开始自学

学生按照教师提供的导学案或自学提纲开始自学，教师要巡回指导，对学生自学过程中遇到的问题及时解答，个性问题个别辅导，共性问题留到下一个环节集中统一讲解。在个别辅导时，要尽量运用启发式，采用提示性的语言，引导学生自己思考得出结论。

3. 教师进行概括性讲解

经过学生自学、教师个别点拨之后，对于学生自学中产生的共性问题，教师要统一讲解，之后还要对整节课的内容通过归纳、概括、总结和评价的方式进行梳理，使学生获得对知识的整体把握。教师还可以为学生提供一些练习题，使学生在自主解题和练习的基础上达到巩固自学效果的目的。

（三）情感教学模式

情感教学是教师在教学过程中，借助一定的教育手段，创设带有一定情感色彩的，具有主体形象的具体场景，引起学生的态度体验，激发学生的情感需要，进而使学生知识、能力、情感等方面得到发展和升华的教学活动。

1. 教师优化教学设计，确立情感目标的内容

情感目标就是教师通过设计教学活动过程，使学生在心理情感方面发生积极的变化。思想政治（品德）的情感目标内容包括道德感、美感、理智感、学习情感、人生价值感。教师在进行教学设计时要紧紧围绕这几方面情感目标的内容展开。

2. 建立民主和谐的师生关系，营造积极愉快的情感氛围

教师要转变观念，树立民主的教育思想，师生之间只有建立起平等民主的关系，才能共同营造出愉快和谐的学习氛围，在这种环境中，师生互相尊重、互相配合，教师亲切和蔼，热情点拨，学生敢说、敢想，真心接受，共同实现情感目标。

3. 挖掘教学内容的情感因素

教师要把握中学生求真、求新的心理，努力挖掘出教材中的真理性，引起学生对教学内容的情感，并利用他们对社会焦点问题、国际热点问题的关心情感，及时提供材料，以满足他们的情感需要，及时有效地进行情感教育。

4. 选择情感教育方法，激发学生情感需要

在教育教学过程中，只有外部的教育影响与内部的心理需求相一致时，学生才能积极的接受，进而内化为自己的需求。因此，教师要调动一切方法和手段，激发学生的情感需求，使情感教育的方法充满科学性和艺术性，创造出悦耳、悦目、悦心的教学情境，使学生如临其境、如遇其事、如见其人，从而产生强烈的情感需要。

5. 创造活动情境，培养学生乐于参与的情感

教师在教学中要创设教学情境，促进学生情感的发展。先让学生自主安排活动计划，再指导学生自主活动、自主探究。如开展辩论活动、角色扮演活动、课堂讨论、案例分析等，既能满足学生自我表现的心理，又能促进情感目标的实现。

（四）探究教学模式

萨奇曼（Suchman）提出的探究模式，是为发展学生的探究技能而设计的教学模式。在这一教学模式中，由教师先提出问题，学生在一个模拟的过程中收集资料，提出假设，验证假设，得出结论。通过这种方式使学生的探究技能得到提高，并产生积极的情感体验。

（1）遭遇疑难情景。教师使学生处于教师设置的疑难情景中，让学生理解需要探究的问题并了解探究的程序。

（2）假设和收集资料。在探究模式中，提出假设和收集资料往往是同步进行的。学生既可以先提出假设，根据假设收集资料；也可以围绕问题收集资料，一边收集资料，一边提出假设，这个阶段是假设—收集资料—假设不断循环的过程。教师只充当资料的提供者，对学生的问题，只回答“是”或“不是”。

（3）分析探究过程。探究模式的最后阶段是学生分析自己的探究过程，使学生对他们的探究有一个重新的认识和理性的分析，为改进和完善以后的探究活动积累经验和依据，这一阶段是发展学生探究能力最为重要的、必不可少的阶段。

（五）动态生成式教学模式

动态生成式教学模式是以促进学生全面发展为教学目标的，在课堂教学中，通过教师与学生进行积极的、有效的和高质量的多向互动，使每个学生都主动参与到教学中来，整合课堂教学的多种形式，通过开放性的问题，学生的多种交流方式，开发学生的潜在资源，实现课堂教学中的资源生成，根据教师与学生积极互动的实际情况，对课堂教学过程进行实时的调整。

在动态生成式教学模式中，教师以学习指导者和信息重组者的身份出现，学生则是教学活动的参与者和教学资源的生成者，教师和学生共同成为教学过程的创造者。

在动态生成式教学模式中，学生的主体性得到了充分的体现，探究的需求和欲望得以实现和满足，教师与学生的生命潜力都得到了开发，学生体验到了成功，教师体会到了价值。

学术视窗

关于教学过程的实现阶段①

巴班斯基从时间的角度出发，把教学过程看作一个周期，这个周期由六个环节组成，每个环节都综合地表现出教学过程的一定成分，环节围绕着成分设计。

第一环节：教师掌握教学的社会目的和任务，并在研究教学系统特点的基础上，把教学目的和任务具体化。

第二环节：考虑到全班学生的特点，使教学内容具体化。

第三环节：教师筹划教学手段，根据已查明的系统特点，选择最优的教学形式和方法。

第四环节：在教师的教学和学生的学习认知活动统一过程中，师生在教学上直接相互作用。

第五环节：对知识、技能、技巧的掌握情况进行日常检查和自我检查，主动地调节教学过程的进度。

第六环节：师生对教学过程一定阶段结果的分析，查明尚未解决的任务，以便在教学过程的新周期中加以考虑。

【问题思考】

1. 谈谈思想政治（品德）教学结构安排要注意的问题。

2. 思想政治（品德）教学过程如何实现最优化？

---

① 巴班斯基．教育学．北京：人民教育出版社，1986.

3. 如何实施思想政治（品德）有效教学模式？
4. 思想政治（品德）课堂教学结构的要求是什么？
5. 如何理解教学模式的含义与特点？
6. 教学模式的结构有哪些？
7. 什么是思想政治（品德）有效教学模式？

【参考资料】

1. 钟海青．教学模式的选择与运用．北京：北京师范大学出版社，2006.
2. 刘强．思想政治学科教学新论．北京：高等教育出版社，2009.
3. 乔建中．知情交融教学模式新探．合肥：安徽人民出版社，2010.
4. 马国顺．教学设计的智慧．长春：吉林大学出版社，2010.
5. 孙运锡，冯卓然．思想政治学科教学论教程．北京：高等教育出版社，1994.
6. 巴班斯基．论教学过程最优化．北京：教育科学出版社，1982.
7. 巴班斯基．教育学．北京：人民教育出版社，1986.
8. 叶澜．教育概论．北京：人民教育出版社，1993.
9. 李秉德．教学论．北京：人民教育出版社，1991.
10. 李伯黍．教育心理学．上海：华东师范大学出版社，1994.

第七章　思想政治（品德）教学评价设计

学习目标

（1）了解学习结果评价的方式和方法。

（2）掌握测验的类型及功能。

（3）理解思想政治（品德）教学评价的类型。

（4）能够根据课堂教学评价标准评价一节课。

核心概念

教学评价　测量　形成性评价　自身评价

第一节　思想政治（品德）学习结果评价

学习导航

学生是评价对象的核心，因为教师的教学成果只有通过学生才能体现出来。对学生学习结果的评价，就是按照思想政治（品德）教学目标，采取一定的方式方法，对学生达到教学目标的程度进行价值上的判断。对学生学习结果的评价是教学过程的继续。

一、学习结果评价概述

（一）测量、测验和评价的含义

测量是按照一定的法则，用数字方法对事物的属性进行描写的过程。测量包括测量的对象（学科水平）、测量的规则（试卷及要求）、测量的结果（分数）。

测验是测量的工具。测验是对被测对象所掌握的知识、技能、态度等方面进行测量，对得出的测验分数进行价值判断。

评价是依据一定的标准，对事物做出价值判断的过程。评价比测量和测验的涵盖面更广泛，包含的内容也更多。

测量是用数字（分数）对学生的学习结果进行定量描述，而评价既包括对学习结果的定量描述，又包括定性描述，还包括对学习结果、测量结果的价值判断。比如，思想政治（品德）某一单元共有八个名词解释，测验的时候，学生甲都答对了，学生乙答对了四个，如果只看学生答对的个数，是对学生学习结果的测量。如果以“全部正确回答出本单元的名词解释”为掌握的标准，学生甲就掌握了，而学生乙就未完全掌握。以测量的结果与掌握的标准进行对比，就是对学生学习结果的评价。可见，测量和评价是紧密联系的两个概念，一般来说，评价都是以测量的结果作为依据的，没有经过测量的评价可能会导致片面和偏见。

（二）常用的测验类型及功能

测验是以测量学生的学习成绩为目的，依据的标准不同，可以分为不同的类型。

1. 形成性测验和终结性测验

依据测验实施的时间和目的，分为形成性测验和终结性测验。

形成性测验是教师在教学过程中实施的小测验、布置的作业等，可以在教学进程的不同阶段进行，既注重过程，又注重结果。目的是了解学生的学习情况，获得学习信息，进而改进教学。

终结性测验是在一个单元、一个学期或者一门课程的教学结束之后，对学习效果所作的最终测验。可以作为学生能否进行下一个阶段学习的依据，比较注重结果，主要检验教学效果的有效性，中考和高考都属于终结性测验。

2. 起点测验、前测、练习性测验、后测

起点测验是指在新的教学实施之前，对与即将学习的新知识有关的原有知识的掌握程度进行的测量。

前测是在开始教学之前，测验学生是否对新知识已经有所掌握，掌握了多少，教师根据测验结果设计教学。

练习性测验关注的是一节课的学习，目的在于使学生参与教学活动，能够运用本节课所学的新知识。通过练习性测验，既可以使学生自己判断对知识掌握的程度，又可以使教师监控教学，及时调整。

后测在教学完成之后实施，既评估具体性教学目标，更关注学生达到的终点目标，后测的初衷是帮助教师发现教学设计中没有发挥作用的地方。如果学生没有完成终极目标，教师应该找出是学习过程的哪个环节出现的问题。

（三）有实效性的测验应具备的条件

1. 效度

测验的效度是指该测验是否真正的测量或评估了应该要测量或评估的东西，当实现了某个目标所要求掌握的内容，达到了预期的目的时，测验就是有效的。没有效度的测验对学习结果的评价是没有意义的。

影响效度的因素：测验组成（测题难易、测验取材、测验长度等），测验实施（测验情境、场地布置、材料准备、回答方式、时间限制等），被试主观状态（兴趣、动机、情绪、态度、身体健康状况、是否尽力等）。

2. 信度

测验的信度是指该测验结果的稳定性或可靠的程度，即测验结果是否真实、客观地反映了学生的实际水平。如果测验真实地反映了所要测量的东西，而且对测量产生的分数有很高的自信，这个测验就是可信的。

提高测验信度的方法：适当增加测验题目的数量；测验的难度要适中；测验的内容尽量同质；测验的程序应统一；测验的时间要充分；评分尽量客观，减少误差。

3. 实用性

设计真实的情境，让学生将他们在学习中获得的知识、技能和态度应用其中，这样会获得更真实的测量与评价。比如，学习思想政治（品德）的目的，使学生的思想认识得到一定的提升，形成良好的道德素养，这种测验采取纸和笔的方式就存在着明显的局限性，采用真实的或模拟的情境，才能实现真实性的测量。

二、学习结果评价的意义

按照马克思主义哲学认识论的观点，学习结果的评价是认识主体对认识客体进行再认识的过程；按照心理学的观点，学习结果的评价是强化学习动机，巩固和加深所学知识的过程；按照系统论的观点，学习结果的评价是师生之间相互获得信息反馈，使教学可不断调控的过程。因此，学生学习结果的评价具有重要的意义。

(1) 有利于调整学生的学习行为。学习结果的评价过程，也是学生进行自我评价的过程。学生根据评价的结果，既可以发现学习中的不足，又可以了解自己在群体中所处的位置，以及教师对自己的期望。这种信息反馈能够不断地使学生改进自己的学习方法和思维方式，力争获得最佳的学习效果和状态。

(2) 有利于改进教师的教学工作。教师可以从学习结果的评价中获得大量的信息，比如，学生对学科知识的掌握程度、学生在学习过程中相关能力的形成情况、学生心理的发展动态等。教师通过对以上一系列有价值信息的分析，可以及时发现自己在教学中存在的不足，进而促使教师有针对性的调整和改进教学工作。

(3) 有利于促进教学的研究。教学的对象是学生，因此教师在进行教研的时候一定不能离开学情，只有通过对学生学习结果的评价，才能清楚地掌握学生的实际情况。学生学习思想政治（品德）学科，不同于其他文化课的学习，思想政治（品德）教师在进行教学研究时，一定要以保证本学科的正确方向，实现本学科的教学目标为前提，这一前提的获得则是以对学生学习结果的全面评价为基础来实现的。

三、学习结果评价的主体

（一）教师评价

在日常教学中，教师与学生的接触最多，对学生的学习状态、学习动力、学习能力、思想状态、个人品行等了解的也最多，评价相对要全面些。教师的评价既能对学生产生积极的促进作用，又能使教师通过评价及时地得到信息反馈，有针对性地进行教育教学。因此，来自教师的评价往往也更能得到学生及其家长的重视，更具权威性。

（二）家长评价

家长评价是一种比较新的评价方式，目前并不十分普及，但确实是一种有效的学习结果评价方式。有时候学生在家里和在学校的表现并不是完全一致的，家长通过教师的评价，可以了解学生在学校的学习状况，可是教师却无法了解学生在家的情况。所以家长参与评价，可以及时地将学生在家里的学习及各方面表现反映给学校和教师，既加强了家庭和学校的联系，又能增加家长的责任心，使得对学生的评价更全面。

（三）学生互评（小组评价）

学生互评多是以小组的形式进行的，每个学生既是评价者，又是被评价者，这种评价使学生转换角色，既能够通过评价他人，了解如何去评价一个人；又能够通过同学的评价，获知自己在同学心目中的形象，同时，这种评价方式有利于同学之间的沟通和交流，实现对自我和他人的再认识。

（四）学生自评

自我评价是学生学习结果评价的基础，学生首先要对自己的学习及思想状况有一定的了解和认识，要能够对自己目前的实际水平，进行合乎评价标准的判断，并能够与前期的发展情况进行比较，发现优点，找出不足，树立信心，激发出内在的发展动力，促进个体发展，实现个体价值。

四、学习结果评价的方式

（一）考试

考试是全面检查学生学习质量和效果的重要手段，在客观上起到了督促学生把平时所学到的知识进行归纳整理的作用，能够促进学生分析、综合能力的提高。考试主要包括期中考试、期末考试、毕业考试、升学考试。考试的形式有笔试和口试。

1. 笔试

笔试是检查和评价学生学习质量和结果的常用方式，要求学生在一定的时间内按照试题要求做书面的笔答。笔试的优点是比较节约时间，评卷标准比较客观。笔试可分为闭卷考试和开卷考试两种。

闭卷考试：不允许学生参看任何学习资料，完全凭借自己对所学知识的记忆和理解答题，以基本概念、基本原理以及对它们的运用为主要考查内容，可以使学生记忆知识的能力得到检测。闭卷考试应该以基础知识为主，避免偏题难题；既要考查全面，又要控制题量；以客观题为主，主观题为辅，把握好主客观试题的比例；既要能考查出学生学习的结果，又不给学生带来过重的负担。

开卷考试：允许学生在参考资料的帮助下回答试卷上面的问题，以学生对所学知识的运用能力、创新能力作为考查的主要内容，可以使学生的创新意识、解决问题的实践能力得到检测。开卷考试应该以主观题、材料题为主，选择社会热点问题，试题的背景材料要开放、灵活，不追求统一的标准答案，主要依据学生分析问题所用基本原理是否正确、认识上有无创新、思维和表达能力如何作为评分的标准。

2. 口试

口试一般有两种形式，一种是教师提出问题后，给学生一定的准备时间然后作答的方式。另一种是教师面对面提问后，学生立刻回答。通过口试可以检测出学生的思维速度、反应能力、语言组织能力。因为是与教师面对面的交流，教师可以根据学生的不同特点，进行适度的提示与暗示，有助于激发出学生的灵感和创造能力，增强自信心。

（二）考查

1. 课堂提问（讨论）

教师可以在课堂教学的不同环节，设计各种问题，请学生回答或进行讨论，通过回答，教师能够得出学生预习、听课、掌握知识等情况的判断。通过讨论，教师能够观察到学生的参与情况，知识与能力的发展情况，以便有针对性地调整教育对策，因材施教。

2. 专题作业

教师依据思想政治（品德）课程中的相关理论和学生熟悉的社会生活实际，给出几个专题作业的题目，供学生选择。学生根据自己选定的题目，到网上、图书馆、资料室或向其他人搜集资料，然后对搜集到的资料进行分析、归纳，或者进行调查，形成自己的研究思路，并以论文、研究报告等书面形式呈现出来。教师要对学生的作业进行评价，可以采用计分、等级和评语等形式，并且作为学生总成绩的一部分。

3. 学科活动

思想政治（品德）学科活动有很多，比如，参观访问、社会调查、学校活动、班团会活动、学科兴趣小组、报告会等。在活动中教师要观察学生的参与积极性，学生在活动中的情感态度、能力表现、合作精神、思维灵活性等。学科活动往往能比较全面地反映出学生的综合行为表现，因此，教师要记录观察到的内容，并且作为学生学习结果评价的重要依据。

五、思想政治（品德）新课程评价制度改革

（一）传统评价的弊端

评价作为评定学生学习效果，激励学生努力学习的重要环节，在思想政治（品德）课教学中历来被人们高度重视，考试与评价就像指挥棒，引导着教师“教”的方向和学生“学”的目标。

新课程改革实施前，传统的考试评价制度左右着思想政治（品德）课的教与学，传统评价制度的弊端表现在：①强调甄别与选拔，忽视促进学生发展的功能；②评价指标单一，过于关注学业成绩的结果，忽视对学生学习过程的考查；③评价方法单调，过于重视纸笔测验，强调量化成绩，对其他考查方式和质性评价方法不够重视；④学生基本处于被动地位，自尊心、自信心得不到很好的保护，主观能动性得不到很好的发挥。

教师评价方面也同样存在着类似的问题，如教师多数处于被动受检查、被评判的地位，在最终的评价结果里很少有自己发表意见的机会；评价结果通常与奖励、评职称挂

钩，很少提出能够真正帮助教师提高的发展性建议；评价意见面面俱到，不能提供具有针对性的、有重点的指导。

（二）思想政治（品德）新课程的评价改革

《普通高中思想政治课程标准（实验）》（2004 年）、《初中思想品德课程标准》（2011 年）对教学评价提出了切实可行的建议。综合两个文件对思想政治（品德）课评价的建议，主要有以下几点：

第一，评价要全面、客观、公正。高中思想政治课程评价要把对学生思想政治素质的评价放在突出位置。注重考查学生的行为，特别关注其情感、态度和价值观方面的表现。初中要准确记录和描述学生的学习状况和思想品德发展状况，调动学生道德学习的积极性。

第二，形成性评价与终结性评价相结合。评价不仅要重视结果，更要注重发展、变化和过程，突出形成性评价。要注意给予学生足够的机会展示他们的学习成果。

第三，用发展的眼光给予评价。对学生的能力发展给予肯定性评价。如学生的沟通、合作、表达能力，搜集与筛选多种社会信息、辨识社会现象、透视社会问题的能力，自主学习、持续学习的能力等，都要注重从积极的方面、用发展的眼光给予评价。

第四，评价主体的多元化。要重视学生、教师和家长在评价过程中的作用，使评价成为学生、教师、家长等共同参与的交互活动，使评价过程成为促进学生、教师共同发展的过程。特别是要形成学生自我评价能力。如对学生在集体生活中的各种表现，各自不同的学习观念和学习效果，都可提供相应的自我评价的机会和要求。

第五，采用开放的教学评价方式。对教师的教学评价，要有利于激发教师不断进取的积极性和创造性，更要有助于提高教师自身的思想政治素养，做出良好的行为表现，保持对本课程教学工作的热情和信心。开放式的教学评价，就是要采取以教师自我评价为主，学生、同事、学校领导、学生家长共同参与的评价方式。特别要关注教师是否认同并完成本课程教学目标，是否尊重学生的自主发展和人格完善，而不能以学生考试成绩作为唯一的评价标准。

第二节　思想政治（品德）教学评价

学习导航

教学评价是教学过程的基本环节之一，是对教师的教学活动及其效果所作的价值判断。只有通过教学评价，教师才能反思和认识自己教学的有效性。

一、思想政治（品德）教学评价的含义

教学评价（instructional evaluation）有时也称教学评估。顾明远把教学评估定义为“基于所获得的信息对教学（或实验）效果做出客观衡量和判断。基本范围包括教学目的、教学内容、教学方法的选择和合理运用、教学过程诸环节的有机结合及学生的积极程度”。

在顾明远主编的《教育大辞典》中提出了教学评估的三条标准：一是效果标准，即学生掌握知识、技能、思维素质和智能发展方面的实际水平；二是时间标准，即学生所花费的学习时间；三是活动性质标准，即教学所采用的方式、方法的教育性质。

布卢姆指出：教学评价是一种为确定学生水平和教学有效性而获取和处理证据的方法，包括比一般期末书面考试更多类型的证据；是简述教育终极目的和教学任务目标的一种辅助手段；是确定学生按这些理想方式发展到何种程度的一个过程；作为一种反馈-矫正系统，用于在教学过程中的每一步骤上判断该过程是否有效，如果无效，必须及时采取变革，以确保过程的有效性；作为教育研究和实践中的一种工具，用于验明在达到一整套教学目标时，可供选择的程序是否同样有效。

评，就是判断、评论、评定；价，就是价值。评价，就是对价值进行判定，对客体满足主体需要程度的判定，是一种价值判断的活动。教学评价，是对教学活动满足社会与个体需要的程度作出判断的活动，是对教学活动已经取得的、现实的或尚未取得潜在的价值作出判断，以期达到教学价值增值的过程。

思想政治（品德）教学评价，就是依据本学科的性质、目标、任务和理论联系实际的基本原则，按照一定的评价标准和科学的方式、方法，对思想政治（品德）的教学活动、教学质量和效果作出价值上的判断。

二、思想政治（品德）教学评价的作用和原则

（一）思想政治（品德）教学评价的作用

思想政治（品德）教学评价，是教学活动的重要内容和环节。它对教学质量和教学效果进行的价值判断，既反映教师教的能力和效果，又体现学生学的能力和成果。对把握学科方向，完成学科教学任务，提高学科教学质量具有重要的作用。

1. 有利于端正学科方向

思想政治（品德）的德育性质，决定了端正方向的重要性。本学科主要通过向学生传授社会科学基础知识，培养学生发现问题、分析问题和解决问题的能力，帮助学生树立科学的人生观、价值观、世界观，但在实际教学活动中，由于受到中考和高考的导向，往往容易使思想政治（品德）学科偏离正确方向。通过教学评价，能够在一定程度上起到纠偏的作用。

2. 有利于提高教学质量

教学评价能够使教师获得关于教学活动的大量信息反馈：教师备课状况、对学情分析情况、教学设计的编制、教学媒体的选择、教学过程的优化等，做到及时发现并处理教学活动中出现的问题，调整策略，改进方法，使教学科学、有序、健康运行，保证教学质量的稳步提升。

3. 有利于查明学习状况

通过教学评价，教师可以了解学生在多大程度上达到了教学目标的要求，没有完全实现教学目标的原因在哪里；了解学生在学习过程中出现知识学习障碍的原因；了解在教学

过程中是否最大限度地调动了学生的积极性；了解学生能否根据本学科特点选择科学的学习方法；了解是否在教学过程中培养了学生的学科情怀，等等。

4. 有利于促进教育研究

教育研究往往由“问题”引发，教学评价的过程也往往与发现问题相伴而生。如果教学过程没有教学评价环节，教学就只能是在一个相对封闭的环境中进行，而评价将会使教学变得开放，教师的视野扩大，教学评价发现的问题也更能够引起教师的重视，并力争解决，这就必然促进教育研究的发展。

5. 有利于师生关系和谐

教学评价既评价教师的教，也评价学生的学，对教师教的评价结果会影响学生的学，同样，对学生学的评价结果会影响教师的教。通过教学评价，教师和学生都更加强烈地感受到师生一体，教学相长。因此，师生之间会多一些平等、多一些沟通和交流、多一些对彼此辛苦努力的尊重，这必然会促进师生关系的进一步和谐。

（二）思想政治（品德）教学评价的原则

1. 科学性原则

科学性原则是指在进行思想政治（品德）教学评价时，要始终坚持以科学的精神和科学的态度，对教学活动过程进行全面评价。这包括制订科学的评价方案，确定科学的评价标准，运用科学的评价方法，采用科学的评价手段，实施科学的评价过程，进行科学的数据分析和处理，以得出真实准确的评价结论。

2. 客观性原则

客观性原则是指在进行思想政治（品德）教学评价时，要始终坚持实事求是的客观态度，全面地收集信息，准确地统计数据，客观地分析材料，多角度、全方位地对教学工作的各方面和教学过程的各环节进行公正的价值判断。避免评价过程中受到情感等主观因素的影响，力争得出真实的评价结论，使教学评价真正地发挥出改进教学，提高教学质量的作用。

3. 指导性原则

指导性原则是指在进行思想政治（品德）教学评价时，要坚持辩证的态度，把评价与指导有机地结合起来，处理好评价与教学的关系，切实做到以评促教，评教结合。明确教学评价的目的不仅仅是对教学工作进行价值判断，更重要的是给教师的教学提供反馈信息，促进教师改进教学，提高质量。因此，应该把促进教学质量的提升和学生素质的全面提高，作为教学评价的最高境界去追求。

三、思想政治（品德）教学评价的类型

（一）按评价基准分类

1. 相对评价

相对评价是以评价对象群体的整体水平为基点来确定评价标准，用这个标准来评价群

体中每个个体在整个群体中的相对优劣。相对评价的标准来源于同一个群体，对群体中的某一个成员的评价也只适用于该群体，只能看出个体在某一群体中所处的位置，只能与同一群体中的其他成员进行比较。因此，比较适合以选拔为目的的评价活动。

2. 绝对评价

绝对评价是以评价对象群体以外的目标或基点作为评价标准，把群体中的每一个成员逐一的与标准化的目标或基准点进行比较，进而判断其优劣的评价方式。绝对评价标准比较客观，评价结果不受评价对象所处群体的影响，也不受其他人的影响，只与评价对象自身的实际水平有关，便于评价者发现不足。因此，适用于以鉴定资格和水平为目的的评价活动。

3. 自身评价

自身评价是以评价对象自身的状况作为参照基点，对评价对象的过去和现在进行纵向比较，判断其进步和发展的程度；或者对评价对象的不同方面进行横向比较，发现其潜力和特长。自身评价可以动态的勾勒出评价对象的发展曲线，但由于没有与同类的比较，又无客观标准，往往难以评价出真实水平。因此，比较适合以鼓励为目的的评价活动。

（二）按评价功能分类

1. 诊断性评价

诊断性评价一般是在教学活动进行之前，对评价对象的知识、能力、态度等方面的准备状态进行评价，判断其是否具备了实现新的教学目标的条件。诊断性评价可以为教师的教学决策提供依据，使教师的教学设计适应不同学生的背景和需要，为缺少先决条件的学习者设计一种可以排除学习障碍的教学方案，为已经掌握了部分或全部内容的学习者设计一些发挥其长处并防止厌烦和自满情绪的学习方案。

2. 形成性评价

形成性评价是在教学活动进行的过程中，及时了解教学的结果及学习的结果，并通过分析教学过程中存在的问题，检验和调整教学设计方案而进行的评价。形成性评价在教学过程中运用的很频繁，可以说伴随教学过程的始终，通常在一节课、一个单元的结束后都要进行，以确定学生对前一阶段学习的掌握程度。形成性评价就是在课程编制、教学和学习过程中使用的系统性评价，以便对这三个过程中的任何一个过程加以改进。既然形成性评价是在形成阶段中进行的，那就要尽一切努力用它来改进这一过程。

3. 终结性评价

终结性评价一般是在教学过程结束后，对教学结果和学习结果进行的评价，评价目的在于检验教学是否达到了预期目标的要求，大都在期末进行，体现对整个教学方案的价值判断。终结性评价的首要目标是给学生评定成绩，或为学生作证明，或者是评定教学方法的有效性。

（三）按评价内容分类

1. 过程评价

过程评价主要是检查在实现教学目标的过程中运用的方法和手段。如为完成某一个特定的教学目标，如何把教师的讲授、学生的预习、课堂上的讨论、课下的延伸等方法有机地结合起来。过程评价一般在教学设计过程或教学过程中进行。因此，倾向于发挥形成性评价的功能。

2. 成果评价

成果评价是对教学方案实施后的成果进行检查。如某教学方案实施以后取得的效果如何？某多媒体运用的价值如何？倾向于发挥终结性评价的功能。

（四）按评价表达分类

1. 质性评价

质性评价是一种模糊性评价，是通过对教学过程中，观察和调查所获得的资料进行思维加工后，用非数量化或低数量化的描述性语言，对评价对象作出价值判断的评价方法。

2. 量性评价

量性评价是一种精准性评价，是运用统计分析等数学方法和手段，对在教学过程中获取的资料进行量化处理和分析，从复杂的数据中得出规律性的结论，作出定量描述和价值判断的评价方法。

四、思想政治（品德）教学评价的方式

（一）测验

测验的方法主要应用于对学生学习效果的评价，依据这一评价的结果，能够反映出教师备课、教学设计、教学实施的效果，使教师发现问题，及时调整。在编制测验试题时，要尽可能做到题型多样，难易适度，主客观题比例适中，使学生的知识、能力、情感态度等综合素质得到检测。

（二）调查

调查的方法是预先设计好一些问题，有针对性地请相关人员进行口述或者笔答，以了解情况，获得评价所需的资料。调查主要有以下形式。

1. 问卷

问卷是以书面的形式进行的调查，通过事先印制好的一系列问题，要求被调查对象填写。问卷调查多采用不记名的方式，可以不受时间和地点的限制，涉及面比较广，因此，获得的信息比较真实可靠。

2. 访谈

访谈是与访谈对象面对面地进行交流，获取信息的方式。对于群体中比较有代表性的

人物，大多采用一对一的访谈，访谈时无论对提问方还是对回答者而言，都比较灵活快捷。但要注意的是，访谈内容不能随意性太大，要提前做好访谈提纲。

3. 座谈会

当访谈的对象不是一个人，而是几个人同时参加时，就成了座谈会。座谈会可以在短时间内获得较多的评价资料信息，参会者能够相互启发，使调查变得深入。座谈会要有预先确定好的统一主题，要使与会者都有发表自己意见的机会。

（三）观察

观察法是评价者亲自到教学现场，了解教师和学生有关教学活动的开展情况，是一种现场即时获取信息的评价方法，观察法收集到的信息最直接、最可靠，往往被评价者作为评价的最有利证据。为了使观察到的教学活动更有说服力，并便于反复、仔细地推敲，评价者可以将教学活动的过程摄录下来，事后进行播放再观察，以提高评价的可靠性。

五、思想政治（品德）课堂教学评价的标准

课堂教学评价的标准，既是上课的基本要求，也是一节好课的标准。课堂教学评价的标准主要包括以下几个方面。

（一）教学目标

教学目标是教学的出发点和归宿。教学目标确定的正确与否关系到教学的方向。因此，它的正确制定和达成，是衡量一节课好坏的主要尺度。评价一节课的教学目标主要看以下两个方面。

1. 教学目标制定——要全面、明确、适宜

全面，是指能从知识与技能、过程与方法、情感态度与价值观等几个方面来确定教学目标。确定目标要从课程标准的要求出发，要从学生的实际情况出发，还要从教学实际效果出发，不能为了目标的全面而将本课暂时达不到的目标，确定为本课目标。

明确，是指对目标的阐述要具体、确定、清楚，各项目标要有确切的要求，既体现学科特点，又符合新课程的要求，并采取相应的教学手段予以实现。

适宜，是指确定的教学目标，能以课程标准为指导，体现年段、年级、单元教材的特点，符合学生年龄实际和认识规律，难易适度。

2. 教学目标达成——意识要强，要贯穿教学过程始终

在教学中，教学目标要明确地体现在每一个教学环节中，教学活动要紧密地围绕目标展开，为实现目标服务；要适时接触教学重点，重点内容的教学时间要得到保证，重点知识和技能要得到巩固和强化。

（二）教学内容

教学内容是指教师对教学内容由书面文字形式加工、转化为课堂教学“导”的形式的创造性行为。具体可以从以下几个方面去评析：

（1）教师是否认真研究学生，做到了从学生实际出发构建教学内容，传授知识的基础扎实、可靠并能及时弥补学生的知识缺陷。

（2）授课内容是否符合课程标准和教材的要求，不偏不倚，既不过易，又不过难，讲授内容科学、严谨、不漏、不错，思想教育寓于教学之中。

（3）教学过程安排是否合理。

（4）是否做到重点突出、难点突破、疑点突明、教育点突现，通过一堂课的教学是否使学生形成新知识的增长点，构建了新旧知识的交融点，获得进步和拓展学习的“钥匙”。

（5）是否实现了三维目标的有机结合，是否注意学法指导和学习习惯培养。

（6）是否注意展现学科的思维过程，重视思维方法的训练与培养。

概括起来就是：教学内容处理要具有“三性”，钻透“五点”。“三性”，即具有科学性、教育性、逻辑性。钻透“五点”，即钻研讲透重点、难点、知识点、能力点和教育点。

其中，“教学内容科学准确、重点突出”是第一位的。我们在针对教材处理评析一节课时，既要看教师知识传授是否准确科学，更要注意分析教师在设计和操作上是否突出了重点，突破了难点，抓住了关键。

（三）教学方法

教学方法是指教师在教学过程中，为完成教学目的、任务而采取的活动方式的总称。它是“教”的方法和“学”的方法的统一。评析教学方法要注意以下几个方面：

（1）根据教材内容和学生实际，灵活选择有效的教学方法，所选教学方法具有务实性。①教师所选用的教学方法，适应学生的心理特点和实际水平。②根据教材内容，选择不同的教学方法。③围绕教学目标，为实现教学目标服务。④注意直观教学，能恰当地使用教具和运用现代化的教学手段。

（2）重视调动学生的积极性和主动性，正确处理主导与主体的关系，所选教学方法具有启发性。①调动学生的学习兴趣，注重培养学生不断追求新知、获取新知的精神。②注意启发引导，能做到讲练结合，让学生主动动手、动脑，既重视知识更重视锻炼学生的思维，使学生逐步会思考。③凡是学生自己能做的工作应尽量让学生做，教师不包办代替，逐步培养学生独立思考、独立学习的能力。

（3）面向全体学生，注意课堂信息的反馈与矫正，所选教学方法应照顾大多数。①教师应使大多数教学经过努力达到教学目标。②热情关心学习有困难的学生，帮助其克服困难，树立信心。③注意锻炼学生的思维过程。④随时了解学生对基本概念基本原理的掌握情况，及时纠正学生学习中产生的错误。⑤注意因材施教，分类指导。⑥所用的教学时间少，但教学效果好。

当前，在教学方法上还存在一些典型的问题，需要在听、评课中得到解决。这些问题概括起来表现为：一讲到底满堂灌，不给学生自读、讨论、思考、交流的时间；一练到底满堂练，备课找题单，上课甩题单，讲解对答案；一看到底满堂看，学生自己看书，没有指导、提示、具体要求、检查、反馈，名为“自学式”，实为“自由式”；一问到底满堂问，所提问题，缺少精心设计，提问互动走形式。

（四）教学程序

教学目标能否实现、教学方法是否切实可行，必须通过对教师教学程序的设计和运作来加以检验、教学程序评析主要包括以下几个方面：

（1）教学思路要符合教学内容的实际，符合学生的实际；要有一定的独创性，能给学生以新鲜感；教学思路的层次、脉络要清晰；实际运作效果好。

（2）课堂结构严谨，课堂导入、课堂讲解、练习评讲适时适度，环环相扣，过渡自然。

（3）教学环节的时间分配和衔接合理恰当，密度适中，效率高。

（五）教师教学基本功

这里所说的教师教学基本功是狭义的，专指教师完成课堂教学任务所应具备的一些外显的基本教学能力。对教师教学基本功的评价应包括以下几个方面：

（1）教态：教师积极主动，热情亲切，能灵活驾驭课堂。①责任心强，精神饱满，精力充沛。②教态自然，仪表端庄，举止大方，和蔼亲切。③治学严谨，循循善诱，一丝不苟。④知识扎实，经验丰富，应变能力强，具有敏锐、准确的观察力，能根据学生的表情、语言、动作等各种反馈信息，准确判断学生对所学知识的理解和掌握情况，并能及时调控。⑤具有教学机智，能及时发现并处理教学中出现的突发事件。

（2）语言：教师语言清晰、简练、确切。语言是教学的主要工具和手段，教学中语言表达的好坏，直接影响课堂教学气氛和教学效果。可以说，教师的语言有时关系到一节课的成败。从常规角度来说，要求教师的课堂语言做到：①表达能力强，说普通话，能准确、熟练地运用本学科的语言，语言精确简练，生动形象，富有启发性，避免使用方言土语和生活俗语。②语调要高低适宜，快慢适度，抑扬顿挫，富于变化，有节奏感和感染力。

（3）板书：板书工整，设计合理。应该做到：①设计科学合理，依纲扣本。②内容详略得当，言简意赅，条理性强。③书写规范，字迹清楚，示范性强。

（4）操作：操作熟练、正确，效果好；能根据教材实际需要，合理使用现代化教学手段。

（六）教学效果

这里所说的教学效果是指课堂教学活动的短期效果，表现为课堂教学活动中，学生群体参与的程度与学生所显现的教学目标的达成度。教学效果体现在学生知识面的扩充、学习方法的获得、能力素质的发展、良好习惯的养成、情感的陶冶、学习品德的升华等方面。课堂教学效果的评析包括以下几个方面：

（1）课堂气氛活跃和谐，学生注意力集中。具体是指：①学生认真听讲，思维始终处于积极状态。②师生情感交融，配合默契，学生能积极主动回答教师提出的各种问题。③课堂纪律良好，课堂秩序活而不乱。

（2）学生接受情况良好，目标达成度高，学生受益面大。具体是指：①学生回答问题正确率高。②学习有困难的学生的问题能得到当堂解决，感到轻松愉快，积极性高，学生负担合理。

课堂教学效果的评价，有时可以借助于测试手段，即在上完课时，评课者出题对学生的知识掌握情况当场进行测试，而后通过统计分析来对课堂教学效果作出评价。

（七）教学思想

现代课堂教学是教与学的双边活动，谋求的是教与学的“同频共振”，素质教育的核心问题是突出学生的主体性。为此，评价教学思想要注重以下三个并重。

（1）教师的主导与学生的主体并重。

（2）研究课程标准、教材与学生并重。

（3）传授知识与培养能力、指导学法并重。

（八）教学艺术

教学艺术博大精深，内涵丰富。一般意义上讲，语言艺术最关键，组织艺术、调控艺术、板书艺术是最重要的内容。从教学艺术上能看出一个教师的基本功底与发展潜力。教学艺术的评价包括以下几个方面：

（1）教师是否能依据学生的情况、本学科的特点、课型，实施有效的教学策略。

（2）所选教法是否有益于激活学生思维、突出重点、化解难点、揭示规律、总结方法。

（3）教师的教学机智，重点观察其对偶发事件的处理艺术。

（4）教学特色。一堂有特色的课凝聚了执教者的大量心血，闪烁着独特的艺术光芒，甚至可能孕育着崭新的教学思想。

（5）教学手段的使用。先进的教学手段，不仅有着严密的操作规范，而且使其有效发挥作用需要艺术的加工。

【问题思考】

1. 测量、测验和评价的含义是什么？
2. 有实效性的测验应具备的条件有哪些？
3. 学习结果评价的意义是什么？
4. 学习结果评价的方式有哪些？
5. 教学评价的含义和作用是什么？
6. 教学评价的类型主要有哪些？
7. 如何评价一节思想政治（品德）课？

【参考资料】

1. 皮连生．教学设计．北京：高等教育出版社，2009.
2. 陈丽杰，崔立宏．中学思想政治课教学论与技能训练教程．沈阳：沈阳出版社，2007.
3. 胡中锋．教育测量与评价．广州：广东高等教育出版社，2009.
4. 张祖忻，章伟民，刘美凤，等．教学设计——原理与应用．北京：高等教育出版社，2011.
5. 孟庆男．思想政治学科教学原理．北京：中国科学文化音像出版社，2003.
6. 顾明远．教育大辞典．上海：上海教育出版社，1998.
7. B. S. 布卢姆，等．教育评价．上海：华东师范大学出版社，1987.

第八章　思想政治（品德）教学活动设计

学习目标

（1）了解以下各种教学活动设计的重要意义。

（2）掌握各教学活动设计的基本要求。

（3）学会运用各种教学活动设计的基本方法。

核心概念

备课　教案　导入设计　提问设计　结束设计　说课设计

第一节　思想政治（品德）备课与教案设计

学习导航

理解备课的特点和意义，掌握教学设计方案的构成要素，能够正确叙写教学设计的文本方案。

备课和教学方案设计是对教学活动提供准备和提出计划的过程。充分的备课和完善的教学方案设计是顺利和有效展开教学活动的基础。

一、思想政治（品德）备课

（一）备课是教学设计的基础性环节

教师课堂教学设计基础性工作是备课。一般来说，备课要经过三个基本阶段。

第一阶段——备课准备。在这个阶段教师要解读和重构教学文本，钻研教材；对学生学习需要、学习背景、学习任务进行分析；根据教材确定教学目标，明确学习任务，选择教学策略，开发利用教学资源，构思上课的方法、策略和过程、设计板书。

第二阶段——书写教案。在这个阶段教师要将备课准备工作中的诸多思考付诸某一载体上，即教学设计方案（简称教案）。教案可以是电子文本或是纸质文本，同时还要准备教学媒介和教学手段，制作出教学的多媒体课件。

第三阶段——评价与反思。在完成了以上两步后，要审查整个教案，看其在实施中，能否实现促进学生的发展，是否符合学生的认知规律，是否有利于培养学生创新和自主学习能力，是否体现了教师自身的教学特色等。

（二）备课概念解析

1. 备课的概念

备课，顾名思义，就是针对即将要上的“课”所作的课前准备。备课是在学习课程标准、钻研教材和了解学生的基础上，弄清为什么教、教什么、怎么教以及学生怎么学，创造性地设计出目的明确、方法适当的教学方案的过程。对备课内容简要的说法是“三备”，即“备大纲（课程标准）、备教材、备方法”。

2. 传统备课与现代备课的区别

我国传统备课观是建立在以教科书为“课”的认知上，上课就是教师“教”教科书的活动，教学目的旨在使学生掌握教科书中的知识，备课是围绕教科书进行的准备。这是以教科书为本位的备课。

现代备课观认为，“课”是学生的学习活动，“教材”（不一定是教科书）是学生学习的材料，上课是教师对学生学习活动的指导，备课属于教师对学生学习指导的准备。由于学生学习活动或有预测不到的情况发生，故教师既要有随时调整既定计划的精神准备，又要有对既定的上课计划进行批判性反思的思想准备。这是以学生本位的备课。

陈桂生认为，这二者之间的区别，是从两种不同类型的“课”的区别派生而来的。前者为学科课程，后者未必是“经验课程”或“核心课程”，而属于同它们相关的“活动课程”。

（三）思想政治（品德）备课的意义

1. 备课是教师工作的常态

第一，备课是教师必须具备的基本功之一。教师在其职业生涯中，上课之前，都需要备课。能备课，是对教师的基本要求；会备课，是教师的基本能力；备好课，是教师基本功的重要体现。因此在学校的教学管理中，都将教师的备课作为管理的重要内容。

第二，备课是展示教师个性化创造过程的记录。备课过程渗透着教师的教学思想、教学理念和教学经验，因此每个教师的备课都展示了教师个人的职业素养和职业精神，形成了不同的备课风格和特点，也记录了教师创造性劳动的成果。

第三，备课是教师教的行为和学生学的方式的点子库。备课中教师既要设计教师的教，还要设计学生的学，教与学如何更好地交流、沟通、合作和对话，是在备课中通过深思熟虑，周密计划，而形成的有效的教学策略和方法。

第四，备课对教师成长具有助推作用。备课不仅仅是课堂教学的准备，它同时也是教师教学思想和教学轨迹的记录，更是教师认识自己、总结经验、成长提高的重要资料。精心研究备课的老师其教学能力一定会快速提升。

2. 备课质量决定课堂教学质量

抓住备课满盘皆活。上课之前备好课，是保证课堂教学高效，提升教学质量的前提。每一次精彩课堂的背后，都是教师精心准备的结果，有怎样的准备就有怎样的发挥和怎样的效果。不会上课的老师一定是不合格的老师，而不会备课、轻视备课的老师也一定是不合格的老师。

（四）思想政治（品德）备课的类型和形式

1. 备课的一般类型

（1）个体备课和集体备课。通常情况下教师为了上好课，一个人认真做好课前的各种准备，精心备课，这是教师个人的工作状态。教师在教研组内，或是校际之间的协作体内，也会以集体的形式组织备课。集体备课是教师间相互学习、取长补短、集思广益、共同提高教学质量的有利时机。

（2）课前备课和课后备课。课前备课是上课前的准备，写出完备的教学设计文案。而在上课之前，很多老师还会进行复案，即对之前的备课成果再揣摩、默记，达到更加熟练的程度。课后备课是在上课之后，书写课后反思或教学后记，对教学设计文本和实施过程进行评价。

（3）书面备课和电子备课。书面备课是将备课的内容以文字形式描述清楚，成为教学设计的文案。电子备课则是以现代教学工具，如计算机、网络、电子课件等形式，记录备课的成果。

备课不仅仅存在于一堂课之前，对一堂课所做的备课称为课时备课，即每一节课都需要做出相应的教学设计。此外，备课还有长年备课，通过平时点滴积累，收集与课程有关的资料；学期备课，一般是在寒暑假，将全书进行了通读，为一学期教学做好准备。

2. 备课的创新形式

随着时代的发展和网络的普及，教师在实践中还创造了一些新的备课形式。

（1）论坛式备课。论坛式备课是教师集体备课的一种新形式。它由主讲人主持备课，先行提出其备课的初步成果设想，并提出本人的一些困惑和需要讨论的问题。参与的教师各抒己见，适时展示自己的认识与观点，同时可以出示自己的备课资料。对同伴的观点和认识，既可有赞同的意见，也可有反对的意见，最后实现思想碰撞和资源共享。

（2）网络备课。网络备课充分利用局域网的“主控”和“对等”的功能，利用LanStar等软件实现备课主讲人和“举手”发言人对网络的控制，使其备课内容被全部教师共享；利用网络邻居的共享功能实现教师间资源的平等共享，并设立备课成果共享文件夹，将此次备课的成果输入，逐渐积累形成体系；利用网络的搜索引擎及时查证一些相关问题，并得出解释，一并输入备课成果文件夹。

（3）多媒体备课。就是教师利用以计算机为核心的多媒体设备，以传统的备课形式为基点，充分考虑教学内容的特点，将课堂教学中所涉及的教学内容（包括文字、声音、图片 、动画等）根据一定的教学过程设计、学生的特点和实际情况合理有序地整合在多媒体计算机中，以便于利用以计算机为主要设备进行多媒体辅助教学的一种备课方法。

二、思想政治（品德）教学设计方案

（一）教学设计方案的内涵

教学设计方案（简称教案）又叫课程计划，是一个单元或一节课的具体教学设计的实施方案，是教师悉心钻研教材、了解学生、研究教法、确定教学目的、安排教学步骤的一份备忘录。教案的核心问题，是教学程序的安排。

教案既包括教师“教”的设计，也包括学生“学”的设计，是教师和学生为了实现教学目标的实施方案。如果说教学的本质是师生为了实现教学目标，围绕教学内容所作的沟通和对话，那么，教案的本质就是为了达成教学目标，围绕学生的学习内容，师生之间更有效地沟通和对话的活动计划或活动方案，它所体现的是“以学生为中心”的教案设计。

完成教学设计方案还只是“教师理解的课程”，如同电影剧本，还不等于电影本身一样，教案也只是教师教学的设想，它有别于面对学生实施的课程。教案同课程实施之间存在一定的差别是正常现象。

（二）思想政治（品德）教学设计的层次

1. 学期或模块教学设计

学期教学设计是对一个学期的教学任务做出的总体计划。模块教学设计是对高中思想政治某一模块的设计。学期或模块教学设计一般在开学前或开学一周后就已经完成。称为“×学期×课程教学计划”，或称“×学期×课程教学设计”。

学期或课程模块教学设计有两部分组成，一是说明部分，二是进度安排。说明部分包括模块教材分析、学生基本情况分析、模块教学目标、提高教学质量的主要措施等。教学进度安排是根据学期的授课时数，从教材内容和学生实际，对这一学期的教学进度和时间安排做整体的规划。

2. 单元教学设计

在思想政治（品德）新课程教材体系编写中，单元是教材的第二结构层级。单元是从同一主题出发，实现了相关知识的整体构建与分别呈现的统一，凸显了教材的严谨结构和合理逻辑的统一。对每一单元的教学设计也是教师教学设计的重要内容。

单元教学设计更重视单元内各课题之间的地位和逻辑关系，重视单元自身的主题内容和知识结构。单元教学设计方案的内容包括单元教材分析、学情分析、单元教学重点和难点、单元教学内容及课时安排。

3. 课时教学设计

课时教学设计对思想政治（品德）每一次课堂教学（通常为1课时）所做的教学设计方案。其教案内容和要求在本书的第一章中已经论及。

在本书下篇的案例部分，提供了以上几种优秀教学设计案例供学习和参考。

（三）思想政治（品德）教学设计方案的类型

1. 讲义式

讲义式教学设计方案在有些论著中也被称为项目式、文字式、条目式，这类教学设计方案主要通过文字，逐项表述教学设计的内容。讲义式教学设计方案结构清晰，逻辑完整，教案以文字表述为主，其间也会穿插图标、表格等辅助性的和说明性的内容。在思想政治（品德）教学设计方案中，讲义式是常见的一种类型。

2. 表格式

表格式教学设计方案是以专门栏目的表格为结构形式。它是在讲义式教学设计方案的基础上，把必需的项目、教学过程等环节以及教与学的相互关系，设计为具有相对固定格式的表格。表格式教学设计方案有多种类型，有些仅仅是项目式教学设计方案的表格化，有些则突出表格的直观和结构模式化等特点。表格式教学设计方案具有鲜明的提示性，适合新教师使用。

3. 混合式

讲义式教学设计方案和表格式教学设计方案也可以混合使用。如教学的一般说明用表格，而教学基本内容和过程用表格形式；也有一般说明部分用固定的表格，而教学主要内容和过程不用表格，而采用语言文字灵活表述。

4. 简案和详案

简案和详案不是教学设计方案的基本类型，但却是教学设计方案中经常提及的两种教案形式。它们的区别主要是根据教学设计方案书写是简要还是详细。通常将书写形式简单扼要，内容精简概括的教学设计方案称为简案。简案在有多年教学经验，并且讲授同一学科课程多年的老教师中会出现。新教师则通常被要求写详案，即详细记录教学设计的构思和内容。

5. 卡片式

卡片式教学设计方案是简案的一种。教师将教学设计中需要重点讲授的内容、教学流程和案例等写在专门的卡片上。卡片式教学设计方案便于携带，要点醒目，便于教师在课堂上灵活使用。卡片式教学设计方案不提倡在初任教师中使用。

6. 流程图式

流程图式教学设计方案是在多媒体辅助教学中，将教学设计方案表述在教学流程图中。有些教师在书写详细的教学设计方案时，也将教学流程图作为其中的一项写进教案。

（四）思想政治（品德）教学设计方案创新

1. 形式不拘一格

在思想政治（品德）教学设计方案中，不同教师、不同学生、不同教学条件，应当有不同的教学设计方案。优秀教师的经历表明，精心编写和不断修正教学设计方案正是他们成长和进步历程的表征。

2. 内容常写常新

思想政治（品德）不同于其他课程，其内容经常需要修改、补充和完善。特别是当我国社会发生重大改革的关键时期，经济、政治、文化制度和方式的改革，社会主流价值观念的充实和完善，新的社会热点、重点问题和社会重大事件的出现，都会在思想政治（品德）课程教学中反映出来，在教师的备课及教学设计中有所体现。另外，伴随着教师自身的成长，即使同一教学设计方案，也需要不断出新。

3. 彰显个性风格

教学设计方案是备课的文本载体，编写教学设计方案的过程是钻研教材、构思教学的过程，它凝聚着教师对教学的理解和感悟，折射出教师的教学理念，体现了教师的理想和追求。撰写教学设计方案，是一项创造性的劳动。

第二节　思想政治（品德）教学导入设计

学习导航

思想政治（品德）教学的导入活动是教学过程的第一个环节，是一堂课教学的起点。本节的重点是理解课堂导入的基本要求，学会课堂导入和导入情境创设的基本方法。

导入设计在思想政治（品德）教学中具有重要意义。导入如同桥梁，联系着旧课和新课；如同序幕，预示着后面的高潮和结局；如同路标，引导着学生的思维方向；又如一支乐曲的前奏，为整个乐章定下了基调，它为一堂课的成功铺垫基石。

一、思想政治（品德）教学导入的要求

（一）展示学习目标

好的导入能达到如巴班斯基所说的“耗费最少的时间和精力而收到最佳效果”的目的。导入可以一方面对全课有提纲挈领的作用，统领全课教材；另一方面非常明确地向学生展示了学习目标，使学生了解本节课要学什么，激发学生强烈的求知欲，调动学生学习的主动性和积极性，为上好这节课打下坚实的基础。

（二）激发学习动机

激发学习动机是指启动学生的头脑，使其转动起来。学生头脑启动的动力源有两个：一是问题探索；二是产生兴趣，有进一步学习和探索的欲望。导入环节的激起动机就是教师抓住已创设的情境，提出问题，激发学生的兴趣和对未知的探索欲望。疑问、矛盾、问题是思维的“启发剂”，它能使学生的求知欲由潜伏状态转入活跃状态，有利于调动学生思维的积极性和主动性。

（三）提升学习情趣

德国教育家第斯多惠说，教学艺术不在于传授，而在于激励、唤醒、鼓励。在设计导

入时，要重视在“趣”字上下工夫，启发诱导。导入环节要尽可能设计得巧妙、生动活泼、有趣味性，使学生想学、爱学、学有兴趣、学有收获。

（四）创新导入方法

根据每堂课教学的具体情况和学生实际，导入形式要新颖，多种多样，不拘一格，符合学生的年龄特征，易于为学生所理解与接受。要有新颖的材料、新奇的角度、新异的方法。导入既可以是预设的，也可以根据特定的教学环境和突发事件即时生成。

（五）简化导入内容

导入只是引路，不是讲授的本节课的主要内容，因此，导入语言要简洁、明快，不能庞杂烦琐，拖泥带水，占用过多的课堂时间。导入的时间一般应控制在2～5分钟。

二、思想政治（品德）教学导入的方法

（一）情境导入

教学活动总要在一定环境、背景和条件下发生，而教师紧密结合教学目标和教学内容所主动设计的环境、背景和条件，就形成了教学情境。教学情境设计的目的在于激发学生内心的情感体验，引起共鸣，启发学生思索，为实现思想政治（品德）课程教学目标服务。

教学情境设计要注意围绕教学内容，切合学生的思想实际，合情合理，健康有益。情境设计的关键是把握五个“什么”：课标要求是什么？设计什么内容？用什么形式展示？让学生从中思考什么问题？要感悟出什么道理？

思想政治（品德）教师设计的导入教学情境有漫画、图表、故事、诗词、人物事迹、歌曲、时事、录像、多媒体课件等形式。课堂上通过教学情境的展开，引起学生的兴趣、思考、质疑、体验和感悟，使学生主动进入到学习状态中。

（二）案例导入

案例导入是指教师采用具体的事例、典故，为课堂创设导入环节，并通过对案例的设问和分析，引导出新课内容。

应当注意的是，案例必须与思想政治（品德）课程内容密切相关，案例要具有真实性，这是案例与故事和寓言的不同之处。因为案例的真实性，让案例更具有启发和说服的功效。

（三）复习导入

这是一种由已知向未知，以旧拓新的导入方法。新知识都是在一定的旧知识的基础上发展而来的。因而，有经验的教师常以复习、提问、做习题等教学活动，提供新旧知识联系的支点，使学生感到新知识并不陌生，从而降低学习新知识的难度，从而为新的知识与学生认知结构中已有的知识建立实质性的联系，为学习新知作好必要的准备铺垫。

（四）直接导入

直接导入是指教师单刀直入，直接用新课题与学生认知结构中的相应概念设置矛盾，建立联系，阐明学习目的，产生学习动力的导入方法。教师简捷、明快地讲述或设问，是直接导入成功的关键。

（五）问题导入

问题导入是教师设计与新课程内容相关的若干问题，引发学生积极思考，将学生带入新的教学过程中。美国心理学家布鲁纳指出，教学过程是一种提出问题和解决问题的持续不断的活动。思维永远是从问题开始的。只要教师适当地设置疑问和悬念，学生定会产生急切地“愿闻其详”的心情。所以，“善导”的教师常在讲课伊始，编拟符合学生认知水平、形式多样、引人深思的问题，引导学生思考，产生学习新课的愿望。

（六）幽默导入

幽默的特点是“喜剧性”。它一方面能逗人发笑，另一方面就是寓理性强。这种导入方法一般是列举幽默故事或其他诙谐的语言，造就一种令人发笑，而又能展现问题的境界。

例如，在讲“经济全球化”时，借用1990年美国《匹茨堡新闻》所刊登的描述美国商人的文字：“他看完了瑞典电影，开着一辆德国产的汽车回家，进屋就坐在丹麦造的沙发上，用英国的杯子喝着掺爱尔兰威士忌酒的咖啡，然后用日本圆珠笔在加拿大的纸张上，给本地选出的国会议员写抗议信，抱怨生意被进口货挤垮了。”这样，效果自然而生，经济全球化也就展示出来了。

（七）活动导入

活动导入即通过学生亲身参加活动来调动学生的思考和学习兴趣。例如，设计小品、模拟剧等，由学生们自己扮演其中的各种角色，通过这种更直观的实践方式，使学生在亲身体验与活动中，自觉参与到新知识的学习中。

第三节 思想政治（品德）教学提问设计

学习导航

理解思想政治（品德）教学提问的意义和基本形式，提高教学提问能力。

提问在教学的各个环节上都可以发生，它是教与学、师与生之间的中介。提问使学习者的认知出现了内在的不平衡，新旧知识之间、理论与实践之间、现象与本质之间出现了冲突和矛盾，促进学生主动或被动地发现新知、发展智慧、形成能力。可以说，提问是教学中最活跃、最生动的部分，是推动教学活动持续发展、促进师生交往互动的动力。

一、思想政治（品德）教学提问的功能

提问是为了完成一定的教学任务和达成一定的教学目标而采取的教学行为方式。教师在一系列活动中的行为构成了三个方面的活动，即组织、激发和反应，而处于中心地位的是“激发”或“提问”。“‘问题’应该是用来激发学生进行思考以及根据你所组织的材料进行行动的工具。”

鲍里奇认为，在提问中，所提问题是那些学生能够积极组织回答并因此而积极参与学习过程的问题。任何口头的说法或者手势，只要引起了学生的回应或回答，就被看作是问题；如果这种回应或回答能让学生更积极地参与学习过程，那么，这种问题就是有效的问题。

思想政治（品德）教学提问的功能主要表现在以下几个方面。

1. 集中注意，激发兴趣

提问能把学生带到特定的问题情境中，使学生进入到思考问题、探索问题、解决问题的积极心理状态，把注意力集中到当前的学习内容上来。提问能引起学生探寻知识的好奇心和求知欲，激活学生的学习动机，产生解决问题的自觉意向，促使学生主动积极地思维。

2. 学思结合，发展智力

“学而不思则罔，思而不学则殆。”提问是促进“学”、“思”相互作用、紧密结合的重要途径。只有通过提问，学生形成了思考的习惯，逐步掌握了科学思维的方法，智力水平才可能不断提高。在思考问题时，学生的理解、运用、分析、综合、比较、抽象、概括的思维能力得到训练和发展。在回答问题过程中，学生获取信息能力、组织信息能力、表达能力和交际能力都会相应地得到提高。

3. 突破重点，化解难点

在思想政治（品德）教学中，设计好关键问题或主要问题，揭示事物的内在联系和矛盾冲突，促使新旧知识有效对接，促进学生调动现有的知识储备和认知能力去学习新的内容，将新知识纳入自己的知识体系，逐步构建起新的知识框架，从而突破了教学重点，化解了教学难点。

4. 了解学情，检验效果

教师通过提问，可以了解学生的认知状态，检查已学知识、技能掌握的情况，起到温故知新的作用。提问还可以反馈教学效果，纠正学习中的缺陷和不正确的思路，发现问题，调整教学进程，改进教学方法，提高教学质量。

5. 促进交流，活跃气氛

提问应以师生双方频繁往复的思维活动为主要形式，这种动态的活动能够有效地沟通教学双方，增进师生感情，活跃课堂气氛，促进课堂教学和谐和民主氛围的形成。学生的主体性、主动性、自主性和自觉性得到充分发展，教师设计教学、调控课堂的主导作用也得到充分发挥。

二、思想政治（品德）教学提问的类型

（一）问题的基本形式

鲍里奇认为，问题的有效性不仅仅在于词句，其有效性还在于音调的变化、重读、词的选择及问题的语境。提问有很多方式，每种方式都能决定它是否会被学生理解为一个问题，会被理解成一个怎样的问题。提问是以发出问题为主要特征的，通常由一个或几个相关的问题组成。问题都含有三个基本成分：给定（即关于问题的条件的描述）、目标（即问题要求的答案或目标状态）、障碍（即必须通过一定的思维活动才能找到答案而达到目标状态）。

问题的表达要能启迪思维，充满探索、研究、求证、发现的乐趣。问题明确清楚，简明易懂，难易适度。不以问倒学生为目的，也不要急于揭示答案，不代替学生思考和回答。

所有问题可以归为四大类：是什么、为什么、怎么做、怎么样。

“是什么”一般用于知识水平的提问中。如：“糖是甜的吗？”“什么是道德？”

“为什么”一般用在理解和分析说明的提问中。如：“糖为什么甜？”“人为什么要有道德？”

“怎么做”一般用在应用水平和综合水平的提问中。如：“在食品制造中，糖能起什么作用？”“怎样才能成为一个有道德的人？”

“怎么样”一般用在评价水平的提问中。如：“吃糖对人体有利还是有害？”“这种做法，是体现了善？还是体现了恶？”

是什么、为什么、怎么做、怎么样，反映了问题递进的层次。这种由浅入深、层层深入形成的“问题链”，遵循了教学的层次目标和学生思维发展的客观规律，有利于学生思维能力的培养。

（二）提问的基本类型

1. 提醒式

提醒式提问目的在于提醒注意、提示要点、提供佐证，把学生的注意力、兴奋点迅速调动起来，进入问题情境，开展思维活动。这种提问通常用在导入环节以及补充提问当中。如：“为什么说税收是组织财政收入的基本形式？回答这个问题，请大家先回忆一下，国家的财政收入有哪几种形式？”所采用的就是提醒式提问。

2. 诱导式

诱导式提问是借助提问调动学生的原有知识和思维能力，探求新知识的过程。初中思想品德课程中的道德、心理健康、法律和国情知识之间不是孤立的，它们纵横交错、相互关联是课程设计的基本思路。高中思想政治课程各个模块之间、前后知识之间也存在着密切的关联性。以这些关联为提问的契机，就会引起学生的联想和积极思考，诱发学生对新知识探索的欲望。例如，在学习规律的特点时，就可以从物质、运动的特点提出诱导性提问：“物质和运动是客观的，规律是否也具有客观性？规律是否可以被认识和利用？”通过

提问，学生加深了对这一原理的认识和理解。

3. 探索式

探索式提问是逻辑严密的思维过程，因此它对训练和提高学生的逻辑思维能力有直接作用。富有探索性、研究性、讨论性的提问对于培养学生的发散思维、逆向思维、创新思维具有重要作用。这类提问答案不是唯一的，思路也可以有多种，而且还可以要求学生举一反三，鼓励学生大胆回答，标新立异，提倡有独到见解和独立观点。例如："我们知道良好心理品质是可以锻炼和培养的。锻炼心理品质的方法有很多种，你能选出常用的而且非常有效的方法吗？"

4. 判断式

判断式提问是教师为了让学生加深对知识点的掌握，用"是"还是"否"，"对"还是"错"等提问方式对知识进行确认，提高学生对知识的辨别能力。例如，在学习我国政治制度时，教师可以提出这样的问题："我国现在实行的是一党制？多党制？还是在共产党领导下的多党合作制？"学生通过阅读，对这个知识点就会有更确切的把握。

5. 疏导式

当学习内容难度偏大，致使学生思维活动受到障碍，甚至发生停滞时，教师可以采用旁敲侧击、广征博引的方法，通过提问的形式，引导学生在当前问题与原有知识之间建立起有意义的联系，进行疏导，以促进思维活动的流畅。苏格拉底"精神助产术"中的提问就有疏导的性质。而孔子也对疏导式提问提出了更好的方法，他建议把学生带到"愤"、"悱"的状态，欲言又止的时候，教师抓住时机质疑、发难，穷追不舍，激发和激励学生主动积极地思维。

6. 反问式

反问式提问存在于学生提出问题之后，不直接给予学生正确答案，而是为了让学生深入思考，通过提示性反问，或旁敲侧击，或从认识的两极提出问题，引发学生积极思维，找出正确答案。例如，在学习《权利行使，需要监督》一框时，学生提出："权利为什么需要监督？""谁来监督？""政府自己监督行不行？"教师可以提出反问："权利没有监督行不行？""没有监督的权利的后果会是什么样？""有效地监督能否由政府自我监督来实现？"这样的反问，会让学生深入思考，主动寻找问题的答案。

7. 迁移式

在思想政治（品德）教学中，当教学内容已经向下一个步骤过渡，但学生的思维方式可能仍然停留在原先的状态，难以进入对新知识学习中；学生即使理解、掌握了知识，由知识向能力的转化也会遇到障碍。为促成学生思维的转化和能力的迁移，教师不妨采用迁移式提问。例如："刚才我们学习了商品的价值是由凝结在商品中的一般人类劳动决定的。可是同样是衣服，劳动的时间又差不多，为什么价格差距非常之大？有的几十元钱一件，有的上万元一件，有的打折，甚至打到一折呢？商品价格波动这么大，又是由什么决定的呢？"

8. 反诘式

在反诘式提问中，通过对问题的追问、责问形式，获得对问题的深入解释。如苏格拉底在求教一个路人关于“什么是有道德”时，路人回答：“忠诚老实，不欺骗别人，才是有道德的。”苏格拉底又问：“但为什么和敌人作战时，我军将领却千方百计地去欺骗敌人呢？”路人回答：“欺骗敌人是符合道德的，但欺骗自己人就不道德了。”苏格拉底反驳道：“当我军被敌军包围时，将领欺骗士兵说，我们的援军已经到了，大家奋力突围出去，结果突围果然成功了。这种欺骗自己人也不道德吗？”反诘式提问通过寻找答案中的矛盾，破解矛盾，使问题得到更合理的解释。苏格拉底就是通过不断反诘，使答案逐步接近绝对真理。

（三）问题的呈现形式

1. 不同层次的问题

在思想政治（品德）教学提问设计中，教师应当根据学生的思维能力和知识的掌握情况，提出不同层次的问题，注意问题和问题之间的坡度和深度，由易到难，循序渐进。如讲授《文化对人的影响》一课，所提问题就可以是逐步深入的。“观看同一场电影，为什么不同的人会有不同的感受？”“人的认识活动、思维方式和文化影响是什么关系？”“文化是如何影响人的？这种影响表现出哪些特点？”这样的问题提出如同抽丝剥茧一般，直至指向教学目标和问题的本质。

2. 封闭性问题和开放性问题

在提问设计中，将答案限定在一个或几个答案之内的问题是封闭性问题。封闭性问题是学习者已经读过或听过其答案，只需要回忆起某些知识点即可。开放性的问题是没有统一答案的，有的问题可能是暂时得不出答案，甚至是一个千古之谜。开放性的问题需要学生拓展思维和已有的知识，在各种可能性答案中，找出一个或几个相对正确的答案。

3. 真问题与假问题

真实的课堂、有效的教学，应该生成真问题，而不是假问题。什么是真问题？①基于事实和基于逻辑所提出的问题就是真问题。②以实现教学目标而设计的问题，称之为有效问题，也是真问题。③问题不具有张力，偏于非此即彼的回答，甚至教师在提出问题的时候，学生不费吹灰之力就可以异口同声地得出答案，这样的问题就是无效的问题，因而是假问题。如果教师提出的问题让学生根本无法回答，这类问题也属于假问题。

4. 问题设计的预设与生成

在预设问题时，问什么？什么时候问？问谁？用何种方法问？都需要教师在教学设计中做出思考，并在教学设计方案中写清楚。在课堂教学实施中，这样的问题对完成教学目标就会更有效。

生成的问题是课堂教学过程中即时发生的，因此这样的问题往往更具有开放性和真实性，对学生的思维方式的训练，对学生学会学习具有更好的促进作用。在生成问题和解决这些问题的过程中，教师的教育智慧也能得到更好的锻炼。

三、思想政治（品德）教学提问的策略

1. 围绕目标，精心设计

教师在课堂上，提什么问题，以什么方式提问，问题提出后会得到怎样的回答，都应当围绕课程教学目标而合理设计。提出问题不是为了难倒学生，而是为了有效实现课程教学的目标。

2. 科学有序，难易适度

教师提出的问题，表述要清楚、明确，应当在学生能够听懂，并经过思考能够理解的范围内。问题过于深奥或过于肤浅，都不利于激起学生的学习兴趣和对问题的回答。

3. 循循善诱，启发思维

提问是启发式教学的重要工具。在启发过程中，有可能启而不发，这就要求教师改变提问的方式，调整问题的深浅，耐心诱导，开拓学生的思路，使学生逐步接近问题的实质，找出正确的答案。当问题的难度太大或问题太深，学生一时难以回答，教师就有必要对问题做出适当的分解、提示或解释，起到引导者的作用。

4. 鼓励为主，正确评价

学生回答问题后，教师应给予及时的判断和评价，确认回答是否正确、思路和方法是否科学、态度是否积极。对学生的回答给予相应的指导，纠正错误的回答，巩固、强调正确的回答。问题的评价以肯定为主。用激将、分解、留尾、搭桥、指路、迁移、直观和示意等方法，都可以起到鼓励和引导学生回答问题的作用。

5. 面向全体，因材施教

教师在教学过程中，特别是提问过程中，关注学生之间的差别，对不同的学生采用不同的提问方式和提问的内容。有经验的教师，会在课堂上事先与学生们约定，如果答得出问题，就举右手；如果这个问题不懂，就举起左手。这既是一种教育智慧，也尊重了每一位学生。

6. 掌握时机，适当停顿

在教学过程中，当教师的问题发出后，要给学生留有思考问题的时间，要稍做停顿。言语的停顿并不等于表情、态度和身体语言的呆板，善于提问的教师此时总会通过表情、手势等各种非言语方式激励学生积极思维、大胆发言。

第四节　思想政治（品德）教学结束设计

学习导航

理解思想政治（品德）教学结束方法的基本类型和要求，掌握课堂结束的常见形式，形成课堂结束的能力。

思想政治（品德）教学进入结束阶段，教师需要引导学生对所学知识、能力、情感进行总结、归纳、巩固和强化，为一堂课的教学画上句号。

一、思想政治（品德）教学结束的作用和要求

（一）思想政治（品德）教学结束的作用

1. 形成知识网络，巩固所学知识

在教学结束的时候，教师通过强调重要事实、概念和规律，概括比较相关的知识，形成知识网络，使学生对所学的新知识更加清晰、明确、系统。

2. 总结教学内容，埋下教学伏笔

教师可以对所学知识内容进行总结，使学生对所学的知识有一个完整的印象，还可以围绕单元教学目标向学生提出有关问题，为讲授以后的新课题创设教学情境，埋下伏笔，诱发学生继续学习的积极性。

3. 总结思维过程，促进智能发展

教师运用巧妙的结束方法，既能引导学生总结自己学习本课的内容，回顾思维过程和解决问题的方法，又能促进学生智能的不断发展。

4. 突出教学重点，分析学习层次

教学结束时，进一步强调重点，可以起到画龙点睛的效果，还可以使学生清晰地把握学习内容的主次以及不同的层次。

5. 及时反馈、巩固知识和技能

教师通过设计一些口头或书面的练习思考题、实际操作或评价活动等，可以训练学生的行为技能，从而达到对所学知识的复习、巩固和运用。

6. 查遗补漏、拓展深化

在总结阶段，教师可以对教学中遗漏的知识作出补充。教师还可以在总结时将知识应用于对生活问题的解决，也可以引向情感、态度和价值观的升华。

（二）思想政治（品德）教学结束设计的要求

1. 及时复习，总结提炼

在课程结束阶段，教师要做到对本课时学习的主要内容及时总结和复习巩固。心理学研究表明，记忆是一个不断巩固的过程，要完成这个过程，需要对所学知识及时归纳，概括和总结，使学生加深对所学内容的理解和记忆。

2. 明确目标，巩固强化

结束是课堂教学的最后一个设计环节，它具有画龙点睛的功能，而这个点睛之处，正是教学目标的落实之处，也是教学重点的解决之处。结束过程的目标性应当更加清晰和明确。

3. 前后一致，自成一体

所谓一致，就是要使课程结束的内容与导入的过程以及讲解的过程思路连贯，脉络相

通。教师在结束课程时，其内容要顺理成章，其方法要在情理之中，前后一致，体系完整。

4. 灵活处理，彰显智慧

教师在教学结束时，设计一些令人有兴趣的教学形式。不拘一格、灵活多样的结束会让学生产生欲罢不能、对下次课仍然期待的心理。不同课型、不同学生采用不同结束方式，使学生在生动活泼的教学形式中既加深对所学知识的理解和运用，又保持积极的学习兴趣。

5. 收放自如，适时结束

教学结束时，学生学习的心理预期也到该结束的状态，教师如果拖堂，即使教师的愿望是好的，但学生已经没有多少耐性继续学习了。所以教师在教学结束时，要严格控制时间，既不可提前下课，也不可拖堂。课堂教学结束一般用时 2～3 分钟，最多不超过 5 分钟。教师在结束环节应做到简洁明了，高度概括，而不可拖泥带水，冗长啰唆。

6. 精练语言，适当拓展

教学结束时，教师的语言应力求凝练和具有延伸性。课程结束时的语言最好是点到即止，用压缩的语句、精练的表述，去引导学生对刚刚学过的新内容进行回味、咀嚼。教师还可以用具有延伸性内涵的语言，刺激学生从自己的知识结构中寻找与课堂上所学内容相通的知识点，以这些内容为依据，展开思维的翅膀，向更广阔的大千世界伸展。

二、思想政治（品德）教学结束设计方法

（一）总结归纳法

总结归纳法是在思想政治（品德）课堂活动结束时，教师用准确简练的语言，提纲挈领地归纳学习的思想内容和方法。这种方法能使学生对所学知识的认识更加明确，印象更加深刻，有利于促进学生对所学知识的理解，有利于培养学生的总结概括能力。这一方法要求教师语言简洁、概括、准确，重点突出，层次清楚。

（二）情理交融法

情理交融法是在教师总结概括的同时，联系学生的实际，晓之以理，动之以情，导之以行。揭示教学的知识点，达成知识、能力和情感的学习目标。

（三）首尾呼应法

首尾呼应是与导入环节相呼应的。导入环节中设置了情境，提出了问题，在教学中通过一步步教学，一一解答了情境中的问题，回归到对这一问题的理性解释，前后照应，浑然一体。

（四）延伸拓展法

延伸拓展法是在课堂教学结束时，思想政治（品德）教师利用教学的某些契机，把课

尾作为联系课内外的纽带，把课堂教学向课外延伸的方法。这种方法推动第二课堂的开展，能开拓学生的视野，丰富学生的知识，激发学生的学习兴趣，甚至于会影响到日后学生职业的选择，决定他们的终身事业。

（五）比较异同法

思想政治（品德）教师在结束教学中，运用两种不同的事实、两个对应的概念或原理进行对比分析，从而深化学生对知识的理解。

（六）练习检测法

思想政治（品德）教学活动结束时，教师抓住教学中的重点和难点问题以及主要训练任务，精心设计口头或书面练习题，让学生当堂完成。这种方法既能强化和巩固所学知识，促使能力的形成，又能加深对知识的理解，还能及时给教师提供教学反馈信息。

（七）图表揭示法

思想政治（品德）教师运用图表，将当堂所学内容做系统梳理，化零为整，化繁为简，达到使学生知识系统，印象深刻的教学效果。

（八）活动结束法

在思想政治（品德）课堂教学活动结束时，教师组织学生采取角色扮演，或演讲、辩论、朗诵、唱歌、看录像的办法。加深对内容的感悟和理解，既能提高学生的语言表达能力，还能激发学生的学习兴趣，培养学生的表达能力。

（九）行为评价法

在思想政治（品德）课堂教学结束时，教师以所学思想和道德认知为出发点，启发引导学生把刚刚掌握的认知用于评价自己或他人的行为。这种方法既能使学生学以致用，联系实际，又能达到知行统一的学习效果。

第五节　思想政治（品德）说课设计

学习导航

理解说课的内涵、特点和类型，掌握说课的基本内容和要求。学会用说课的方式，提升教师自身的教学能力和研究能力。

一、思想政治（品德）说课的基本内涵

（一）说课的含义

说课是教师以语言为主要表现方式，在进行充分备课后，面对同行、教研员、专家、

教育行政领导等教育从业者，依据某种教学理论，概述对某一讲课内容的教学设计，以展示、交流和优化为目的的教学研究活动。而广义的说课还包括评议和研讨交流，是从备“说”，到述“说”，再到评“说”的全流程展示。

说课的内涵决定了它在我国教学研究中的实用价值。其一，说课能够集中且简练地反映教师的教学理念、技能和风格，充分体现教师的教学水平和智慧，因此，说课是检验教师教学能力、水平、思想和智慧的有效方式。其二，说课督促教师学习教育理论，促进教师用教育理论指导教学实践，并将日常的教学工作提升到理论的高度，说课是理论与实践高度统一的活动方式。其三，说课促使教师在教学实践中更新教育观念，创新教学方法，对教学行为进行反思，是强化教师之间相互交流、学习探讨、共同提高教学质量的简易教学研究方式。

（二）说课的特点

第一，操作方便。说课不受时间、空间的限制，不受教学进度的影响，也不需要以学生为对象，可以随时随地进行。说课的内容及要求十分明确、具体，操作简单，运用方便。

第二，理论性强。说课需要教师灵活运用教育学、心理学等有关理论分析学生和教学内容，不仅要说明教师怎么教，学生怎么学，还要解释教师为什么要这样教，学生为什么要这样学。说课从理论的角度研究和规范教学，体现了课程教学的基本理念和教育思想。

第三，交流广泛。说课是一项集思广益的活动。说课教师在说课与评议过程中与广大同行教师和教研员交流信息，切磋教艺，分享经验，相互学习，共同提高。

第四，可预见性。说课是教学活动之前，在充分了解学生和备课的基础上，对教学理念、教学目标、教学重点和难点、教学方法、教学过程、教学成果的预先设计，并通过精练的语言讲述自己的设计。这种教学预设为教学生留有空间。

（三）说课的类型

说课作为教学研究活动的一个有机组成成分，可以细化为几种基本的类型。以服务于课堂教学的先后顺序，可以分为课前说课和课后说课；从教学业务评比的角度，可以分为评比型说课和研究型说课；从教学研究的角度看，还可以分为专题型说课和示范型说课。

（1）课前说课。课前说课是教师在认真钻研课程标准，分析教材和学生的基础上，初步完成教学设计的一种说课形式。通过课前说课活动，教师之间交流教学智慧，纠正错误，可以达到优化教学设计的目的。因此，课前说课是预测性的说课活动。

（2）课后说课。课后说课是教师按照预设的教学设计进行上课，授课教师在上课后反思的基础上向同行教师阐述自己教学得失的一种说课形式。在这种集体反思，分享教学得失的活动中，教师们通过讨论调整以后的教学设计，增加了对课堂的预设能力，为提高教学质量提供了可能。

（3）评比型说课。评比型说课是把说课作为教师教学业务评比的项目，对教师运用教学理论的能力、教师教学设计的合理性和科学性进行客观公正的评判。这种带有竞赛性质的说课，不仅可以选拔出优秀教师，而且能够带动教师队伍建设，促进教师专业的发展。

（4）研究型说课。这种类型的说课，一般以教研组或备课组为单位，常常以集体备课的形式，由一位教师事先准备并写好讲稿，说完后其他教师评议并修改，这是提高教师素质和能力的有效途径之一。

（5）专题型说课。专题型说课是以教育教学工作中遇到的重点、难点和热点问题为专题，引导教师在实践和研究的基础上，用说课的方式交流教学思想。这种类型的说课，可以更深入地研究教学问题，提高教学质量。

（6）示范型说课。示范型说课一般选择素质好的优秀教师，向听课教师示范性说课，还可以在说课后实施课堂教学。教师或教研人员对该教师的说课及课堂教学作出客观公正的评析。听课教师从听说课、看上课、参评析中增长见识，开阔眼界，学习优秀教师的教学经验。

二、思想政治（品德）说课的基本内容

教师在教学前所作的准备以及教学实施中的一切要素都可以进入到说课的内容框架中来。通常将下列几个方面作为说课的主要内容。

（一）说思想政治（品德）教学理念和学情

1. 说课题

课题是教学的纲要，说课题是说课的开始。课题交代清楚，听课者就会对说课内容有了大概的了解。如果说课题这一环节缺失，就会在说课的开始阶段难以形成对内容和程序的清晰呈现。

2. 说教学理念

教学理念是指导教师教学活动的思想精髓，贯穿于教学行为的始终。说教学理念应注意避免两种偏差：第一，切忌理念虚空宽泛，缺乏对此理论的理解和细化，没有根据课程内容对理念说出自己的独到见解。第二，切忌理念与实际不符，理念只停留到“说”的表面，并没有在教学设计中得以体现。

3. 说学情

学情所涉及的内容十分广泛，学生各方面的情况都有可能纳入进来，归纳起来主要有以下几个方面：第一，说学生已有的知识基础、生活经验与新的教学内容之间的关系；第二，说不同年龄阶段学生的认知水平和思维特点；第三，说学生的心理特点、学习风格和学习态度；第四，说学生的思想道德状况和认识程度。

（二）说思想政治（品德）教学内容

1. 说教材

新课程的背景下，对教学内容的理解也发生了根本性的变化。教学内容不一定完全来自教材。教师在选择教学内容时，不能唯教材是从，要充分发挥自身的创造性，灵活处理教材。教材只是提供了教学活动的基本内容，这些内容在教学活动中如何处理、哪些是重点、哪些可以一般对待、哪些要补充、哪些可以舍弃等都需要教师根据具体情况来确定。

说教材时需要说明以下几点：首先，应明确课标对本年级和本课的要求。课程标准是教学的指导思想，具体到每节课怎样实施都给予了指导。所以教师在教学设计中一定要认真研读课程标准，体会国家对培养合格公民的思想道德要求。其次，分析教材的编写思路和结构特点。再次，明晰本课时教学任务在课、单元，乃至整套教材中的地位、作用和意义，并且体现出教师个人在处理教材时有何独到之处。

2. 说教学目标

以课程标准总目标为指导，思想政治（品德）课堂教学目标的内容范围应当与课程标准的课程目标一致，包括知识目标，能力目标，情感、态度和价值观目标三个维度。说教学目标应结合本章教学要求来说，指出确定教学目标的依据，并且三个维度的目标不能有所偏颇。

3. 说教学重难点

首先要分析为什么这些是重、难点，重、难点的确定不是自己凭空想出来的，一定要找出它的理论依据，例如，易错、易混淆的知识点，抽象的概念等可以作为教学的重、难点。其次要强调这些重、难点需要掌握到什么程度，并且点明难点与重点的破解方法。

（三）说思想政治（品德）教学方法

说教学方法，就是根据本节课的教学内容的特点、教学目标和学生情况，说出选用的教学方法和教学手段，采用这些教学方法和教学手段的理论依据以及教学媒体的使用情况。

1. 说教法

教学方法的选择和运用要具有综合性、灵活性、创造性。新课改十分强调对学生学法的指导，基于这种变化，说教法中要突出为学法服务的理念，所选用的教学方法应能激发学生的学习兴趣，引导学生学习。

另外，教师在选择教学方法时应考虑学校的教学设备条件（信息技术条件、仪器设备条件、图书资料条件等），教学空间条件（教室、实验室等）和教学时间条件等。教学环境条件对教学方法功能的全面发挥有着一定的制约作用，特别是现代信息技术手段的运用，能进一步开放时间和空间，解放课堂，提高教学质量。

2. 说学法

所谓学习方法，就是掌握知识的方法。新课改关注学生学习方式的转变，培养学生独立分析问题、解决问题的能力。教师要侧重说出本课教给学生或课堂中用到什么样的学习方法，培养怎样的学习能力，说明在学生由“学会”向“会学”的转化上，教师应当怎样指导。

（四）说思想政治（品德）教学过程

说教学过程是说课的重点部分，就是围绕教学设计思路，说出具体的教学活动安排、程序及其理论依据，它表现为教学活动如何发起，又是怎样展开的，最终又是怎样结束的。在说教学过程中一般包括以下几个部分：

第一，说明教学总体思路和环节，突出重点与难点的处理。例如，如何导入新课、如何讲授新课（分为几个活动）、如何课堂练习、如何课堂小结、如何布置作业以及每个教学环节的时间分配等。

第二，要体现出教学各个环节与教学方法、学法之间的联系。要说出根据自设的环节如何处理教材，在什么环节使用什么方法，此外，应适当点明这样安排的目的和将要达到的预期效果。

第三，教与学的双边活动安排。要体现教法和学法的统一。教师准备提问哪些问题，这些问题起什么作用，学生怎样参与，如何组织，会出现哪些问题等。

说教学过程时，不能照搬教案像给学生上课那样详细讲解，而要力争做到详略得当，只要让听者知道“教什么”、“怎样教”、“为什么这样教”即可。

（五）说思想政治（品德）教学结果和板书设计

1. 说教学结果

说教学预设的结果适用于课前说课。说教学预设时，教师应该围绕教学目标梳理预期要达到的课堂教学的效果，预计教学中可能出现的突发状况以及处理办法，学生学习达到的程度等。课后说课则要结合教学反思，对教学效果进行分析。

2. 说板书设计

说板书设计主要说明板书设计的类型和目的。一般情况下，说板书设计是在说课过程中边说边书写板书，说课结束，板书也呈现了出来。

三、思想政治（品德）说课的基本策略

（一）做好说课的各项准备

首先，做好说课的理论准备。要掌握新课程倡导的教学思想和课程理念，并把这些思想和理念贯穿在说课的各个环节，合理加以使用。其次，要熟悉教材和课程标准，做好说课的备课准备。针对学生情况，广泛参阅文献资料，抓住基本概念、基本理论、基本技能和每个课题、框题的基本要求，确定教学重点和难点，科学、合理地安排教学内容，做到心中有数，有的放矢。再次，应熟练掌握计算机操作。能够灵活运用演示 PPT 等相关软件，活化授课氛围。教师应将主要精力放在多媒体教学策略的设计上，以适应学生的学习规律，为学生提供丰富多彩的多媒体教学资源。最后，熟悉说课的评价标准。从评委的视角检验自己的说课是否符合标准，找出差距在哪里，然后根据实际情况修改说课稿，完善教学设计，并通过对于评价标准的正确认知，从实际情况出发，合理设计各种教学方法、手段和板书。

（二）把握说课的基本原则

1. 科学性原则

说课是说课者在现代教育理论的指导下，对整个课堂设计和教学环节在理论上的高度

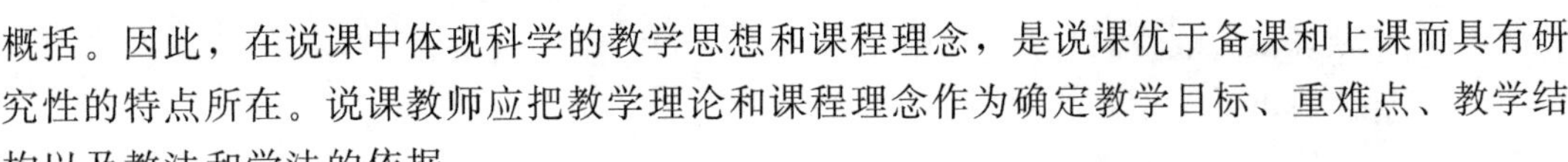

概括。因此，在说课中体现科学的教学思想和课程理念，是说课优于备课和上课而具有研究性的特点所在。说课教师应把教学理论和课程理念作为确定教学目标、重难点、教学结构以及教法和学法的依据。

2. 准确性原则

准确性原则，要求教师分析教材要正确和透彻；分析学情要客观、准确和符合实际；确定教学目标要符合课标要求、教材内容和学生实际；选择教学方法要紧扣教学目标，符合课型特点，体现学科特点和有利于学生的发展。说课内容应当全面、详略得当、正确无误。

3. 理论联系实际原则

说课是为了提高课堂教学效率，优化课堂教学过程而说，说课中的各个环节都应做到理论联系实际，具有可操作性。说课的内容要客观真实，避免过分表现“理论依据”，而脱离教材、学生和教师实际。说课的每一项内容都要结合教师自身的实际情况，真实地反映自己是怎样做的，为什么这样做，才能避免说课流于形式。

4. 创新性原则

教学设计是富有创意的心智活动，体现着教师个人的才智，“说课”设计的创新意识，是说课活动的生命线。说课的内容要体现新课程标准的教学理念，体现学科教学研究的最新成果。同一个教学内容，因时期不同、学校不同、班级不同、学生的思想状况和知识面深广程度不同，再加上教师自身的性别、年龄、性格、知识结构、社会阅历、教学优势等特点，在教学设计的具体处理上应当有所不同。说课应体现创新性，有自己的独到之处。

（三）明确说课的评价

说课包括从“说”到“评”的全过程，没有评说课，难以引导和把握说课的方向，也很难保证说课的质量和水平。要使说课评价收到最佳效果，最好的方法就是“当场说，当场评”。评说课教师应坚持客观公正的原则，实事求是地指出说课中的优点和存在的问题，针对不足提出改进和优化的方法和策略。

1. 对教学设计的评价

（1）教学设计体现新课程理念和课程目标要求。

（2）教学设计方案完整，格式规范，质量高，有特色。

（3）体现学生主体性，体现新课程合作、交流和互动性的本质。

2. 对教材和教学内容的评价

（1）分析正确、透彻，说出本节课知识的前后联系，这个知识内容在本单元、本册乃至整个知识系统中的地位及影响。

（2）教学目标完整、具体、明确、切合实际，具有可操作性。

（3）教学重点和难点的定位准确，突出重点、分散难点，资源利用恰当。

3. 对教法和学法指导的评价

（1）能根据教材和学情实际，选择灵活多样、有启发性的教法。

（2）选择的教法能调动学生的积极性，充分体现课标的新理念。

（3）能合理使用现代教育技术手段。

（4）具体说出学法指导的内容、方法。

（5）能具体、贴切地说出学法指导的依据。

4. 对教学过程和板书设计的评价

（1）教学流程安排合理，设计巧妙，教学环节恰当，与教学内容有效对接。

（2）板书设计布局合理、字体工整规范、突出重点、简练。

5. 对说课技能的评价

（1）语言规范、逻辑性强、流利、准确、精练、生动，具有感召力。

（2）说课姿态自然大方，在规定的时间内说完。

（3）内容熟练，不照本宣科。

说课是思想政治（品德）教师教学思想、研究能力和教学能力的集中体现。能“说”好课的教师一定能上好课，精彩的课堂需要精彩的设计。

【问题思考】

1. 思想政治教师为什么必须备课？
2. 教学设计方案的要素有哪些？试写一篇初中思想品德或高中思想政治课教案。
3. 创设导入情境的基本方法有哪些？
4. 提高教学提问能力需要掌握哪些方法？
5. 教学结束具有哪些基本类型和要求？
6. 说课的特点是什么？
7. 掌握说课的基本内容和要求。

【参考资料】

1. 陈桂生．“备课”引论．全球教育展望，2007，(2)：57-62.
2. 杜和戎．让人变得更聪明——讲授学．北京：新世界出版社，2003.
3. 唐纳德·R. 克里克山克．教学行为指导．时绮，等译，北京：中国轻工业出版社，2003.
4. 孟庆男．思想政治新课程教学技能研究．北京：中央编译出版社，2010.
5. 胡田庚．新理念-思想政治（品德）教学技能训练．北京：北京大学出版社，2009.
6. 邹绍清．思想政治教学技术论．北京：中央文献出版社，2010.
7. 加里·D. 鲍里奇．有效教学方法．南京：江苏教育出版社，2002.

下篇

思想政治（品德）教学设计案例篇

初中思想品德课教学设计案例

案例1　《让生命之花绽放》教学设计

沈阳市杏坛中学　康　峰

【设计理念】

思想品德课堂回归生活，符合思想品德课程理念的要求，学生上课的过程就是学生道德提升的过程。针对初中学生年龄特征、认知水平和学习内容要求，转变传统的教学模式，采用参与活动、合作探究、情感体验等教学方法，营造民主、平等、和谐的教学环境，使学生真正成为课堂的主人。

【教学内容分析】

本课依据课程标准“成长中的我”中的“认识自我”部分：体会自己生命的珍贵，知道应该从日常的点滴做起实现人生的意义，体会生命的价值。本框是学生在学习了“世界因生命而精彩”、“人的生命的独特性”两框知识后，对生命的互相关爱有了整体感知。但面对人生的意义、生命的价值等问题还不是很清楚，这也正是本框所要解决的问题。所以本框是第三课的重点和难点，是前两框的出发点和落脚点，是“生命教育”的“瓶颈”。因此，在教材中起到承上启下的作用。

本课内容主要是与学生共同探讨如何珍爱生命，在内容设计上共三个环节。第一环节“永不放弃生的希望”意在让学生明白在任何时候都不要轻言弃生，强调能承受挫折、勇敢坚强。第二环节“肯定生命，尊重生命”意在引导学生意识到自己生命的价值，感受“天生我材必有用”，同时对任何生命都应抱着肯定其意义、尊重其存在的态度，做到尊重他人的生命与价值，学会与人友好相处。第三环节“延伸生命的价值”意在表达珍爱生命的最高表现是不断延伸生命的价值，意在激发学生努力突破自我，不断实现自我价值。

【学情分析】

初中阶段是形成人生观、价值观的重要时期。如何看待自己的生命，人生的意义何在，这些都是极为重要的人生问题。处于青春期的初中学生属于半幼稚、半成熟的状态，他们对周围的生命有一定的认知与思考，但往往存在一定的偏差。作为独生子女，多数是自我意识较强，有强烈的自尊心；相反，对生命却异常地漠视，不懂得尊重、敬畏、珍爱生命。因此，通过本节课的学习让他们能够感悟到生命的意义和价值，从而激发学生培养热爱生命的情感。

【教学目标】

情感、态度和价值观目标：使学生懂得生命的可贵，学会珍爱自己或他人的生命；主动地去思索生命的意义，肯定自己存在的价值，回馈社会，造福更多的生命。

能力目标：全面地认识自我，发展学生的交流合作能力，获得信息的能力，提高自我生存能力。

知识目标：知道每一个人的生命都是有价值的，应该尊重自身和他人的生命；正确理解生命的含义，懂得人的生命不仅有时间长短之分，更有质的差别；知道怎样的生命才更有价值；懂得要提升生命的价值应从点点滴滴的小事做起。

【教学重点和难点】

教学重点：基本求生知识。

教学难点：如何让自己的生命更有价值。

【教学策略选择与设计】

新课改中强调课堂教学是师生互动的过程。初一学生有思想，乐于表现，他们既成熟又幼稚，直观的形象思维较强，抽象的逻辑思维较弱。基于此点，我设计了“合作探究”学习法和案例分析法的教学方法，让学生自己去活动、探究、体验、领悟，教师适当点拨，调动学生学习的积极性，发挥学生的主体作用。

在教学过程中利用多媒体信息资源，为学生创设情境，增强学生的情感体验。以生命问题为核心设置四个教学环节：珍爱生命永不放弃、肯定生命尊重生命、延伸生命提升价值、绽放生命青春无悔。这种递进的教学方式使本课的重点难点得以突破。

【教学资源与工具设计】

本案例教学在多媒体教室进行，教师制作的课件在幻灯片的基础上融入文字、视频、音乐等，既丰富了课堂内容，又开阔了学生的视野。在讲授本课的重难点时，视频的使用更加具有直观性，能够极大地增强学生的情感体验。

【教学设计】

教学环节	教学活动设计	设计意图
创设情境 导入新课 （4分钟）	**教师活动**：教师讲故事《永不放弃生的希望》。 故事内容：2004年7月26日17时10分，湖南省娄底市银广石煤矿突然发生坍塌，在矿井下的十多名矿工由于未能及时逃生，面临灭顶之灾！时间一分一秒地过去，被埋在井下的矿工的情形越来越危急。但由于矿井年久失修，这次坍塌又十分严重，加之无法确定遇难矿工的准确位置，救援工作一次又一次地失败了，天渐渐黑了，又亮了，几天过去了……井下，由于缺氧和缺水，有的人出现了昏迷，同伴们就照看着他们、鼓励着他们，并积极	通过创设故事情境，引发学生积极思考，调动了学生的参与热情，将学生的兴趣和思绪引到本课的主题上来，为后面的教学作好铺垫。

续表

教学环节	教学活动设计	设计意图
创设情境 导入新课 （4 分钟）	寻找着生的希望。终于，一名矿工发现了井壁上有一个洞，透出了一丝亮光，他就喊来同伴，一起用手挖掘，但一次又一次地失败了。 **教师活动：**同学们设想一下之后发生了什么呢？ **学生活动：**学生借助老师创设的情境，积极思考，猜想后果并与小组成员交流，发表自己的看法。 **教师活动：**他们一次又一次地坚持，双手挖出了鲜血，但是他们心里只有一个信念：要活着出去！终于，外面听到了他们挖掘的声音，确定了他们的位置，矿工们脱险了！十多名矿工得救了。正是他们没有放弃生的希望，才救了自己，让自己的生命之花重新绽放！今天我们学习的内容是《让生命之花绽放》。（板书）	
讲授新课 （34 分钟）	**环节一　珍爱生命　永不放弃（板书）** （时间约 10 分钟） **教师活动：**世界因生命而精彩。珍爱生命的人，无论何时何地，无论遇到多大的挫折，都不会轻易放弃生的希望。所以我们在生活中应该掌握一些必备的求生知识，这是我们在紧急情况下保护生命所必需的。下面我们进行求生知识小组竞赛。 竞赛题： （1）匪警报案电话、火警报案电话、交通事故报案电话、急救中心求助电话的号码分别是多少？ （2）假如自己所在的房屋起火了，你打算怎样保护自己？ （3）遇到溺水者，你准备怎样救助他？ （4）如遇坏人绑架，你应该怎么办？ （5）有人触电了，你知道怎么去救他吗？ （6）如果发现家中煤气轻微泄露，正确的做法是什么？ （7）外出遇到雷雨天气时，应该怎么办？ **学生活动：**学生利用课前查阅的资料，与小组同学合作探究，解决上述问题。 **环节二　肯定生命　尊重生命（板书）** （时间约 8 分钟） **教师活动：**每个人的生命都是有价值的，所以我们必须肯定自己的价值，珍爱自己的生命。请同学们听下面的故事。 故事内容：有一个生长在孤儿院的小男孩，十分悲观地问院长："像我这样没人要的孩子，活着究竟有什么意思呢？"院长笑而不答。一天，院长交给男孩一块石头，说："明天早上，你拿这块石头到市场上去卖，但不是真卖，记住，无论别人出多少钱，绝对不能卖。"第二天，男孩拿着石头蹲在市场的角落，有不少好奇的人对他的石头感兴趣，而且价格越出越高。回到院内，男孩兴奋地向院长报告，院长笑笑，要他明天拿到黄金市场去卖。在黄金市场上，有人出比昨天高 10 倍的价格买这块石头。最后，院	通过这个竞赛活动把课堂和课外有机结合起来，既培养了学生查阅资料的归纳能力，又使学生在小组交流合作中增长见识，提高了在危险情况下的求生技能。 通过这个富有哲理的故事，引发学生思考，不但激发学生学习的热情，还容易引起学生情感上的共鸣，更有利于学生思考自己生命的价值。

续表

教学环节	教学活动设计	设计意图
讲授新课 （34 分钟）	长让孩子把石头拿到宝石市场上去展示，结果，石头的身价又涨了 10 倍，更因为男孩怎么都不肯卖，竟被大家传为“稀世珍宝”。男孩兴冲冲地捧着石头回到孤儿院，把这一切讲给院长听，并问为什么会这样。院长没有笑，望着孩子慢慢说道：“生命的价值就像这块石头一样，在不同的环境下就有不同的意义。一块不起眼的石头，由于你的珍惜而大大提高了它的价值，竟被传为稀世珍宝。你不也像一块石头吗？只要自己看重自己、自我珍惜，生命就有价值。” **学生活动**：学生听完故事并积极进行思考，与小组同学交流自身的存在对于身边人的价值是什么？ **教师活动**：当自己的生命受到威胁时不轻易放弃，不丧失生的希望，珍爱自己的生命也应该善待他人的生命。播放视频：漂流景区的老板宁可损失 1000 万元的货物而救游客的事例，并请学生谈谈你如何看待这件事？如果你是这个老板你会怎么做？ **学生活动**：学生观看视频，进行深入的换位思考，并深刻领会珍爱自己生命的同时如何善待他人的生命。 **环节三　延伸生命　提升价值（板书）** （时间约 9 分钟） **教师活动**：教师为学生讲授郭明义的先进事迹。 引导学生分析你如何评价郭明义的行为。如果有机会你愿不愿意加入郭明义的爱心团队？ **学生活动**：学生通过教师讲授的故事以及对于郭明义其他先进事迹的了解进行分析，来评价郭明义的奉献精神和强烈的社会责任感，并联系自身实际，增强自身的情感体验。 **教师活动**：在学生对生命的价值有了深入认识的基础上，教师进一步启发，生命的意义不在于长短，而在于对社会的贡献。许许多多的人生命已经结束，可他们所作的贡献却让后人受益无穷，就这样，他们的生命价值得以延伸。播放视频：公交车司机吴斌的先进事迹。 **学生活动**：学生通过真实的视频资料，深刻领会公交车司机吴斌的生命价值，升华情感。 **环节四　绽放生命　青春无悔（板书）** （时间约 7 分钟） **学生活动**：学生利用课前准备的一些名人故事的材料分成小组进行展示，体会那些为社会作出突出贡献的人，生命的价值是如何得以延伸的。 **学生活动**：学生进行讨论如何在家庭、学校、社会中延伸生命的价值，让生命之花绽放，使自己的青春无悔。	通过视频给学生直观的视觉感受，给学生创设出真实的情境，升华学生内心的情感。 用郭明义的事迹实例帮助学生解决知识上的难点。设计的问题有助于学生深入思考，更好地反思自我。 视频再现了吴斌当时忍痛救乘客的情景，使学生对生命的价值有了更进一步的认识。 小组合作交流培养了学生的合作意识。

续表

教学环节	教学活动设计	设计意图
课堂小结（2分钟）	通过这节课的学习，我们明白了每个人都有存在的价值，我们要珍爱、尊重、肯定自己与他人的生命。在人生的道路上脚踏实地，掌握本领，努力让有限的生命拥有更丰富的内涵，让自己的生命之花绽放！（同时播放汪峰的歌曲《怒放的生命》）	在歌曲的伴奏下用激励性语言让学生情感体验达到高潮。
实践活动	每个学生在彩纸上写出一条自己的生命箴言，在班级后面的黑板上粘贴成花形。	深化每个人都在为幸福生活增色的主题。
板书设计	本课的板书设计成一片绿色的草地盛开许多的鲜花，花瓣上面写上文字：让生命之花绽放。花瓣的叶子上是本课教学过程的几个环节。花朵在阳光的照耀下茁壮成长。	板书寓意人的生命之花在雨露的滋润下绽放。

【课后反思与自我评价】

本课内容贴近生活实际，真正体现“生活教育化，教育生活化”，突破了课本和课堂的束缚，在教学中通过设计一系列的活动，使学生的主体地位得到了真正的体现，通过给学生思考创设情境，形成学生合作学习的良好氛围，启发学生去发现问题、思考问题、归纳观点。结合视频资料不仅使学生开阔了视野，更让学生从内心深处受到触动，并化知为行，达成体现新课程理念的教学效果。

通过本课的教学，我深刻感受到：在学生自主学习，成为学习主体的过程中，教师的引领作用、服务意识尤为重要。教学内容的预设，学生真正需要了解什么，探究学习中的有效性问题等，需要我们思考。

【专家分析与点评】

理念决定行动，理念促进发展。改革推进到今天，我们看到广大一线教师通过学习—反思—实践，新课程理念已逐渐转化为自觉的教学实践和教学行为。康峰老师的教学设计是基于情境、基于问题、基于案例进行的，导入部分选取了一个真实的矿工自救的故事，将学生思维、兴趣引入课题。在讲授新课中漂流景区老板救人的故事、郭明义的事迹、好司机吴斌的事迹，让学生在贴近生活、贴近实际的情境中，自主建构知识，做到生活逻辑与知识逻辑的有机统一。

联系生活实际是思想品德教学的重要原则。没有真实生活的课堂不是真实的教学，没有生活冲突的课堂是没有感染力的课堂。在本课的设计中，有的选取真实的社会热点事件和焦点人物，有的是联系学生真实生活经历，有的是模拟生活场景，而这些都是将鲜活的生活事件、生活情景、生活现象、生活经历植入课堂，再加以教师的巧妙设疑，让学生结合生活学习知识、提升认知、生发感悟、提升情感。

学生的学习过程是一个自主建构而不是被动接受的过程。本节课上学生自主、合作、探究的学习方式得到较好的运用，如学生小组合作收集整理自救的方法，再通过竞赛的方式进行展示，这个活动的价值不在于得出什么结论，而在于它的过程，在于它调动了学生的积极性，激发了学生的积极思维，引发了学生进行广泛的讨论交流，使学生进入到了一个主动学习的状态，营造了一种生动活泼、主动学习的局面。这一设计也正体现了“帮助学生过积极健康的生活，做负责任的公民”是思想品德课程的核心。

情感、态度、价值观的形成是一种主观体验和内化的过程，单纯的说教是不奏效的，只能在实践中体验，在内省和反思中获得。康峰老师在课堂上通过创设情景，通过引导学生分析、探究、反思、讨论等方式，让学生去体验、去感悟、去升华，以潜移默化的方式，达到了教育无痕、润物无声的教学效果，实现情感、态度、价值观的教学目标。

（沈阳市铁西区教师进修学校 蔺艳）

【作者简介】

康峰，中学一级教师，沈阳市铁西区思想品德学科骨干教师、学科带头人，获得铁西区优秀教师称号，被聘为铁西区思想品德学科兼职教研员，所授课曾获得辽宁省优秀课一等奖、东北三省青年教师观摩课特等奖等，多次参加市级与区级的各种教研活动并获得了相应的荣誉、撰写的论文曾多次获奖。

案例2 《丰富多样的情绪》教学设计

沈阳市东陵区教师进修学校 陈 鹏

【教学内容分析】

本课是人教版思想品德七年级（上册）第六课《做情绪的主人》的第一框内容。本课依据的课程标准是：“成长中的我”中“认识自我”部分：“理解情绪的多样性，学会调节和控制情绪，保持乐观心态。”

本节课是本单元的立足点和出发点，对后面学会调控情绪等内容的学习起到了奠基作用。本框内容由两部分组成：第一目是“情绪万花筒”，从什么是情绪、情绪的四大基本类型、人类有多种多样的情绪谈起；第二目是“情绪与生活”，主要介绍情绪对人产生不同的作用。通过本课的教学，引导学生发展良好的情绪品质，有助于学生健全人格的培养，保持健康的心态。

【学情分析】

七年级的学生正处在“青春期”，心理发展还很不成熟。同时，喜、怒、哀、惧等情绪对他们来说又都有过体验，但如何理解却有一定的难度。他们的情绪容易冲动、不稳定，自我控制能力较差。这就使得他们不能专心致志、善始善终地做好每一件事。然而，这一阶段又是学生身心发展的关键时期，通过本节课的学习，有助于帮助他们认识情绪的多样化，引导他们做情绪的主人，形成乐观向上的心态，从而培养健全的人格。

【教学目标】

情感、态度、价值观目标：懂得不同的情境会产生不同的情绪表现，存在各种情绪是正常的；懂得情绪影响着人们的行为和生活；从而培养并保持积极、乐观、向上的情绪状态。

能力目标：培养学生通过表情观察情绪，进而了解人的心理活动的能力；培养情绪的积极影响与消极影响的比较鉴别能力；培养学生参与能力、分析和解决问题的能力等。

知识目标：认识人类情绪的丰富多样性；知道情绪的四种基本类型；知道情绪与生活密切相关；理解情绪的影响和作用。

【教学重点和难点】

教学重点：情绪的基本类型；理解情绪的积极作用和消极作用。

教学难点：情绪的产生；学会辩证地看待情绪的作用，把握情绪的尺度。

【教学方法】

教法：通过情感体验式、讨论探究式等教学方法，通过教师创设情境、再现情境、扩展情境，让学生参与活动，在活动中认识自我、调试自我、展示自我。

学法：本着“把课堂交给学生”的新理念，采用表演、小组竞赛、讨论、自主合作探究式等学习方式。

【教学资源和教学手段】

使用多媒体技术制作动画、串烧歌曲、PPT 课件等。

【教学流程图】

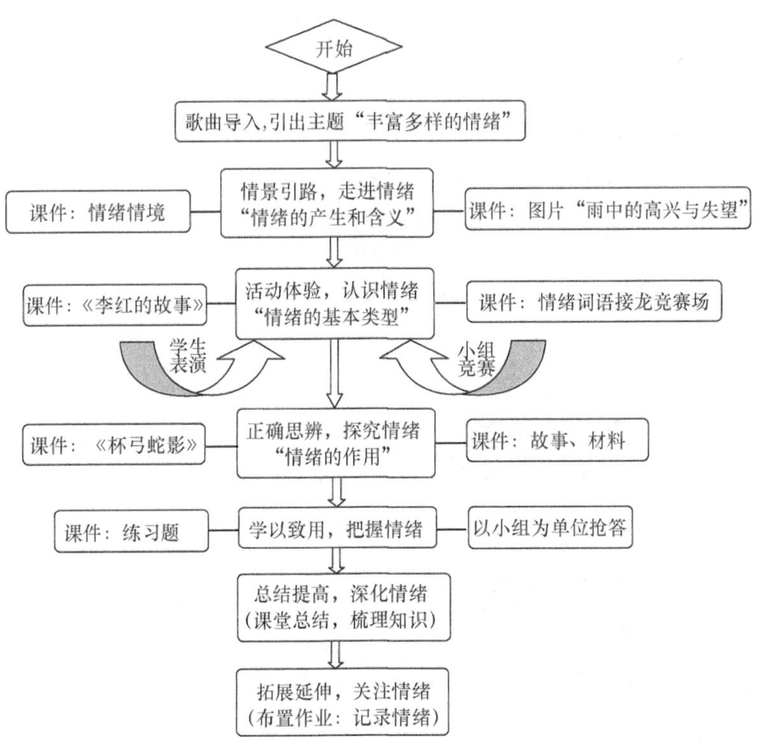

【教学过程】

一、新课导入

播放节选歌曲串烧。(3 分钟)

孙悦《祝你平安》："你的心情现在好吗？你的脸上还有微笑吗？……"

解晓东《今儿个真高兴》："咱们老百姓啊，今儿晚上真呀真高兴……高兴"

周华健《让我欢喜让我忧》："你这样一个女人，让我欢喜让我忧……"

赵小兵《二十年后》："那句话一直都没能说出，此时我们的心里是多么的难受……"

汪峰《笑着哭》："拥有一切也不过就这样笑着哭……"

周杰伦《我落泪 情绪零碎》："冷的咖啡，我清醒着，一再续杯，我落泪，情绪零碎……"

导语：歌中所唱的"微笑、高兴、忧、难受、哭、落泪"等这些词语，就是我们所说的"情绪"，今天我们就以"丰富多样的情绪"为话题，跟"情绪"打交道。(板书课题)

【设计意图】 选择学生喜闻乐见的视频歌曲，可以激发学生的学习兴趣。通过歌曲串烧的形式，能让学生同时关注到多种情绪，为新课教学做好铺垫。

二、讲授新课

(一) 情景引路，走进情绪 (情绪的含义，11 分钟)

教师设置情绪情境：

1. 如果你考试取得了不错的成绩。
2. 如果你的考试成绩不是很理想。
3. 如果歹徒持刀抢劫了你的钱包。
4. 如果你的亲人患了重病。
5. 如果你的同学无缘无故把你新买的钢笔弄坏了。
6. 如果老师让你代表全校同学在大会上讲话。

学生思考：遇到情况，你会有怎样的感觉？

分析得出：高兴、失望、恐惧、难过、气愤、生气、激动、兴奋等。

教师活动：展示画面"雨中的失望与高兴"。

教师追问：图中两个人的情绪反映为什么不一样？

学生回答预设：所站的立场不一样，情绪反映就不一样。

教师总结：情绪的产生总是与个人心理需要相联系的，是人的心理活动的重要表现，它产生于人的内心需要是否得到满足。当需要和愿望得到满足时，就会产生高兴、惊喜、激动等感受；得不到满足时，则会产生失望、生气、悲伤等感受。从人们的情绪反映上，我们可以观察到他们对外界事物的态度。从这个意义上讲：情绪是人心理世界的外在反应，情绪是人的内心世界的"窗口"。（板书）

【设计意图】以学生生活中见到的或能感受到的、发生在身边的具体事例为载体，让学生参与，说出当时的感受，以此来体会情绪是一种心理活动。帮助学生初步了解情绪的产生及含义，以此突破难点。

（二）活动体验，认识情绪（情绪的基本种类，10 分钟）

1. 活动一，情绪表情演绎场

幻灯片出示：《李红的故事》

情景一，早晨起床时，发现自己脸上长出了青春痘；
情景二，上学了，遇到同学夸奖她穿的衣服漂亮；
情景三，上课了，老师公布了考试成绩，听到自己的成绩很低，而且老师要找家长；
情景四，下课了，同学因为一点儿小事和她吵架。

教师活动：让同学用表情把李红在四个情景中的不同情绪表演出来。

学生表演，台下同学回答。

教师概括：情绪的基本类型，喜、怒、哀、惧。（板书）

【设计意图】通过学生现场表演，体验个人情绪的丰富多样性。突出重点，情绪的分类。

2. 活动二，情绪词语竞赛场

教师活动：按"喜、怒、哀、惧"把全班分成四个组，以小组为单位进行情绪词语小竞赛，比一比哪一小组积累的词语多。要求：组内同学一个接一个快速说出能表达自己所代表的情绪的词语，不能重复，不能提醒，每说一个词汇小组成绩加一分，但说错的或在3 秒钟内接不下去的小组不加分，得分最多的小组获胜。（记住千万不能翻字典，否则视为作弊，成绩倒扣。）

学生活动：

喜	愉悦　欣喜　欢乐　开心　喜悦　满意　舒心　狂喜　心旷神怡　兴高采烈　手舞足蹈　欢欣鼓舞　满面春风　眉开眼笑　扬眉吐气
怒	愤怒　气恼　不满　气愤　恼羞成怒　怒不可遏　暴跳如雷　七窍生烟　怒发冲冠　怒目而视　咬牙切齿　拍案而起　愤愤不平
哀	失望　哀痛　难过　遗憾　悲伤　忧郁　凄凉　悲哀　伤感　心痛　悲痛欲绝　泪流满面　伤心不已
惧	害怕　紧张　心悸　仓皇　大惊失色　手足无措　胆战心惊　忐忑不安　不寒而栗　面无人色　提心吊胆　慌张不安

采访提问：得分最多与得分最少的那组同学，你们现在各是什么样的情绪？在比赛过程中，各小组的成绩你追我赶时，你们的心情是什么样的？

学生回答预设：胜，高兴。负，伤心。过程中，紧张、高兴（成绩领先时）、伤心（老师把机会给了别的组）、害怕（成绩落后时），或是交替出现。

教师点拨：生活中，我们会遇到许多事情，会处于不同的情境中，也就会产生各种不同的情绪。这些复杂多样的情绪分类的方法也有很多种，最常见的是分成“喜、怒、哀、惧”四大类。在这四种情绪的基础上，又可以组合成很多的复杂情绪，如悲喜交加、喜极而泣、百感交集等。

【设计意图】让学生们深入了解四种情绪，同时可充分发挥个人的记忆力，懂得知识积累的重要性；还可体现同学们的合作精神、团队精神以及集体荣誉感等。

教师设置过渡：人的内心世界是丰富多彩的，正如恩格斯所言，是“地球上最美的花朵”。丰富的内心世界决定了人的情绪具有丰富多样的特性，就好像一个万花筒，不同的情绪对人们的行为和生活的作用又会如何呢？导入：情绪与生活。

（三）正确思辨，探究情绪（情绪的作用，13 分钟）

教师活动：出示 Flash 课件《杯弓蛇影》。

学生活动：结合故事谈情绪对人有什么影响。

教师总结：情绪犹如双刃剑，对人既有积极影响，也有消极影响。（板书）

【设计意图】通过学生耳熟能详的故事，让学生体验情绪对人的生活产生的影响。

教师活动：课件出示几则材料。

材料一，美惠很奇怪自己心情好的时候，背诵很长的课文也不费劲儿；可心情不好时，就算是再短的课文也会花很长的时间；当她高兴、愉快时，经常会有新点子、好主意，创造性思维的火花会不断涌现；而当她痛苦、悲伤时，常会觉得脑子不好使，更别说什么创造性思维了。

材料二，学习成绩一直名列前茅的小明，在考试中常常会因为过度紧张，出现怯场，影响正常水平的发挥，不能取得理想的成绩。

材料三，一个患有绝症的人与一个健康的人同时做检查，粗心的护士将两人的检查结果写反了。健康的人悲痛欲绝，拿着错误的报告回家后一病不起；有绝症的人欢天喜地地回家了，身体状况却越来越好，反而什么事儿都没有。

学生活动：合作探究。以小组为单位讨论，为什么会出现材料中的情况。

教师活动：①小组讨论时倾听、随时点拨，小组展示时，注意根据学生回答的具体情况点拨。②概括总结学生的观点，师生共同完善表格。

【设计意图】通过正反两方面的对比，让学生深刻认识到情绪犹如双刃剑，从而突出重点。

	情绪对正常水平发挥的影响	情绪对身体健康的影响
积极作用	精力充沛，思维活跃，效率高，能有超水平发挥	心情舒畅，能防病治病，使人健康长寿
消极作用	精力不足，思维迟钝，效率低，发挥失常	降低人体的免疫力，容易致病

教师设置过渡辨析题：有人说在“喜、怒、哀、惧”四种基本情绪中，喜只有积极影响，怒、哀、惧只有消极影响。你认为这一说法正确吗？

教师活动：课件展示“诸葛亮三气周瑜”、“范进中举”、“伍子胥一夜白了头”三则故事材料。同时设问：这三则故事分别体现了什么情绪？这种情绪带来哪些不良结果？这三则材料给我们什么启示？

故事一，《儒林外史》中的范进，多年考不中举人，直到50多岁时，终于听到自己金榜题名，“喜极而疯”。（情绪：“过分高兴”，结果：“喜极而疯”。）

故事二，《三国演义》中的周瑜才华出众，机智过人。但诸葛亮利用其气量狭小的弱点，巧设计谋，气得他断送了风华正茂的性命。（情绪：“过于生气”，结果：“断送了风华正茂的性命”。）

故事三，据史料记载，伍子胥在过韶关时陷入进退两难的处境，结果因极度焦虑而一夜间须发全白。（情绪：“极度焦虑”，结果：“一夜间须发全白”。）

学生回答，教师点拨：健康的、积极的情绪应该是喜怒有常，喜怒有度。喜不能得意忘形，怒不可暴跳如雷，哀不能悲痛欲绝，惧不能惊慌失措。

【设计意图】通过图片以及动画的形式，充实教学内容，提高了教学的针对性和实效性，让潜在的道理生动、形象，进而突破难点。为学生创造问题情境，给学生充分思考的时间，增强了思维训练的科学性。

（四）学以致用，把握情绪（3分钟）

（1）根据所学知识进行连线。

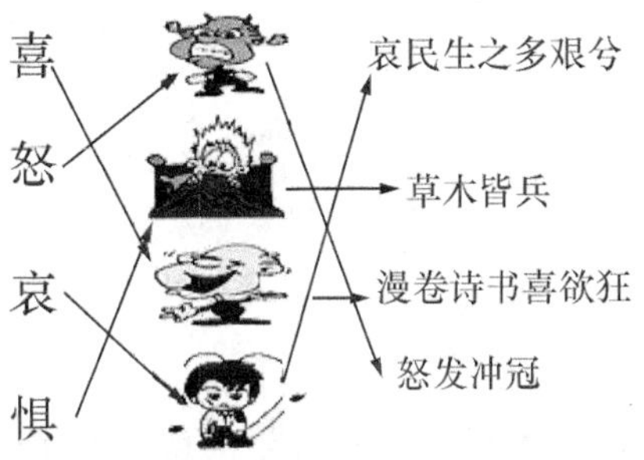

（2）“笑一笑，十年少；愁一愁，白了头。”这句谚语告诉我们（D）。

A. 情绪随时可以发生变化　　B. 情绪对人有积极的作用

C. 情绪对人有消极的作用　　D. 情绪对人既有积极的影响，又有消极的影响

【设计意图】这是对前面所学的情绪的基本类型和作用这一知识目标的当堂检测，学以致用。

（五）总结提高，深化情绪（3分钟）

教师提出问题：本节课你学到了哪些知识？你的认识有哪些提高？

学生活动：学生以小组为单位可分别从知识、能力和情感态度价值观三个角度进行总结。

教师活动：归纳总结，形成板书。

今天学的是情绪，有喜有怒有哀惧。情绪犹如双刃剑，它的作用很神奇。

积极情绪健身体，精力充沛高效率。消极情绪损身体，无精打采效率低。

情绪产生多方面，内心需要是关键。人生常有不如意，何必事事太在意。

考试焦虑要不得，不要自己施压力。乐观情绪要切记，快乐你我比一比。

【设计意图】以儿歌形式进行总结，方便学生记忆。在音乐的背景下，让学生谈学习收获，以情促情。

教师寄语：情绪是人内心世界的一个奇妙的窗口，透过这个窗口就可以了解人的内心世界。生活是丰富多彩的，情绪也是丰富多样的。只是情绪有好坏之分，也会产生积极和消极的作用，无论是什么情绪，都要把握好一定的度，要学会控制自己的情绪，做情绪的主人。

（六）拓展延伸，关注情绪（2分钟）

（1）记录情绪。了解自己近日的情绪状况，分辨一下哪些是积极情绪，哪些是消极情绪，对你的行为起到了什么影响？

（2）讲述故事。讲讲你自己经历的最高兴、最悲伤、最愤怒、最恐惧的事是什么？它对你有什么影响？

【设计意图】课堂教学仅仅是学生了解情绪有关内容的开始，要让学生在课下继续关注和理解所学。

【板书设计】

【课后反思与自我评价】

（1）课堂教学是师生互动的过程，是教与学的统一。要实现情感、态度、价值观目标，必须让学生身临其境，亲身体验。通过表演、竞赛等活动，组织学生参与到活动中来，能够较好地调动学生的积极性，发挥学生的主体作用，再加上教师有针对性的引导，应该能够较好地实现本节课的教学目标。

（2）信息技术在课堂上的运用得当，可以取得事半功倍的效果。它使课堂内容更为形象、生动，变抽象为具体，将歌曲、诗句、图像等内容放到课堂教学中，学生的学习兴趣更强，效率也随之提高。

【专家分析与点评】

本节教学设计理念符合新课标的要求，能够从学生的年龄特点出发，以学生的生活作为构建课程的基础，精选大量与学生生活经验相关的材料，提供大量生活场景，设计了一系列学生自主参与的、多种多样的活动，凸显出学生的主体地位。

能够始终围绕教学目标展开教学，通过“情景引路，走进情绪；活动体验，认识情绪；正确思辨，探究情绪；学以致用，把握情绪；总结提高，深化情绪”的一系列教学流程的设计，层层深入地把学生的情绪带进。教师的“导”很到位，让学生在“导”的基础上发挥其主体地位，去体验、去探究、去感悟，有效地实现了教学目标，并突出了重点、突破了难点。

能够充分利用录音、录像、多媒体课件等辅助教学手段，激发学生兴趣，调动学生的积极性，提高教学效率，增大信息来源，扩展教学内容，节约教学时间，增加课堂容量，在教学中起到了较好的效果。一节课的最后，通过儿歌形式进行总结，方便学生记忆。在音乐的背景下，使学生在愉悦的环境中谈学习收获，以情境促情感。本节设计中也体现了学科特色中的实践性特点，特别是作业的设计，让学生不仅在课堂上学习、体会，课后更要指导实践，在践行中升华，让所学知识真正内化为自身的品质。

对于本节课的教学设计，我也有几点建议：

首先，在教学资源选取上。一是应考虑到与学生已有知识的衔接，有些知识学生已经熟悉，比如Flash课件《杯弓蛇影》，就可以精简；二是要关注学生生活实际，比如，用课件出示的三则用来说明情绪作用的材料，老师可以引导学生列举自己或身边同学的事例。另外，在列举事例时，除了考虑学科的实践性特点外，还应关注学科的时政性，选取与本节内容相关的新闻时事，以增强学生的时事敏感度。

其次，在教学手段和教学方法上。本课录音、录像、多媒体课件的使用，还有小品表演，分组讨论等都让学生处于很兴奋状态，整节课一直这样会因高速吸收大量信息而影响效果，因此，课堂上要注意让学生的大脑张弛有度，把重、难点内容凸显出来，让学生课后脑中浮现的都是本节的重点内容。

再次，在本节课的设计中，教师导得有点过多，没有给学生更多自主的思维空间，学生在一个个问题之后，还没来得及思考自己还有什么问题，更谈不上提出问题和解决问题，就已经在教师的引导下继续进行了，只有学生能自主地发问，才是真正的自主学习。

（沈阳市新民教师进修学校　肖长英）

【作者简介】

陈鹏，女，中学一级教师，沈阳市骨干教师，沈阳市东陵区教师进修学校思想品德教研员。近年来，她多次执教、指导省、市级优秀课，撰写教学论文多篇。

案例3　《学会调控情绪》教学设计

葫芦岛市连山区第三初级中学　李　欣

【案例背景】

面向学生：普通中学七年级学生，24人小班型，含4个长期稳定的学习小组。

教材与学科：人教版《思想品德》七年级上册。

课题与课时：第六课第二框《学会调控情绪》；1课时。

学生课前准备：搜集身边不良情绪的典型事例、故事；拓展阅读，了解一些排解不良情绪的方法。

课型：研讨课。一些教师在高效课堂的大环境下，对“如何展开小组合作探究活动”存在争议，此课提供给研讨会，作为研讨素材。

【教学内容分析】

《学会调控情绪》选自人教版《思想品德》七年级上册第六课《做情绪的主人》，该课由两框组成。第一框题“丰富多彩的情绪”着重向学生介绍情绪的含义、分类和产生，并引导学生认识到不同的情绪对人的作用和影响。第二框题“学会调控情绪”是本课的教学重点。

本框的课标要求是：学会调节和控制情绪，保持乐观心态；关心和尊重他人，学会换位思考，能够与人为善。从知识结构上看，本框从“情绪是可以调适的”入手，表明情绪与个人的态度是紧密相连的，因而可以通过改变自己的态度来控制情绪。由于青少年学生的情绪特别容易起伏，所以需要学会“排解不良情绪”，调节情绪有很多不同的方法。最后，教材设立了“喜怒哀乐，不忘关心他人”一目。要尊重关爱他人，适时适度地表达自己的情绪。

【学情分析】

七年级的学生正处于生理和心理急剧变化的关键时期，情绪呈冲动、不稳定、极端化等特点，使得不少初中生成为不良情绪的俘虏，使他们不能专心学习，影响他们的生活和人际关系。所以，学会调控情绪，保持积极、健康的情绪状态，是他们比较感兴趣的内容。

我校地处城郊，大多数是农民工子女或单亲家庭子女，家长忙于生计，对子女的管理相对较为疏忽，有的学生容易受到外部环境影响，染上不良习气。进入初中后，学习难度加大，父母和老师的要求高了，有些学生渐渐产生烦躁、焦虑、不安乃至厌学等消极情绪。很多琐碎的小事都能成为发生口角、打架斗殴的导火索。这就需要老师恰当地引导，使他们认识到，青少年的情绪需要调控，要掌握一些克服不良情绪的有效方法。在此基础上还要引导学生选择正确、恰当的方式表达情绪，并学会关爱他人的情绪感受，以利于建立和谐的人际关系。

【设计理念】

本节课在教学设计上，重在启发学生的独立思考与积极实践相统一的新课改理念，贯彻理论与实践相结合的原则，力求将抽象的内容具体化、形象化和生动化。课堂教学中使用的情境故事，取材于学生。设置情境问题，引发学生分析，并从自身的经历和体验中去认识情绪需要调控及学会排解不良情绪的重要性。另外，在课堂中设置了合作学习活动，让学生在活动中合作、互动，形成成果，同时也检验了学生能否懂得运用所学的知识解决实际生活中的问题。

【教学目标】

情感、态度和价值观目标：①懂得调控自己的情绪对于个人行为和生活的重要性。②合理宣泄不良情绪，保持积极、乐观、向上的情绪状态。③尊重他人，关注他人的感受，适时适当地表达个人的情绪。

能力目标：培养自我调适、自我控制的能力、继而能够比较理智地调控自己的情绪；能够运用所学知识解决生活中的实际问题。

知识目标：①了解青少年时期情绪易于波动、不稳定的特点，明白情绪需要调控的道理。②知道情绪调控的一些有效方法并加以掌握。

【教学重点和难点】

教学重点：排解不良情绪；喜怒哀乐，不忘关心他人。

教学难点：喜怒哀乐，不忘关心他人。

【教学方法】

情景教学法、问题讨论法、引导学生合作探究活动等。

【教学资源】

多媒体课件、情境与案例、学生搜集的文本图片资料等。

【教学过程】

导入：播放喜剧《武林外传》片段“世界如此美妙，我却如此暴躁，这样不好，不好……”这是谁？是在什么情况下说的话呢？（学生回答）是啊，每当郭芙蓉生气了，要用武功伤害别人时，她就会用这句话告诫自己要控制情绪。那么情绪能调控吗？为什么要调控情绪？怎样调控情绪呢？为解决上述疑问，让我们一起来学习第六课第二框《学会调控情绪》。

一、情绪是可以调适的

★情境分析：“情绪可以调控吗？”

（1）情境：学生演绎情境故事《半杯水》。火热的夏天，两位同学踢完足球后，大汗淋漓，气喘吁吁，又累又渴地回到教室，看到桌子上有半杯水……

甲同学：“这也太倒霉了，就剩下半杯水了！”

乙同学：“哈哈，太幸运了，还有半杯水呢！”

（2）分析：甲的情绪表现为________；乙的情绪表现为________。

（3）猜想：甲、乙两同学遭遇同样的事情，为什么会产生不同的情绪呢？

看来，情绪与________是紧密相连的。

（4）结论：在生活中，我们可以通过________来控制自己的情绪。

（学生活动）学生们能利用已学的知识分析出：甲的情绪表现为悲哀、气愤。乙的情

*紧张、焦虑——第 3 页（转移注意力，自我解嘲、暗示）……

歌曲串烧：学生边唱边举纸卡示意。

朋友别哭，有我你就不孤独——（向朋友倾诉）

想唱就唱，唱得响亮——（听歌、哼歌）

我要控制我自己，不会让谁看见我哭泣——（自我控制）

我要飞得更高，飞得更高——（自我激励）

不经历风雨，怎么见彩虹，没有人能随随便便成功（自我安慰）

……

为了便于理解记忆，教师引导学生使用标记、归类、总结。

调节情绪的方法：注意转移法☆，合理发泄法△，理智控制法○，等等。

三、情绪调适的目标

★合作探究："喜怒哀乐，不关心他人？"

情绪要会调节，也应当会表达。有的同学可能认为"表达情绪谁不会，遇好事就笑，遇坏事就哭呗，那不是随自己的便吗？"发泄情绪真的与他人无关吗？接下来请欣赏小短剧《我得意地笑》。

A.（哭）昨天的数学考试太难了，我没及格，爸妈轮着批评我，呜……

B.（递给 A 面巾纸）别哭了，下回努力就是了。

C.（乐呵呵上场）哈！昨天数学考试我得了满分，爸妈带我吃火锅庆祝了。

B.（阻止 C）别说了，A 哭着呢！

C. 切，我考了满分，就该高兴啊！管她呢！哈哈哈……

（A 伏在桌子上大哭，B 气愤地推走 C。）

大家看完短剧，有什么感想？组内交流、讨论、发言。

（1）C 同学是不对的，那样炫耀地笑会让 A 更难过。B 同学安慰他人是对的。

（2）一个人表达情绪时，很容易影响到周围人，C 那样夸张的笑，使 A 更伤心，使 B 感到气愤；A 伤心时，B 也为她感到难过，这些都说明情绪具有相通性和感染性。

（3）我们不要像 C 同学那样，虽然考满分应该高兴，但是也应该考虑到别人的感受。我们应当在适当的场合，用适当的方式表达我们的情绪。

（教师追问）如果你是 C，会怎么做呢？

（1）安慰 A，分担她的痛苦。帮助 A，实现共同进步。

（2）将自己的高兴事写进日记，激励自己更加努力，而不是到处炫耀。

（教师总评） 看来大家已经明白，喜怒哀乐不能"随自己便"，因为情绪具有相通性和感染性。我们应当尊重和关心他人，适时适当地表达个人的情绪，学会与他人分享快乐、分担痛苦和忧愁。这样，我们就能快乐地生活在一个和谐的集体中，一个和谐的社会中了。

四、小结

让我们在乐曲中回顾并欣赏这节课的学习成果吧！（首先，教师播放钢琴曲并补充板书的知识点；其次，用文字呈现本课知识网络。）

五、作业

制作一份“情绪”主题的手抄报。

六、结束语

同学们，通过这节课的学习，我们都要学会做情绪的主人，学会调节情绪的方法，保持积极乐观的情绪，成就健康美丽的人生！播放歌曲《快乐崇拜》：“抛弃了烦恼的请跟我来，让我们一起向快乐崇拜……快乐会传染，请你慷慨……”

【板书设计】

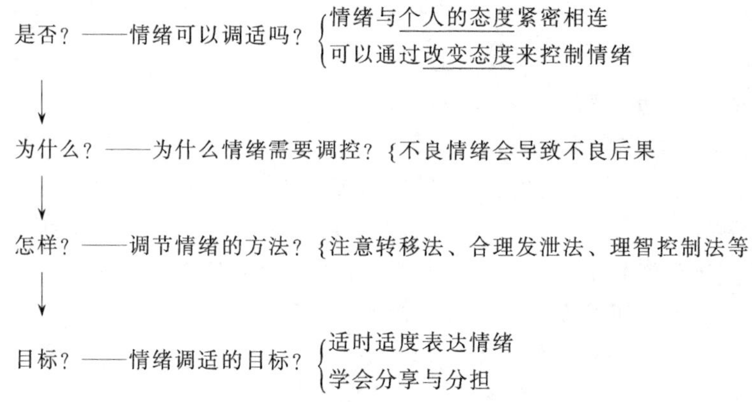

学会调控情绪

【课后反思与自我评价】

情绪与学生生活联系颇多。在教学中，我注重收集和利用学生生活的原型《半杯水》与《我得意地笑》，设置情境，引发学生分析与探究，很好地调动了学生的积极性和主动性。通过小组合作活动的设计，培养了学生的搜集、分析、归纳的能力。

但在教学设计上，我为了突出学生的主体地位，学生活动设计得多而发散，造成课堂时间紧张。另外，学生已探究出的成果，没有用适当方式再强调，使得学生对知识的强化不能达到很好的效果，这一点也是我教学中的一个软肋。

【专家分析与点评】

纵观整节课的教学，我想用这几个字来概括：“清中有情”。

首先说“清”：教者教学思路清，教学环节清，教学理念清。整节课紧紧围绕“情绪能调控吗？为什么要调控？怎样调控？”这条知识主线，环节清晰流畅、衔接自然。整节课以活动为载体，学生们在活动中体验、在活动中感悟、在活动中成长，清晰明确地体现了“以人为本、把课堂还给学生”这一教学理念。如教师让学生演绎情境故事、案例交流、合作探究等，给学生留有较大的学习空间，学生时时感受到自己是学习的主人，充分发挥了学生的主体作用。

接下来说“情”：情境有创设，情绪有调控，情感有传递。如一开课，播放喜剧《武林外传》片段，创设情境，在轻松的氛围下，燃起了学生思维的火花。接下来，情景讨论、献计献策、指导手册、歌曲串烧、播放歌曲等一系列的活动，使整个教学过程有张有弛，燃烧了学生的参与热情，情绪状态得到很好的激发和调控。之后，通过讨论分析不良情绪的典型事例，探究方法，感悟践行；通过欣赏小短剧《我得意地笑》，告诉大家喜怒哀乐，不忘关心他人；又通过结束语让大家学做情绪的主人，保持积极乐观的情绪，成就健康美丽的人生！传递了师生之间的真情，进一步落实了情感、态度、价值观目标。

教学本身是一门缺憾的艺术，这节课也有很多值得探讨的地方。

首先，李老师的教学特色在于活动教学，在本节课里，教学活动形式丰富多样，但是要注意把握好活动开展的质与量，因为形式是为内容服务的！例如，对郭芙蓉的事例、美国校园枪杀案可展开讨论，并在下面的教学环节里连续性地使用。在组织学生自主合作探究活动时，不要受到活动形式的牵绊，重要的是要结合学生课前搜集到的鲜活的、典型的生活案例，充分地挖掘教学资源，有针对性地引导学生情感体验和归纳提升，使课堂更贴近生活，更有真实感和说服力！

其次，本节课的另一个亮点在于充分发挥了学生的主体作用，这就要求教师的主导作用要跟进！教师要及时地对学生的活动、疑问、行为加以点拨指导，这样可以进一步内化知识、深化主题、升华情感！

另外，这节课讲的是调控情绪，而情绪是具有相通性和感染性的。如果教学过程中教师再加上些许激情，或者教师的嬉笑怒骂甚至是语言的抑扬顿挫，或者利用学生随堂动态生成的情绪变化，都会极富感染力，这样会让我们看到一个更生动、更有灵性的课堂！

总之，一节好课不但要吸取百家之长，更要善于创新，才能上出自己的特色和风格。

（辽宁省葫芦岛市连山区教师进修学校　朱晓曈）

【作者简介】

李欣，中学一级教师，辽宁省葫芦岛市连山区区级学科骨干教师，曾荣获区班主任基本功大赛一等奖、省主题班会一等奖、省课件一等奖，多次获市、区级优质课奖，曾多次参与国家级、省、市级教育科研课题，并获各级优秀论文。

案例 4　《两代人的对话》教学设计

大连育文中学　魏　滨

【教学内容分析】

本课是人教版《思想品德》八年级上册第一单元第二课《我与父母交朋友》的第二框。本课第一框的学习，学生已经充分感受到家的温暖和父母的关爱，本框的学习则主要是帮助学生掌握在与父母产生矛盾时，如何与父母沟通和交往，从尊重、理解、讲艺术等角度，搭起两代人之间交往沟通的彩虹桥。能否学会与父母正确交往影响学生的社会化过程和终身发展，所以学会与父母沟通是他们成长过程中的必修课程。本课是整个第一单元的落脚点，同时也为后面学习如何进行各种社会交往打下了基础。

本课内容浅显，不涉及更多的理论问题要求学生掌握，主要是情感和实践问题。

【学情分析】

家庭生活是初中生最熟悉的生活领域，亲子交往是初中生不可回避的焦点话题。八年级的学生正处于青春期，心智还不成熟，他们既享受父母的关爱，又容易忽略父母的爱心，与父母之间经常产生矛盾。他们不会处理与父母间的矛盾，不会与父母有效沟通，不懂得如何孝敬父母，不明白自己处理问题不当会给家庭和自己带来各种不良后果。我们的教育，就是要使学生学会处理家庭矛盾，更快地成熟起来。

【教学理念】

在生活中体验，在体验中感悟，在感悟中成长。

【教学目标】

情感、态度和价值观目标：初步学会用理解、宽容和感恩之心与父母沟通和交往。体会父母对自己的关爱和期待。

能力目标：初步具有与父母沟通商量的能力，对多种可能解决问题的方式进行选择的能力；把握与父母交往的诸多策略的应用能力。

知识目标：掌握与父母沟通的基本要领，与父母交往的主要策略。

【教学重点和难点】

教学重点：与父母交往沟通的基本要领。

教学难点：真正从内心理解父母，主动化解与父母的矛盾。

【教学策略选择与设计】

以“情感体验-感悟式教学策略”为主打，辅以“主题活动探究策略”和“不愤不启、不悱不发”的启发式教学策略。通过既生动又有效的生活化场景，鼓励学生本色演绎，充分体现学生的主体地位和教师“平等中的首席”地位。大胆挑战层出不穷的课堂生成性问题，在环环相扣、跌宕起伏而又具体而微的场景中涤荡心灵、化解心结、吐露心声，达到春风化雨的无痕效果。

【教学资源与工具设计】

本土文本资源：调查问卷。

教室设计：讲台部分尽量宽敞，方便学生情境体验表演。

座次设计：尽量采取组间同质、组内异质的“圆桌式”。

技术硬件：多媒体教室或交互式电子白板教室，话筒。

网络资源：PPT 课件、黄磊的歌曲《背影》MTV、背景音乐《天下父母》、漫画1幅。

【教学过程】

教学流程四部曲：课前问卷，运筹帷幄；感受温情，导入新课；直面情境，探究明理；情感升华，道德践行。

一、第一环节：课前问卷，运筹帷幄

活动：课前进行调查问卷。

调查问卷的要点：

(1) 你有苦恼宁愿与要好的同学说也不愿与父母说吗？

(2) 父母对你在学校情况的详细询问，常使你感到不耐烦吗？

(3) 如果父母翻看你的书包或者放东西的抽屉，你会感到不满吗？

(4) 你是否讨厌父母对你在家外的活动追根究底地询问？

(5) 当父母问你事情的时候，你是否会将你知道的和盘托出？

(6) 最近与父母发生不快是为了什么事情？

(7) 父母说的什么话，做出的什么行为让你最反感？

(8) 你认为和父母最难沟通的事情是什么？

【设计意图】通过调查问卷，一方面，了解学情，使得学习更具有针对性，并选取其中的普遍性、共性问题巧妙地设计成教学情景，让学生去体验、感悟、行动；另一方面，调动学生已有记忆，引发相关体验。

二、第二环节：感受温情，导入新课

（一）活动一：课前赏歌，感受温情

课前播放黄磊的歌曲《背影》MTV。

【设计意图】教学情境的质量在一定程度上影响着教学效果的实现，课前的等待尤其是公开课课前的等待是紧张、忐忑的，不如好好加以利用。朱自清先生的《背影》是学生语文课中学过的文章，对其内容及情感都有一定的记忆储备，用这种方式以旧引新，能够很好地为触发学生的情感体验做好铺垫。这样既能有效集中学生的注意力，又能加大对新课的导入力度，为后续教学营造良好的教学氛围。

（二）活动二：教师点题，导入新课

上课铃响后，教师温婉的声音徐徐散开：父母与子女的关系是家庭中最重要的关系。生活不是一帆风顺的，难免会出现矛盾和摩擦。当这种矛盾和摩擦无法化解时，我们开始伤心难过，开始责怪抱怨，开始冷淡父母，对他们视而不见，甚至离家出走，甚至战火纷飞，其中的滋味怎是一个“愁”字了得。今天，就让我们直面心声，勇敢地对自己发起挑战，让我们尝试扮演父母与子女的双重角色，共同进入一个无法、也不应该回避的话题，这是一次两代人的对话……

【设计意图】学生一提起这个问题大多数只会抱怨、诉苦，很少能正确对待。感性的

东西过多会影响理性的思考与分析。在教师的组织下有条理入境、加强体验，从而为下个环节做好铺垫。

三、第三环节：直面情境，探究明理

（一）情境一：情境体验——日记被偷看

教师：播放漫画，引出冲突现场。

一天，妈妈收拾你的房间时，发现你的日记放在床头未带到学校去。犹豫中妈妈打开了它。这时你正好推门进房……

思考：（1）因为什么原因，妈妈才会打开你的日记？（学会换位思考的方法）

（2）在生活中应该怎样避免发生类似的状况？（寻求解决问题的方法）

【设计意图】教师引导学生进行活动，强化现有体验，从而发现问题。先由别人的事情入手进行分析。根据课堂生成性，教师可充当妈妈角色，与学生展开现场母子、母女对话。在分析中得出结论与方法。既能引发兴趣，也能避免尴尬。用别人的例子来暗示自己、教育自己更易被学生接受。

（二）情境二：家庭AB剧——不让打篮球

周末的一个下午，你要和同学出去打篮球……“人家姚阿姨家的磊磊整天都待在家里，干什么都用功。哪像你，整天就只知道吃喝玩乐，写完作业就算完事了……学学人家磊磊吧，每次考试不是第一名，就是第二名，你？哼！就这样玩下去，将来只能去要饭……”

对话目的：

（1）说服妈妈同意自己出去打篮球。

（2）妈妈已经是第101次这样数落你了，让妈妈停止唠叨。

（3）不要再说我不行，不要拿我和别人比。

学生讨论：请设想出几种不同的解决方案，相应的结果会怎样？哪种方案比较好，为什么？

【设计意图】彰显课堂生成性活力，本色生活剧场体验。在学生的诸多发言中，当语气不由自主地出现责问的苗头的时候，教师俯身摸一下他的肩膀，笑容可掬地问：“宝贝，你这是在责问我吗？”学生就会自然而然地意识到与父母沟通时不能用这样的口气说话。

（三）情境三：智慧之光——沟通小窍门

教师：我们的父母对我们充满了期待，他们都望子成龙，望女成凤。我们和爸爸妈妈沟通时有哪些方法？态度该怎么样？

【设计意图】通过几场“父母与孩子的模拟对话”，引导学生变感性思考为有步骤地理性思考，形成从感性到理性的系统认知。总结出不仅要与父母多交流、多沟通，还要注意交流说话的语气，要用商量的口吻等。与父母沟通的要领——彼此了解是前提，尊重理解是关键，换位思考是方法，求同存异是结果，水到渠成。

（四）情境四：剧情续演——我没谈恋爱

你在家附近的超市和一名男生一起喝汽水，被妈妈看见。回家后，妈妈怒目圆睁……

要求：分角色扮演剧中人物，采取恰当的方法化解两代人的矛盾。通过这个活动，总结出与父母交往的艺术。

学生分角色表演小品，分小组真情告白。

结论：赞赏父母、帮助父母、认真聆听、不太计较，以爱的方式与父母交往，以孝的行为跟父母交流。

【设计意图】学生在表演中继续强化体验，或多或少会有自己父母的影子。扮演家长更能加强换位思考，同时也加强了对父母的理解。在授课过程中，真实的事件和发生在学生身边的事件，更能引起学生的共鸣。

四、第四环节：情感升华，道德践行

（一）活动一：情感冲浪——细数您的好

教师：我的平凡的父母，也许贫困，也许普通，也许沉默，也许唠叨。但是，他们却用朴实的语言教我们做人的道理，用踏实的作风潜移默化影响着我。让我们从这一刻起，不再抱怨，从心底细数他们的好……用简短的语言表述父母的优点，说出父母最让我们感动的地方。（背景音乐《天下父母》）

【设计意图】这是让学生再次理性认识自己的父母，体会父母的良苦用心，是学生拉近与父母关系的好机会，同时为下面的教学环节做好认知、情感、心理上的多重铺垫。

（二）活动二：真爱信笺——爸（妈），我……我们谈谈好吗？

（1）学生在信纸上与父母进行有效的沟通，写下他们最想跟父母说的话。

（2）现场进行全域化、广角度的交流。

【设计意图】在适当的背景音乐熏陶下，每一位学生都重新回到问卷中、回到自己的问题中，用得当的方法和感受解决自己的问题。自省与自我教育更有效，进一步激发爱父母、理解父母、珍惜亲情的情感，将与父母的沟通变成主动的需要。（没做完的课后完成，此布置是对课堂知识的延伸）

（三）活动三：心灵鸡汤——升华主题与寄语

大屏幕出示闪动的心形图案，辅以背景音乐和感人的母女对话：

“妈妈，是不是你一定要变得很老很老，并且一定要死，死了以后要烧成灰的？”

“你问这个干什么？”

“我要知道。”

“是的，孩子。”

“那我就把你的骨灰撒进大海里，变成一些鱼，再把这些鱼捞出来，给一个很美丽又很好的阿姨吃，变成她肚子里的小女孩。你要记清楚回家的路！那时候你愿意做我的妹妹，还是做我的女儿，不管你是谁，我都要好好地爱你！”……

教师结束语言：让我们珍惜与父母相处的每一天，永远和父母心心相印，享受无与伦比的天伦之乐，共同创造家庭的和谐与幸福！

【设计意图】师生共情，大家想着念着的已然全是父母对自己的好和自己对父母的爱，升华主题，产生意未尽情未了的效果。

【板书设计】

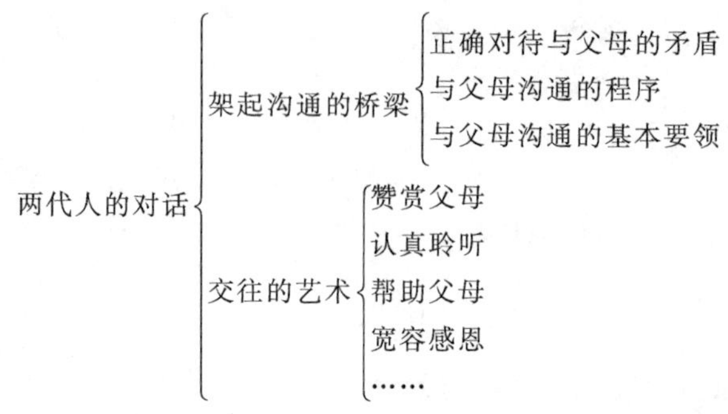

【课后反思与自我评价】

在“生活中体验，体验中感悟，感悟中成长”的教学理念和情感体验-感悟式教学策略的指导下，本课比较成功地达成了三维目标，环节衔接比较自然流畅、情感升华基本水到渠成，是一堂生成性大于预设性、生活性多于表演性的课。从“爱”的角度出发，一切矛盾都被理解；用“爱”的红线贯穿，所有环节都显得自然真实。本节课我上过本校常态课、省外比赛课，由于学情不尽相同，生成问题因人而异，教学效果异彩纷呈。相比起来，有家长在场的效果更好些。

当然，《两代人的对话》虽然喜获全国优质课一等奖的好成绩，但仍然有不少缺憾，这节课是我对“两去”观点的一次宝贵尝试。所谓“两去”，一是去“魅”——去掉艺术表演的光环，与生活跳一场“贴面舞”；二是去“做”——去掉人为雕饰的痕迹，回归抱素怀朴的本真。由于本人水平有限，难免产生顾此失彼的现象，对生成性问题的处理也许“仁者见仁，智者见智”。毕竟我们都知道，一节课有限的40分钟并不能真正解决具体而微的亲子纠纷，真正的家庭美德需要两代人的共建共享，真正的道德实践在生活中，在真爱的坚守里。

【专家分析与点评】

魏滨老师执教的《两代人的对话》这节课，非常好地体现了思想品德课程标准所倡导的理念，真实、感人，触及心灵，特色鲜明，本课有效地实现了三维目标，预设与生成和谐统一，是难得的一堂好课。本课的突出特点有以下几个方面。

1. 真情涌动，情通理达

列宁曾说：“没有人的情感，就从来没有也不可能有人对真理的追求。”人们只有在被打动、被感染的情况下才能触及人的内心世界、灵魂深处。魏滨老师执教的《两代人的对话》能够让学生在课堂上直面心声，情理交融，让学生情之所至，潸然泪下。如结尾处，魏老师赠送的《心灵鸡汤》，使学生的心灵受到强烈的震撼！老师饱含深情的话语深深地打动了学生，引起学生情感的共鸣。正是在心与心的呼唤、心与心的感应、心与心的碰撞、心与心的交融中得到强烈的共振和认同，从而使德性在心灵深处得以升华！

2. 以学生发展为本，体现生命性

种种调查和课堂现状显示，思想品德课堂充斥着“假、大、空”，学生不爱听、不爱学。究其原因，没有走进学生的生活，没有触及学生的心灵世界。本课在和谐的氛围下，以学生为中心，教学的每一个环节都从学生出发，把思考、讨论、交流的权利交给学生，让学生成为学习的主人。课堂紧紧围绕着生活主题，尤其是家庭生活中最常见的问题，创设鲜活、开放的情境，让学生敞开心扉，使课堂真诚、深刻、有序，充满生活气息。回归生活，体现生活性，是新课程教学的基本特征。生活性体现了对学生的现实关怀。

在思想品德教学中，生活化不仅仅指教学内容的生活化，更重要的是要有回归生活世界的意识与人文关怀，使学生的生活变得丰富，让学生的生命得到自然展现，提升学生的生命价值，引领学生将来的生活，对学生将来的发展负责。生命性是思想品德课堂教学的最高境界，魏老师的课正在努力实现这一点。

3. 创设丰富的教学情境，让学生在情境中体验感悟

人的情感并非凭空产生，总是由一定的情境引起的，所谓“触景生情”就是这个道理，因此教师要善于搭建学生由“感”到“悟”的平台。魏老师的课始终贯穿着新课程标准以生活为本的教学理念，她的成功之处在于让学生在情境中体验生活，在体验中得到感悟，在感悟中升华感情，教学目标自然达成。

课堂上教师通过创设一系列真实生活情境，充分调动学生学习的积极性，让学生主动融入情境，通过对话交流、通过角色模拟等系列活动，使学生在矛盾冲突中积极体验、探究和感悟。这里教师精心设计的教学情境及教师的循循善诱，起到了“随风潜入夜，润物细无声”的效果。这不是非常符合新课程标准对思想品德课教学提出的一项新要求——“在活动中学，在活动中用”吗?

4. 精心预设与灵活创生的和谐统一

尽管教师对课堂进行精心预设和设计，但学生是生命体，他们在与文本、教师、同学的对话、交流中，其生命的灵性也在课堂闪烁，课堂上难免会出现这样那样始料未及的意外。课堂上学生的回答引来笑声一片，学生的回答或许不是教师所预设的、期待的答案，那么教师是不是在笑声中含糊过去？魏老师没有这样做，面对学生回答的偏差，她充分发挥教学机智，巧妙引导学生，让学生展开充分的对话和沟通，因势利导地加强了情感教育，推进课堂教学动态生成，精彩瞬间纷呈，使课堂充满灵动、智慧和活力。

（大连教育学院　赵霞，大连甘井子区教师进修学校　刘阿娜）

【作者简介】

魏滨，中学高级教师，现任大连育文中学副校长、辽宁省教育学会政治教学专业委员会理事，先后被授予大连市甘井子区优秀共产党员、大连市优秀教师、辽宁省优秀专业教师等光荣称号，被评为甘井子区中学思想品德首席教师，在甘井子区青年教师素质考核中荣获“三连冠”。教育格言：教育，诗意的栖息。

案例 5 《礼貌显魅力》教学设计

大连第四十二中学 王晓芳

【教学内容分析】

本课是人教版《思想品德》八年级上学期第七课第一框。本单元以学会交往为主题，总结交往的一般品德。在学生的社会化过程中，学会与人交往，为人处世是必不可少的一项内容，其中形成良好的品德是根本，而有礼貌是与人友好交往的前提，是融入现代社会做一个文明人的基本要求。因此，本框对于学生文明礼貌素质的养成、交往能力的培养、今后的可持续发展都具有重要作用，德育功能十分突出，在思想品德教育中占有重要地位。

【学情分析】

由于经济的发展，受教育程度的普遍提高，当代青少年总体文明程度是高的。但是，独生子女的地位，唯我独尊的心态又使他们在文明礼貌方面有所欠缺。在当代社会急剧变化的进程中，传统的东西正在逐步淡化，其中包括传统的礼貌和礼仪，而现代的交往礼仪在一些青少年身上又没有植根。在这种背景下，青少年迫切需要补上文明礼貌这一课。在当代，不少家长更多地关注孩子智力、学业的发展，而忽视礼貌、礼仪方面的培育和熏陶，致使一些孩子不懂礼貌，缺乏礼仪教养，甚至“蛮横无理”。青少年社会化的过程是全面学习的过程，礼貌、礼仪在人生成长过程中是一门学问，需要专门的学习和指导。本课给予的指导与训练，会对青少年文明礼貌素质的形成大有裨益。

【教学设计理念】

“回归生活、关注认知、注重互动、强化体验”是本课设计的主要思想。本课从基本的生活问题入手，从常常被人们忽视的问题入手，引导学生在问题情景中感受和体验文明礼貌的内涵、主要表现及作用魅力，同时对有关问题进行分析、说理、论辩，在活动情景中让学生结合自己的生活经历去体验，表层切入，深层领悟，让学生透过生活中的小事、平常事领悟做人的深刻道理，引导学生将教学内容内化为自己的行为。

【教学目标】

结合学生的年龄特征和思想实际，依据思想品德课程标准“我与他人的关系——交往与沟通”的规定：“知道礼貌是文明交往的前提，掌握基本的交往礼仪与技能，养成文明礼貌的行为习惯。”确定本框教学目标。

情感、态度和价值观目标：体验文明礼貌带给自己的乐趣，礼貌对个人、社会及其对人生发展的价值；初步树立不讲礼貌为耻、有礼貌为荣的交往态度，并乐于以礼待人。

能力目标：辨别具体行为是否礼貌的能力；不同场合按照礼貌行事的能力。

知识目标：了解礼貌的基本含义；了解对人有礼貌的主要表现；理解讲礼貌的重要性。

【教学重点和难点】

教学重点：引导学生感受、认同礼貌的魅力，能够辨别言行举止是否符合礼貌的规范。帮助学生养成习惯，将礼貌落到实处。

教学难点：认识、理解礼貌的魅力所在。其原因是本问题蕴含着深刻的人生哲理，态度亲和比强硬更有力量，有悖于人们的惯性思维，学生在理解上有一定难度。在生活中，与人交往时做到讲文明有礼貌。

【教学策略选择与设计】

课堂教学是教师和学生的双方互动过程。初二学生有思想，乐于表现，他们既成熟又幼稚，直观形象思维强，抽象的逻辑思维较弱。基于此点，我设计的教学方法是“问题探究教学法、活动探究教学法、情感体验教学法”，体现了以“学生活动为主，学生探究为主，教师引导为辅”的教学观念，让学生自己去活动、探究、体验、领悟，在关键之处教师给予适当的点拨，以起到“画龙点睛”的作用。

基于“教学的主体是学生，教育的真谛在于教会学生学习，教学方式最终要落实到学生的学习方式上”的教育理论，以及“关注学生学习的过程与方式是引导学生学习的关键”的新课程要求，结合本框教学内容及八年级学生实际，我落实的学法指导有以下几点：

（1）指导学生观察生活，结合实际体验，发展创新思维。

（2）指导学生对比分析，培养学生分析、解决问题能力。

（3）指导学生自主学习，培养学生探究、归纳整合能力。

【教学资源与工具设计】

教学资源：文字资料；视频资料；图片资料。

教学工具：多媒体课件。

【教学过程】

一、诵读名言，营造氛围，初步感知，导入新课

播放课件：《春》的音乐、礼的名言。

师：今天40分钟的时间里，我们一起来探讨一个话题，什么话题呢？让我们随着这段古朴、典雅的音乐，在高声诵读名言警句中来寻求答案吧。

生：学生观看并诵读课件中有关礼仪礼貌的古语、警句，谈感受。

【设计意图】激发学生兴趣，初步感知礼貌礼仪，顺利导入新课。

师：（过渡语）礼貌大家并不陌生，生活中随处可见，因此，老师今天就选取了四个生活中发生的真实事例，和大家共同探讨有关礼貌的魅力。

师：板书——礼貌显魅力。

二、创设情境，问题引领，师生互动，深层诠释

（一）学习内容——礼貌是一种准则，一种规范

师：出示多媒体课件——这公平吗？

某公司实习现场。服务人员来给实习生倒水，同学们表情漠然地看着她忙活，其中一个还问："天太热了，有矿泉水吗？"服务人员回答说："真抱歉，刚刚用完。"同学们顿时怨声一片。只有李阳轻声地说："谢谢，大热天的，您辛苦了。"

过了一会儿，公司接待人员来和大家打招呼，因大家等得有些不耐烦，竟没有一个人回应，让接待者有点尴尬。李阳左右看了看，犹犹豫豫地鼓了几下掌，大家这才稀稀落落地跟着拍起手来，掌声不齐，显得有些零乱。

更尴尬的事情发生了：大家都坐在那里，一个个很随意地用一只手接过接待人员双手递过来的纪念手册。李阳礼貌地站起来，身体微倾，双手接过纪念手册，恭恭敬敬地说了一声："谢谢您！"

师：成绩不是最好的李阳最终被公司录用了，为什么？

生：思考、交流、讨论。总结结论：他有礼貌、对他人理解和尊重、善解人意、通情达理等。

师：这家公司衡量人、录用人的标准对其他才能和成绩出众的人来说公平吗？

生：思考、交流、讨论。

预设：可能会出现两种意见，一是公平。理由：在工作中，对他人有礼貌，尊重他人、获得他人的欢迎，有助于良好人际关系的建立；有助于树立良好的公司形象，给公司带来较大的经济效益；对人彬彬有礼的人更利于与他人的交流和沟通，使工作更加顺利。二是不公平。理由：成绩不是最好，不利于这个公司的发展与壮大；作为一个公司当然应该把学识和才能放在首位等。

师：（引导语）大家的意见旗鼓相当，势均力敌，一时之间谁也无法说服对方了，老师在这里想提醒大家，看问题中有这样一个信息："成绩不是最好的李阳"并不是意味着成绩就一定不好。所以这家公司不是不看重成绩、才能，只不过又增加了一个礼貌的砝码而已，大家认为加这样一个砝码对大家是否公平？

生：思考、交流思考结果。

公平。因为是针对所有人的，而不是针对某个人或某些人；礼貌可以作为衡量、判断人的价值标准，应该为所有人所遵守。当他人无意间漠视甚至是轻视了它的存在，而你却认真遵守了、践行了，你就是与众不同、略胜一筹，获得他人的认可，赢得更多的机会。

师板书：礼貌是人与人交往的道德准则、行为规范。

【设计意图】通过具体的故事情节和问题情境引导学生分析礼貌是处理人与人之间关系的规范，是人们应当遵守的道德规范，提高其判断、分析问题的能力。

师过渡语：如果说李阳恪守礼貌的规范，从而赢得了公司的青睐，那么下面故事中的老者又会让我们对礼貌有哪些新的感受呢？

（二）学习内容——礼貌的实质是尊重，是文明，是习惯

师：（出示多媒体课件：图片资料）

师：（有感情地讲述）那是老人生命的最后时刻，突然他感到十分难受，一旁的工作人员急忙说道："我去叫大夫。"话音刚落，就听到老人极其艰难而又十分自然地说："不是叫，是请"，说完老人就昏迷过去了，而且再也没有醒来。这句"不是叫，是请"就成了他的临终遗言。这位老人就是我国著名的戏剧作家夏衍。从夏衍老人身上能学到什么？

生：思考、交流思考结果。

结论：对他人的尊重、体贴；不给别人添麻烦；礼貌对待医生等。

师：（追加问题）在生命垂危的时刻，夏衍老人极其艰难而又极其自然地说出的"请"字，仅仅表现为礼貌吗？

生：小组合作，探讨交流，形成学生小组交流结果，小组代表呈现。

结论：不是，还表现出他的修养；在这种时刻，人们往往可能想到的是处理自己的身后事，叮嘱一些重要的事情，可老人想到的却是礼貌，更体现出他的修养、他的人格魅力；说明他在日常生活中始终是这样的，是一种习惯。

师板书：礼貌是尊重、是文明素养。

【设计意图】使学生感悟理解礼貌是尊重的具体体现，是文明的体现，礼貌反映个人的素质，是一个人是否有道德修养的表现。

师过渡语：在现实生活中，我们有一些同龄人又是如何践行礼貌的呢？请大家仔细来看一段视频：为什么给我戴礼帽？

（三）学习内容——礼貌的主要表现：语言、态度、举止

师：出示多媒体课件，视频资料：为什么给我戴礼帽？

生：观看视频资料并回答问题。

师：（追加问题）哪里不礼貌？

生：稍作思考、结合视频材料回答。

预设结果：在图书馆里不顾他人接听手机，大声讲话；将人撞倒了也不搀扶，不说对不起；到老师办公室，不敲门、没用礼貌用语，也不称呼老师；在宿舍里很晚了还大声地播放视频，边看边笑，完全不顾及别人的感受，影响他人的休息等。

师：通过刚才对小短片内容的回顾，我们来归纳一下礼貌与否通常可以从哪些方面进行判断呢？

学生活动：尝试回答。

结论：说话和气；行为文明；语言文明；态度要有亲和力等。

师板书：主要表现：语言、态度、行为举止。

师过渡语：我们刚才看了三个有关礼貌的故事短片，李阳、夏衍老人，还有这几个我们的同龄人，你能否列举我们身边待人有礼和对人无礼的事例？

生：列举身边事例。

师：对人有礼和对人无礼貌的后果有哪些？

生：学生小组合作，交流探讨。

结论：体现了对他人的宽容、尊重，与人为善，有利于化解矛盾，便于彼此的沟通、理解，彼此相处和谐融洽等。

师板书：礼貌的魅力，有助于人际交往（架起友好交往的桥梁）。

【设计意图】让学生了解对人有礼貌主要表现在语言、态度和行为等方面。语言文明、态度亲和、举止端庄是与人友好交往必备的素质。了解礼貌的魅力对于个人而言有助于人际交往，能够架起人与人之间友好交往的桥梁。

师过渡语：礼貌的魅力或作用仅仅体现在个人交往的小事中吗？让我们一起阅读下面这段文字，给它赋予一个恰当的题目吧。

（四）学习内容——礼貌的魅力、作用：不仅是个人私事，关乎国家、民族的尊严

师：出示多媒体课件：一次________的经历，富有感情地朗读此文。

一位中国的留学生曾住在英国当地一位老人家中。最初，老人对他极为热情，可是过了没多久，老人的态度渐渐转冷。

终于从某一天起，老人几次三番地对他说："孩子，在你中国的家里，你半夜回家时，不管父母睡没睡，你都使劲关门，噼噼啪啪地走路和大声咳嗽吗？"

"你小便的时候是不是不掀开马桶垫子？""这不仅仅是不卫生，还是对别人的不尊重，尤其是对女人的不尊重！"

留学生觉得老先生过于苛刻，他完全没有不尊重别人的意思，只是不注意……最后，他决定重新租房子，然而他一连走了几家，人家都用同样的口气、神情问他："听说你小便时不掀开马桶垫子？"

生：共同阅读并思考。

师：作为一个中国的孩子，看到这个故事你的真实感受是什么？

生：探讨交流、说出自己的感受。

耻辱、难过、痛恨；影响到人际交往；影响社会风气的好坏；关系到国家和民族的尊严等。

【设计意图】帮助学生进一步明确是否文明礼貌不只是个人的私事，也不是小事，它不仅影响到人际关系的质量，甚至影响社会风气的好坏，还关系到国家和民族的尊严。

三、认同礼貌，学以致用，践行生活，从我做起

师：根据学生的实际情况设计问题，提出活动要求，点评。具体内容如下：

我思、我行：

在与他人（家人、老师、同学等）交往的言谈举止间，我做到彬彬有礼了吗？

做得比较好的方面：

需要改进的方面：

如何改进：

【设计意图】通过此环节的教学，使学生能够运用在前面问题探讨中已形成的认知，认识到礼貌是一种习惯，要将礼貌落到实处，即在生活中，与人交往时做到讲文明有礼貌。

四、总结升华

师：播放《文明的力量》。

师：一个人要融入社会，自己的一言一行都要符合社会规范，讲文明，讲礼貌，对人

以礼相待，我们的社会就会更加美好！祝愿同学们能在生活中用好礼貌这张名片，开启你与他人友好交往的大门。

生：观看，感悟。

【设计意图】 情感升华、点题结束。

【教学反思与自我评价】

“回归生活，关注认知，注重互动，强化体验”是本课设计的主要思想。根据我对课标的理解和学情的把握，对教材内容大胆地进行了再创造，通过设计系列故事情境，巧妙地将本节课的教学内容有机地结合起来。如导入环节的诵读，新授环节里的故事引导、合作探究，践行活动环节的躬身自检，情感升华环节的公益广告片的利用等，都关注了学生的生活体验，有助于思想品德课终极目标的实现。

用四个故事情境诠释礼貌的“概念、实质、表现、魅力”是本教学设计的亮点。从“诵读名言，营造氛围，初步感知，导入新课”到“总结升华”，由远到近，再由近到远，紧紧围绕故事情境，结合学生的生活经历和体验设计讨论交流的问题，充分调动学生的参与意识和深层次的思维，从不同的层面理解礼貌的相关问题，并让学生在凝重严肃或生动活泼的问题场景中感受和体验文明礼貌的魅力。四个故事情境由教师创设，由学生去思考、体验、交流、感悟，关键之处教师给予适当的“点拨”，起到了“画龙点睛”的作用，凸显了学生的主体地位，教师是合作者和参与者，较好地体现了设计理念，达到了预设的教学目标。

【专家分析与点评】

捕捉精彩细节，展现课堂教学的魅力

本课的教学设计，遵循“在情境中体验，在体验中反思，在反思中构建知识”的理念，有序、高效地推进课堂生成性教学，使课堂充满生机与活力。

问题情境的创设——有利于激发探究。李阳的事例将学生置身于一定的情境中，设计三个层层推进的问题形成“探究链”，通过巧妙设疑、精心引导、精彩讲述，使“道德准则、行为规范”这一抽象概念变得形象、具体。这一设计使学生能保持良久的兴趣和注意力，处于积极的思维状态，由接受式学习向探究性学习转变。

挖掘情境的教育价值——有利于深化内涵。夏衍老人的事例选用，进一步深化了“礼貌”的内涵——是尊重，是习惯，是文明修养的体现。这一环节的安排是王老师独具匠心的设计。一个“请”字的追问，使教学内容得到了拓展与深化。

贴近学生生活的情境设计——有利于突破重难点。要使我们的课堂教学更接近学生的真实生活，就要善于捕捉学生身边的教育资源，创设教学情境，激发学生的求知欲。让学生在情境中体验，在体验中反思，在反思中构建知识。本课设计两个环节：“为什么给我戴礼帽?”就是从学生熟知的生活中捕捉素材，创设贴近学生生活的情境，引导学生发现、分析与探究；结合“我思、我行”的反思，在自查与对比的学习过程中获得情感体验，在体验中去反思，对如何践行“礼貌”，有了更深的理解。

素材的选取，赢在细节——有利于感悟魅力。解决“如何践行”礼貌的问题，王老师

设计四个不同的真实生活情境：求职的年轻人——李阳、德高望重的老人——夏衍、同龄人以及一次________经历，都是我们生活中容易被忽略的细节或小事情。“小故事蕴含大道理”：礼貌的魅力，细微之处显本性。

在今后的课堂转型中，还需要我们加快课堂改革的步伐。“以学定教，少教多学，让学生学习增值”的教学思想，根植于我们的课堂教学中，让思想品德教学成为具有生命力的课堂。

（大连市中山区教师进修学校　曲连娣）

【作者简介】

王晓芳，中学高级教师，大连市骨干教师，大连教育学院兼职教研员，大连市思想品德学科名师工作室成员，曾荣获全国思想政治课优秀政治教师、“三北”地区优秀政治教师、中山区师德标兵、中山区最佳青年教师、中山区“双热爱”好园丁等称号。

案例6　《竞争？合作？》教学设计

辽宁省实验学校　任苏媛

【设计理念】

新课程积极关注探究性学习，强调教学密切联系学生的思想认识和生活实际。以学生逐步扩展的生活为基础，使学生思想品德的培养回归熟悉的生活，让学生在生活中探索、在生活中感悟、在生活的体验中孕育形成正确的思想，促进良好品德的形成。引导学生逐步形成正确的人生观、价值观和基本的善恶、是非观念，学做负责任的公民，过积极健康的生活。

【教学内容分析】

本课依据的课程标准是“我与他人和集体”中的“在集体中成长”；“理解竞争与合作的关系，能正确对待社会生活中的竞争，敢于竞争，善于合作”。

《竞争？合作?》是人教版《思想品德》八年级上册第四单元第八课第一框的教学内容，本框由两目组成，第一目是平等竞争，第二目是合作共享。通过本框的学习，让学生明白竞争与合作的重要性，从而形成敢于竞争、乐于合作的良好意识。

【学情分析】

现代社会是竞争与合作的社会，为了适应社会的需要，必须培养学生的竞争意识和合作意识。在现实生活中，一些学生不理解什么是竞争，例如，把竞争仅仅理解为“你死我活”或“残酷斗争”、“尔虞我诈”等；还有一些学生不知道如何去竞争，例如，有的学生在竞争中为了追逐某种“利益”违背公平竞争的原则；有的学生在竞争失败时，会自暴自弃或忌妒别人超过自己等。因此，在教学中要引导学生正确对待竞争。由于现在的学生大多是独生子女，以自我为中心的倾向较为明显，唯我独尊，不知如何合作，所以有必要对学生强化合作意识和集体主义教育。

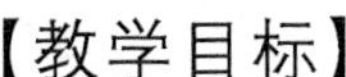

【教学目标】

情感、态度和价值观目标：树立自信心，培养敢于拼搏、敢于竞争的心态；懂得遵守道德和法律的价值选择标准；树立愿意合作、善于合作、乐于为集体贡献的追求。

能力目标：培养学生大胆自信、敢于竞争的能力；增强面对竞争挫折，辩证认识和排遣忌妒心理的能力；提高学生善于与人合作的能力。

知识目标：认识现代社会是充满竞争与合作的社会；理解竞争的积极作用，了解竞争的消极影响；知道公平竞争最基本的准则；理解合作的意义。

【教学重点和难点】

教学重点：竞争的两面性；合作的重要性。

教学难点：学会竞争，培养合作精神。

【教学方法】

教法：创设情境法和引导讨论法。

学法：情感体验法和探究学习法。

【教学资源和教学手段】

多媒体课件。

【教学过程】

游戏导课：你做我猜（猜字游戏）。

师：做游戏不仅能愉悦身心，而且还能从中悟出道理。下面我们就共同做一个猜字游戏。（教师讲解游戏规则，之后选出表演的队员，并确定计时员）

师：要想在游戏中猜出更多的字需要怎么做？请谈谈你的感受。（教师现场采访）

导语：刚才我们进行的猜字游戏本身就是一场竞争，而要在竞争中获胜取决于多种因素，其中最主要的因素是全体队员的通力合作。竞争与合作是我们每个人都要面临的共同课题，今天这节课我们就来学习《竞争？合作？》。

【设计意图】通过做游戏调动学生的积极性，把学生快速带进课堂教学中。

环节一，感悟竞争

师：现实生活中充满着竞争，如经济竞争、政治竞争、文化竞争、人才竞争等。（配相应的图片）同学们在现实生活中经历过哪些竞争？当时的感受如何？（成功时、失败时）

【设计意图】从学生生活经历谈起，激发学生学习的热情。

师：我们为什么需要竞争？（学生进行讨论，然后发言。）

师：大家认为需要竞争的理由是因为竞争有好处，如（此处对学生发言进行归纳）。那么竞争的好处除了同学们说到的之外，还有哪些呢？（教师根据学生发言情况，利用准备好的材料进行补充说明）

【设计意图】学生能够总结出来的就不用材料说明，体现教学的灵活性，也注重课堂的生成性。

材料1：朴泰桓是孙杨的偶像，从2007年墨尔本世界锦标赛开始，到2008年北京奥运会、2009年罗马世界锦标赛、2010年广州亚运会，再到2011年上海世界锦标赛，在自由泳400米这一项目上，孙杨始终没有赢过朴泰桓，但他一直以朴泰桓为目标努力追赶着。（树立目标，赋予动力）

材料2：伦敦奥运会上，在与朴泰桓的激烈较量中，孙杨游出3分40秒14的奥运会新纪录，而在平时的训练时很少能游出这么好的成绩。（激发潜能，提高效率）

材料3：孙杨之所以能在伦敦奥运会上赢过朴泰桓，这与平时的刻苦训练是分不开的，但更主要的原因是孙杨在反复观看他与朴泰桓的比赛录像后，发现自己的转身慢于朴泰桓。孙杨找到自己的薄弱环节后，在平时加强了这方面的训练。（客观地评价自己，发现自己的局限性，提高自己的水平）

材料4：学生学校竞争活动的照片。（丰富生活，增添学习和生活的乐趣）

大屏幕展示竞争的积极作用：

（1）树立目标，赋予动力；

（2）激发潜能，提高效率；

（3）客观评价自己，发现局限，提高水平；

（4）丰富生活，增添学习和生活的乐趣；

（5）……

师：任何事物都有两面性，竞争也不例外，它既有积极的作用，同时也有消极的影响。竞争的消极影响有：（根据学生的发言情况，利用准备好的材料补充说明）

材料1：礼仪不良有两种，第一种是忸怩羞怯；第二种是行为不检点和轻慢。要避免这两种情形，就只有好好地遵守下面这条规则：

不要看不起自己，也不要看不起别人。 ——约翰·洛克

师问：什么样的人“看不起自己”？什么样的人“看不起别人”？（配自卑、自信、自负的图片，让学生选）

师问：自卑和自负的产生固然有其内在因素，但我们不难看到竞争会造成成功和失败两种结果，经常成功的人往往会产生自负心理，而经常失败的人往往会产生自卑心理。这就是竞争带来的负面影响，它让胜利者骄傲，让失败者气馁。

材料2：埃蒙斯的照片。

师：同学们认识他吗？知道在奥运会上发生在他身上的事吗？

师：他就是美国射击名将埃蒙斯，埃蒙斯连续三届奥运会都是在最后一枪出现重大失误。2004年雅典奥运会最后一枪丢靶（打在别人的靶子上），结果无缘冠军；2008年北京奥运会最后一枪只打出4.4环，再次与冠军失之交臂，只拿到第四名；2012年伦敦奥运会最后一枪打出7.6环，把银牌换成了铜牌。埃蒙斯为什么总在最后一枪出现问题呢？（紧张和焦虑所致）

材料3：高考的相关图片。

师：一年一度的高考牵动着无数考生和家长的心，高考之后，有些学生为了释放压力

而把复习资料撕成碎片；甚至有的学生因考试失常，竟然选择了轻生的道路。上述学生的做法虽不可取，但这些事实足以证明竞争确实存在消极的影响。

材料4：当班级中水平差不多的同学取得比你好的成绩时，你的心态如何？

师："羡慕、忌妒、恨"是这两年网络流行的一串词，中心词是忌妒。忌妒有时虽是人们进取的动力，但忌妒心理是一种微妙的、强烈而又隐蔽的消极情感，是拿别人的成绩惩罚自己的消极心理，危害很大。做一名合格的竞争者，就要消除忌妒心理，同学们对克服这种心态有什么好的方法吗？说出来与大家分享。

大屏幕展示竞争的消极影响：

竞争的消极影响

（1）胜者骄、败者馁。

（2）引起心情的过分紧张和焦虑。

（3）产生忌妒心理。

（4）……

师总结：竞争既有积极作用，也有消极影响，所以说竞争既是好事，也是坏事。我们要学会辩证地看问题。当竞争发挥积极作用时，竞争就是好事；当竞争出现消极影响时，竞争就成了坏事。我们参与竞争就是要想方设法让竞争成为好事，为此，我们就要学会竞争。

环节二，学会竞争

师：我们应该怎样进行竞争呢？请看材料。

材料1：泰森和霍利菲尔德比赛的照片。

师：这是泰森和霍利菲尔德两个拳王在1997年进行的一场挑战赛，这场比赛后，泰森的名誉扫地，大家知道是怎么回事儿吗？

师：在这场比赛中，让人震惊的是泰森把霍利菲尔德的耳朵咬下一小块儿，严重违背了拳击比赛的规则。

师问：我们能从中得到什么启示？（竞争要遵守规则）

材料2：可口可乐和百事可乐的相关图片。

师：可口可乐诞生于1886年，百事可乐比其晚12年，百事可乐一诞生就与可口可乐展开了激烈的竞争。两大巨头在竞争中可谓不遗余力，使出浑身解数来击败对手，结果如何？当百事可乐出现危机，面临破产的危险时，可口可乐是怎么做的呢？（可口可乐伸出援助之手，帮助百事可乐渡过难关）

师：可口可乐为什么要这样做？

师：由此可见，我们参与竞争的目的不是要打败对手，而是要实现双赢，互相学习，共同进步。麦当劳和肯德基也一直在竞争，结果与"两乐"一样，二者得到了共同发展。

【设计意图】泰森和"两乐"之争的素材既典型，又能吸引学生，更重要的是让学生很轻松地明白了如何参与竞争。

师总结：学会竞争首先要遵守竞争规则，其次要明确竞争的目的是要实现双赢。当遇到下列情形时，我们应该怎么做？在考试中，我们应该（不作弊，自觉遵守考场纪律）；当我们拥有比较好的学习资料和学习方法时，我们应该（与同学分享或交流）。

【设计意图】两种情形的设计是为了检验学生是否明白如何参与竞争，让此环节的教学落到实处。

师：要实现双赢除了要学会竞争，还要学会合作。

环节三，体验合作

师：全球气候变暖是个不争的事实，为了保护环境，拯救地球，《联合国气候变化框架公约》的缔约方每年召开一次会议。这是 2011 年在南非的德班召开的大会，(配德班气候大会图片）属于国际合作。区域合作如亚太经合组织（APEC)，亚太经合组织领导人非正式会议每年召开一次，重点探讨区域经济发展问题。这是 2011 年在美国夏威夷召开的会议（配图片）。我国的合作如“神舟九号”与“天宫一号”的完美对接就是三位航天员的分工合作，以及与地面工作人员的通力合作的结果。(配图片）国庆 60 周年的盛大阅兵，赛龙舟都需要合作。合作同竞争一样也是无处不在的，请同学们列举生活中合作的事例。

师：看来我们日常生活离不开合作，合作有什么意义呢?

师：合作能聚集力量，开阔视野，启发思维，激发创造力。现代经济的发展，社会的和谐，科技的辉煌等，都是合作的结果，所以同学们要学会合作，善于合作。精诚合作会使我们分享到成功的愉悦，互助互惠能让我们取得更大的胜利。

【设计意图】按照由大到小的顺序让学生体验合作，感受合作无处不在。

师：下面我们班男女生就要进行一次合作，共同朗诵一首诗。

大屏幕展示：

男：你是一颗星，我是一颗星，缀成集体这条星河。
女：你是一棵草，我是一棵草，铺成集体这块绿茵。
男：你是一朵花，我是一朵花，镶成集体这个花圃。
女：你是一株树，我是一株树，汇成集体这片树林。
合：群星争耀，绿草竞翠，方显生龙活虎。
合：繁花争艳，众树竞天，你我奋勇当先。
女：我是星，要闪烁。
男：我是草，要吐绿。
女：我是花，要盛开。
男：我是树，要成材。
合：今天我们把青春和聪慧献给班集体
合：明天我们把才智和成就献给祖国母亲。

【设计意图】本节课开始的猜字游戏是男女生进行的一次竞争，在这里又进行一次合作，首尾呼应。

师：大家合作得太完美了。和谐的班集体是我们的家，也是我们合作的乐园。

结束语：同学们，21 世纪是充满竞争的世纪，又是通力合作的世纪，更是大家施展才华、大展宏图的世纪。愿同学们会竞争、敢竞争，会合作、善合作。向着自己的理想迈进，相信 21 世纪是属于同学们的。

【板书设计】

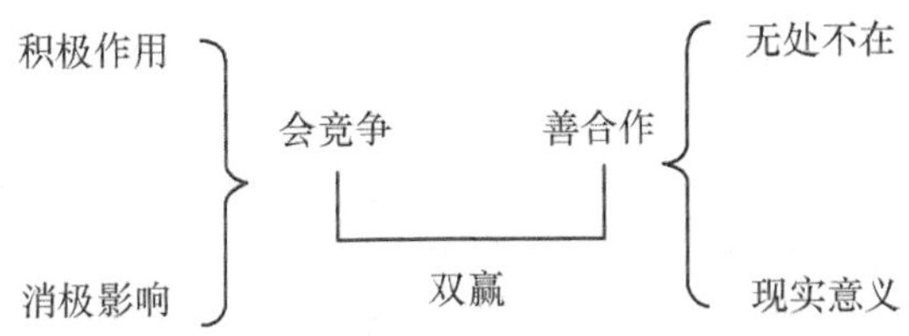

【教学反思与自我评价】

经过教学实践的检验，本教学设计让人满意的地方是：

(1) 思路清晰，环环相扣。本节课讲授新课有三个环节：感悟竞争、学会竞争、体验合作。第一个环节从学生亲身经历的竞争说起，在讨论为什么需要竞争中明晰竞争的两面性，认识到竞争既有积极作用，也有消极影响；第二个环节是在学生对竞争有初步了解的基础上让学生明白：竞争要遵守竞争规则，竞争的目的是实现双赢；第三个环节按照从大区域合作到小区域合作的顺序设计教学，最后落到日常生活中的合作，在男女生朗诵一首诗中体验合作的意义。

(2) 关注社会，贴近生活。本节课选用的材料大部分是 2012 年发生的重大时事，如伦敦奥运会孙杨和埃蒙斯的材料、南非德班气候峰会、“神舟九号”和“天宫一号”的完美对接等，既凸显思想品德课的特色，关注时事，也达到了用事实说明问题的目的。在关注社会的同时，本课也尽量贴近学生的生活，如猜字游戏，采用的词条都是各个学科的专有名词，学生猜起来特别有意思，此活动既激发了学生的兴趣，又让学生感悟到合作的重要性。讲解竞争的积极作用时选用的材料 4 和讲解消极影响时选用的材料 4 皆来自学生的实际生活，在学习中就解决了困扰学生的问题。

(3) 遵循规律，力求创新。本教学设计遵循由感性认识到理性认识的规律，通过学生亲自参与游戏，分析感性材料，在讨论中达到对相应道理的理解和掌握。同时，在设计中力求有创意、有创造。猜字游戏、体验合作、板书设计都是本设计的亮点。

当然，本教学设计也有需要完善的地方。如感悟竞争一环笔墨太重，上课时用时较多，导致整节课时间分配不太合理；在体验合作环节，如果开展一个很有特色的活动会为本节课增色许多。

【专家分析与点评】

本课的教学设计是一个很好的教案，从评价一个教学设计的几个重要方面来看，许多内容都值得其他教师学习和借鉴，下面我从如下方面进行具体的分析。

教学目标定位准确。“培养学生敢于拼搏、敢于竞争的精神；树立愿意合作、善于合作、乐于为集体贡献的追求”的教学目标是本节课的教学难点，这个难点顺利突破将有助于思想品德学科价值的实现。能力目标紧紧围绕本课的课题，确定为提高学生的竞争与合作能力；知识目标重点是理解竞争的两面性，认识合作的重要性，这样的教学目标符合思想品德课程新课标的要求。

教学结构设计组合合理。探究是本节课的主要活动。任老师通过对新课标的研读，以及对教材和教师参考用书内容的研究，把本课设计成为五个部分，每个部分都有针对性的教学活动，能够很好地实现教学目标。整堂课完整合理、逻辑性强，各部分环环相扣，层层递进。

教学活动过程安排有序。本课的课堂教学过程的每个部分都是在教师展示教学情境的基础上，引发出围绕教学目标进行讨论的话题，在教师的引导下让学生进行讨论，教师再进行评论和总结。教师提出问题的方式、引导的程度和切入点、对学生讨论内容的预测、对学生结果评论的准备等都设计和预设得很好。

教学资源开发利用充分。思想品德是理论与实际联系最紧密的学科。教学中抽象的理论必须回归现实，才能让学生理解和接受，并指导自己的实践。为此，教师在进行教学设计时就要考虑选择哪些教学资源，选用什么样的教学资源。任老师的教学设计资源开发具有全面、生动、准确、灵活等特点。所选用的资源既有国际时事也有国内新闻，既有体育比赛也有科技研究，既有偶像人物也有学生自己；图文并茂，形式多样；有说服力，能恰到好处地说明问题，并能根据课堂上教学生成的情况灵活利用。

当然，本课的设计也有些地方需要进一步完善，例如，教学设计中竞争部分略重一些，而合作部分显得略轻。又如，教师的语言设计较多，而且角色较重，学生的主体地位在教学生成的过程容易被冲淡，等等。

（辽宁省基础教育教研培训中心　冯军）

【作者简介】

任苏媛，中学高级教师，撰写多篇论文获奖，也曾在省、市、区优秀课大赛中多次获奖，2012 年代表辽宁省参加全国思想品德优质课大赛，获授课一等奖。她曾三次主持辽宁省教育科学规划领导小组的立项课题，2006 年 1 月获辽宁省“十五”优秀教育科研工作者，曾获得东北、华北、西北地区中学政治课优秀教师，2012 年被评为沈阳市骨干教师。

案例 7　《做诚信的人》教学设计

大连格致中学　张利荣

【教学内容分析】

《做诚信的人》是人教版《思想品德》八年级上册第十课第二框的内容。本课是对学生进行诚信教育的最终落脚点。诚实守信是公民必须遵守的基本道德规范之一。因此，本课的实施对学生的终身发展起着奠定道德基石的作用。

【学情分析】

初中生正处在半幼稚半成熟的心理发展阶段。随着社会氛围中诚信道德的缺失，学生在交往中轻言承诺而难以兑现等诚信问题，已经成为关系初中生健康成长的一件大事。

【教学设计理念】

本节课以帮助学生学会做人，促使学生健康成长为主线，以两难情境的设置和道德判断为主要特色。培养学生在人际交往中主动践行诚信原则。

【教学目标】

情感、态度和价值观目标：学生通过学习能够以诚信的道德作为为人处世的准则，愿意做讲究诚信的人。

能力目标：学生能提高对诚信守则的实践能力以及在诚信两难问题上的分辨能力，初步展现诚信问题上的智慧。

知识目标：知道诚信守则的具体要求；理解诚信与谎言、隐私的关系；把握诚信的核心。

【教学重点和难点】

教学重点：在实践中践行诚信的品质，做诚信的人。

教学难点：理解在现实社会中履行诚信的复杂性，具备诚信的智慧。

【教学策略选择与设计】

教学方法：两难情境法、启发式教学。

学习方法：体验法、探究法。

【教学资源与工具设计】

多媒体，粉、绿两色卡片各50张。

【教学过程】

一、导入新课

教师：给同学们介绍六位网友，有漂流瓶、四叶草等，他们各自的核心品质分别注明在QQ名字的左侧（1沉稳专注、2真诚可信、3理性热情、4开朗大方、5善良体贴、6活泼好动）。如果请你选1～2位加为好友，请问你会选择谁？把对应的序号告诉我。

请六位学生回答。

预设一，多数学生选择了“2真诚可信”。

预设二，多数同学选择了……你们想知道老师会选择谁加为好友吗？老师会选择“2真诚可信”。

教师：多数同学（或老师）的选择验证了美国学者安德森的一项调查。

美国学者安德森研究了影响人际关系的51种人格品质。其中，最受欢迎的人格品质是真诚、诚实、理解、忠诚、真实、可信。令人讨厌的人格品质是虚假、撒谎、不老实、不可信、邪恶、装假。

教师：可见，真诚可信的人最受人欢迎。我们都希望自己成为这样的人。今天我们的话题就是如何做诚信的人。

二、新授过程

生活中诚信问题无处不在，面临复杂多变的现实，我们能否经得住诚信的考验呢？让我们走进实话实说，看看是谁动了我们的诚信？

（一）实话实说析守则

教师：请出示课前发给大家的心形卡片回答下面的问题：每一个问题都以“会”或“不会”来回答。粉色一面代表“不会”，绿色一面代表“会”。回答有时“会”，有时“不会”的，请将卡片折一下，呈现两种颜色。

出示课件：

日常小考：语文测试默写忘记了，书就在手边，翻一下无人察觉，你会不会抄？

教师：请出示卡片。

预设学生情况：

预设三，出示粉色：“不会”。

预设四，出示绿色：“会”。

预设五，半折卡片，呈现两种颜色：“不会”、“会”。

教师：请（出示绿色卡片的同学）说说你为什么会“抄”？

预设学生回答内容：①怕父母责怪自己没复习好；②想考出好成绩；③想当时就知道正确答案；④想考到好的名次；⑤不想被老师批评……

教师：方才这几个同学敢于说出自己的真实想法，就这一点而言，他们是诚实的，是实事求是的，实事求是是诚信的根本要求。在这个基础上，我们才可以探讨接下来的问题。(板书：实事求是)

教师：请（出示粉色卡片的同学）你同意以上几个同学的说法吗？为什么？

预设学生回答内容：①不同意，会就是会，不会就是不会；②想考出好成绩，应该通过自身的努力，不应该采取不正当的手段；③这次抄到了，不能保证日后总能抄到，对自己未来的学习不利；④检查不出来自己的真实水平 ……

教师：以上同学各持己见，都能说出自己的理由，对自己见解的表达也非常清晰，明了。但是老师认为考试打“小抄”的行为是不可取的，正像有的同学说的那样，这种做法只是满足一时考试考好，却不能保证将来、永久，这是一种短视现象，并不是从长计议。所以，考试抄袭是只顾眼前利益的做法，在考试中做到诚实守信才是从长远利益着眼的上策。(板书：长远利益)

教师：日常小考是这样，那么，如果是在期末考试呢？

出示课件：

期末考试：如果成绩好，奖励你外出旅游；成绩不好，就要面对责难，你会不会抄？

教师观察有哪些同学出示的卡片换了。

教师：（提问换了卡片的同学）请问你这回为什么会“抄”了？说说你的想法。

预设学生回答：①因为是期末考试，成绩对自己一个学期的学习情况有影响；②期末考试，父母都很关注，不想让父母伤心；③想出去旅游放松，以后再努力学习……

教师：你们的回答很真切，情有可原。其他同学有没有不同的意见？

学生：①期末考试也不应该抄，这样是欺骗父母，欺骗自己；②以后就会形成侥幸心理……

教师：如果学生没有提到“不公平”这一点，教师提出问题引导：假如期末考试中，你的好友“抄”了，她取得了好成绩，老师表扬她大有进步，你怎么看待这件事？

预设学生回答：①不值得沾沾自喜，成绩并不是自己的；②心理鄙视她；③无所谓，没有什么……

教师：你觉得她的做法对别人有何影响？

预设学生回答：不公平。

教师：她的不诚信，破坏了考试秩序，使得平日努力学习的人没有公平竞争的环境，她只为自己考出好成绩，却损害了多数同学的利益。（板书：多数人的利益）

诚信不是个人私事，它会给所在的群体带来损害。

教师：诚信要求我们在期末考试中不要只顾一己暂时的利益，侵害多数人的利益。那么，要是在中考中呢？我们还要不要诚信？

出示课件：

中考：0.5 分就意味着甩掉无数考生，你有一个机会可以作弊，你会不会抄？

教师：现在你纠结吗？该如何选择，是要诚信还是要前途？

教师叫出示绿色卡片的同学先回答。

预设学生回答：①中考影响人的一生，至关重要；②考上了心仪的高中，就会考上理想的大学；③这是决定命运的关键时刻，现在抄一下，以后不再做不诚信的事……

教师：同意他们的看法吗？说说你是怎么想的？

预设学生回答：①中考抄袭是违法行为，不被监考老师抓到，也有监控，一旦被发现，后果严重；②就算能抄到，也不一定能抄对，还分散自己的精力；③中考能抄到重点高中，但是到了重点高中没有实力，同样会很遭罪……

教师：看来，大家对此争论得很激烈，都深入地思考了这个问题。首先，肯定的是中考抄袭一旦被发现，即视为违法行为。2005 年，我们正式起草了《国家教育考试法》明确规定：重大考试抄袭视为违法行为。（板书：法律）诚信要求我们遵守法律，不得作出法律禁止的行为。其次，假设抄袭没有被发现，你考入了理想的高中，甚至是后来也考到了著名的大学，那你的人生就能一帆风顺吗？为什么？

教师：在中考抄袭的那一瞬间，就失去了诚信的品质，日后只要有巨大利益诱惑的出现，你就会铤而走险，为了追求利益不顾一切，因为你失去了做人最基本的原则——诚信。最终可能会给自己带来不可挽回的损失。

教师：在现实生活中，是不是有这样的人，他们能够放弃个人暂时的利益，践行诚信？下面请听这样一个真实的故事。谁来给同学们现场朗诵一下？

承诺与前途间的抉择

这是一个真实的故事，22 岁的华北煤炭医学院学生周伟在捐献造血干细胞的承诺书上签上了自己的名字，成为唐山市红十字会捐献造血干细胞的志愿者。

两年后，正在实习和考研冲刺阶段的周伟，接到了红十字会的电话，告诉他与一位杭州40多岁的女性白血病患者之间HLA（人类白细胞抗原）初配成功了，需要马上进行骨髓移植手术。

周伟在经过激烈的思想斗争后，毅然放弃了考研计划，履行他当时捐献骨髓的承诺，走进了医院的大门。骨髓移植手术非常成功，白血病患者成功获救。

周伟的诚信壮举，赢得了社会对他的广泛赞誉。

（1）周伟当选当年感动河北十大年度人物。

（2）获得中国“捐献造血干细胞荣誉证书”。

（3）荣获河北省“红十字会理事会名誉理事”、“捐献造血干细胞形象大使”称号。

（4）荣获“河北省优秀共青团员”荣誉称号。

（5）被华北煤炭医学院附属医院破格录用为正式职工。

教师：周伟年纪轻轻，却申明大义。做到诚信，有时意味着付出，我们付出，社会诚信，社会诚信，人人受益，这是一个曲折的逻辑，但是却可以通过我们每一个人的努力坚决地执行和落实下去。

教师：通过上面的讨论，同学们已经了解了诚信的基本要求，那么是不是能在实际生活中做出诚信的正确选择呢？让我们来试试看。请实事求是地回答老师提出的问题。

（二）实话巧说言智慧

教师：我和你的班主任老师相比，你更喜欢哪位老师？为什么？

预设学生的答案可能有四种：

预设学生回答【班主任好】

对同学真实的看法加以肯定，作为同事，为你们的班主任老师感到自豪，相信她听到了会很高兴。同时引导学生，在你表达真实想法的时候，也要顾及他人的感受。

预设学生回答【你好】

老师的心情很愉悦，能得到同学们的认可，是件快乐的事情。老师会把它视为一种鼓励，并且告诉学生即使有恭维我的成分，也不违背诚信，因为这是对我的尊重。从善意出发，即使没有直接表达真实想法，也是符合诚信的，更是诚信智慧的表现。因为诚信的核心是“善”。

提醒学生：在评价他人时也要尊重他人的隐私，这并不违背诚信原则。

预设学生回答【都好】

这种回答很有智慧，看问题较客观全面。让两位老师都高兴。这是富有智慧的回答。

预设学生回答【都不好】

针对学生的这种回答，启发学生“不是我们身边缺少美，而是我们缺乏发现美的眼睛”。换一种心情看风景。

教师：由此可见，诚信不等于实话实说。实现诚信的方式是灵活的，多元的。诚信的核心是善。从善意出发，才能有智慧地运用诚信守则。

教师：如果大家都拥有诚信智慧，遵循诚信守则，那整个社会就会是一个公平正义，诚信友爱，充满光明的场景。

（三）诚实守信话和谐

教师：讲诚信就是要落实到日常的生活中，一个讲诚信的社会必将是充满和谐之音的美丽画卷，下面，让我们共同走进广西罗凤村，去感受那里的诚信之光。

播放视频：《罗凤村 100 年无人卖菜一条街》

内容摘要：持续 100 年来，广西罗凤村村民把自己种的菜放到一条街上，不用专人卖菜，买主自动把买菜的钱放到一个固定的小篓里，从来没有丢失过。

教师：买主光明，卖主光明？是的，买主光明，卖主也光明，他们身上闪耀的诚信之光，给了我们一份温暖、一种感动。虽然有时我们可能一时疏忽造成自己失信于人，但只要我们努力，还是可以做一个“有信义”的人，下面，请结合自己今后学习生活的某一方面，做出一个承诺，这个承诺既可以是对自己，也可以是对爸爸、妈妈、老师、同学。

接下来请利用桌面上的卡片制作一份“诚信承诺卡”，给自己许下一个诺言。

在征得学生同意的前提下，展示诚信承诺卡，让学生相互借鉴。

三、结束语

拥有诚信，一根小小的火柴，可以燃烧一片星空。拥有诚信，一片小小的绿叶，可以倾倒一个季节。拥有诚信，一朵小小的浪花，可以飞溅起一个海洋。你说话算数，我一诺千金；你一言九鼎，我一言为定。诚信品德，美好你我！

【板书设计】

做诚信的人

（三）诚信守则：
实事求是
长远利益
多数人利益
法律

二、诚信智慧
诚信的核心是善

【课后反思与自我评价】

（一）生成，让教学充满实效

我所上人教版思想品德教材八年级上册《做诚信的人》这一课，既有成功之处，又有诸多遗憾，现将教学做如下反思，以励日后教学。

（二）预设精心，环节自然流畅

（1）两难情境设置，基于生活，指导生活。本课教学之前，我做了大量的知识储备工作，深入调研目前学生对于诚信这一话题的认识。得出结论是：同学们不是不知道应该做一名遵守诚信的人，只是生活是具体和复杂的，不讲求诚信是有具体原因的。针对这一生活实际，我运用“两难问题教学法”设置教学情境，在问题的设置和引导上注意针对性、预见性和实效性的结合。设置的“两难问题”，不断变换复杂生活情境，层层递进，点燃学生的思维，把教学一步步推向重难点。两难问题的设置，能够激发学生的认知冲突，力争充分调动学生思维活动的积极性，启发学生展开思维，运用已有观点和生活经验，进行一系列的分析、判断、推理活动，以求解决问题。

(2) 小处着手，大处着眼，教学富有层次性。本课教学设计从学生现在与师长、同学交往不诚信的危害谈到将来对自身事业的危害，以及对社会、对国家的危害。引导学生认识到和谐社会需要诚信，经济全球化需要诚信。由小到大，层层深入，教学设计体现了层次性和流畅性。

(三) 生成还不够，教学有失活力

成功的课堂，就是因为聪明的教师及时抓住并合理处理了众多有效真实的生成而促成的，那样的教学既是人本的、发展的、和谐的，又是充满生命活力的。本节课在两难情境的设置下，学生的积极性空前的调动起来了，大家纷纷发表自己的见解。但是老师对学生的深入探讨缺乏适时地点拨、正确价值观的引导。比如，同学们讨论到诚信是需要代价的，那为什么做人必须付出这份代价呢？这正是本课的疑难点，学生思维的困惑处，如果教师及时地抓住了这一契机，及时点拨：因为这是长远利益的要求，这是群体利益的要求……这样既强化了本课的重点、难点，又明理激情，使课堂教学富有实效。

之所以没有处理好这一环节，首先是自己备课时，对这一问题思考得不够深入，在知识准备上存在欠缺，在深入挖掘教材知识的内在联系上还很不够；其次是教学机智不够，在驾驭课堂上还需下工夫。

好的教学是预设与生成的完美统一，要想得到教学的完美，离不开充分的预设，更需要实力教学的生成智慧。生成，让教学富有实效。

【专家分析与点评】

预设精心。本课紧紧围绕学生生活实际展开探究活动。每一个问题的设置都能看到教师独具匠心之处。在“实话实说析守则”一栏中，教师抓住学生考试抄袭这一最贴近学生的诚信话题，从“日常小考、到期末考试、再到中考”展开探讨，层层递进，打开了学生的话匣子，从而展开对诚信守则的探究活动。从小处入手，大处着眼，既放得开，又收得拢。在“实话巧说言智慧”一栏中，教师用自己和班主任老师对比，设置了两难情境，让学生在实际的交际中体会诚信的智慧，既增强了学生的体验，又很有说服力。课堂中类似这样的教学设计体现了老师的教学艺术和智慧，这样精心的预设为本课生成的精彩创造了前提。

生成精彩。新课改理念下，一切精彩成功的课堂应该是学生在台前，教师在幕后，学生的主体发展才是一节课成功与否最为重要的标志。学生是否有话说，能否点燃学生的思维是一节课的亮点。这节课就做到了这一点。老师精心的预设成功地开启了学生的思维和探究的欲望。对于每一个同学的回答，做出准确、激励的评价是本节课教师教学机智的又一体现。对于来自老师、同学的赞许和鼓励，必将激励学生爱上思想品德课堂，从而引发学生对品德学习的自觉性。一堂课可能不足以改变一个人的一生，但一堂课可以点亮一颗心，这节课引发了学生的思考、探究，走进了孩子的心灵，精彩就在这里。

（大连市教研员　张雪梅）

【作者简介】

张利荣，高级教师，教育硕士学位，国家二级心理咨询师，辽宁省思想品德学科带头人，辽宁省优秀思想品德学科教师，大连市骨干教师，沙河口区名师成长班学员，沙河口区思想品德学科兼职教研员。

案例 8 《财产留给谁》教学设计

沈阳市朝鲜族第二中学 金锦顺

【教学内容分析】

《财产留给谁》这一课题是人民教育出版社出版的《思想品德》八年级第七课第二框的内容。这是公民了解权利和义务的一部分，也是成为未成年人学习和了解法律规定履行财产继承权的主要途径。因为在现实生活当中，青少年很少了解关于继承财产方面的问题。本节课里，教者有意识地提高学生自主性学习和探究协作学习能力。这对学生培养有情有义、良好人际关系也有很好的帮助。学生通过本节课了解依法维护权益问题，并培养和弘扬中华民族传统美德的社会责任感。而且，让学生用表演的形式站在当事人的立场争取继承权，这既能有助于调动学生们的积极性和活跃性，也有助于学生增强应变能力和确立正确的继承遗产的观念。

【课程依据】

在现在社会，随着社会的发展，人们对自己的财产及其所有权日益重视。法律也加大了保护公民合法财产及其所有权的力度。当前未成年人采用抢钱、盗用等手段侵占他人财产、危害社会和他人利益的事件时有发生。对此，有必要加强法制教育，以减少侵权事件的出现。另外，未成年人因缺乏维权意识和能力，当自己的财产所有权受到侵害时，不能及时寻求法律保护。为此，有必要对未成年人进行采用正当方式获得财产的教育，有针对性地提升未成年人的法律素质。通过教育不仅使未成年人了解相关知识，而且能够爱惜国家财产和他人合法财产。学生应该了解国家为了使公民能够按照自己的意愿处理属于自己的财产，也为了使后人有序地继承财产，国家制定了财产继承法律制度。尤其是对于现实生活中存在的财产继承问题，未成年人知道的很少，因此有必要对其进行这方面的教育。本课所依课程标准的相应部分是“我与他人的关系”中的权利和义务部分，使学生懂得用法律武器正确履行自己的正当权益的同时，还要明确注重情义、互谅互让的社会主义优良传统美德。

【教学目标】

知识目标：通过教学使学生了解遗产、被继承人、继承人、继承权的含义及法定继承人的范围、继承顺序；继承权的实现方式以及在继承权发生争议时我们应有的态度和方法。

能力目标：通过案例引路、学生自主探究、教师参与的教学方式，提高分析问题和解决问题的能力，能运用法律维护自己的合法权益。

情感、态度和价值观目标：通过活动，培养学生尊重权利、遵守法律，能够自觉学法、守法、用法，并发扬注重情义、互谅互让的社会主义优良传统美德。

【教学重点和难点】

教学重点：财产继承权。

教学难点：互谅互让、宽容、发扬传统美德。

【教学方法】

表演法、讨论法、案例分析法、情感激励法。

【教学过程】

		教师活动	学生活动	设计意图
导入		（互换礼节语） （展示幻灯片 1） （为了让学生产生兴趣，展示堆成山的人民币画面来引起学生的注意力） （展示幻灯片 2） （金大爷一家的基本状况。用课件的形式展示金大爷去世后，以一辈子积累下来的财产归属问题为例展开本课堂的内容。）	看屏幕 思考问题	用课件展示案例，能使学生积极地投入到新课的学习中，增加课堂知识量
教学内容：法定继承	知识点 1：继承时间	＜金大爷的财产归属问题＞ （展示幻灯片 3） （金大爷和大娘是结婚 40 多年的夫妻。膝下有两个儿子和两个女儿。上面还有年迈的母亲。大儿子是养子，一直由他来扶养父母；二儿子虽然是亲生儿子，但因为涉嫌贪污罪，被判处有期徒刑 3 年，在监狱里；大女儿尽到了赡养父母的责任；小女儿虽然已经成家，从来没履行赡养父母的责任。金大爷的弟弟金某跟金大爷关系密切。） （展示幻灯片 4） 在一次体检中，金大爷检查出了胃癌晚期，卧病在床。家人为了金大爷的财产进行了讨论。大家都说自己有继承权。 教师：金大爷尚未辞世，能继承他的财产吗？ 学生：不能。 教师：为什么？ 学生：（指名学生回答） ＜根据法律规定：继承从被继承人死亡时开始＞	文字部分指明学生读出声来 看屏幕思考 学生小组讨论、交流 明确继承时间	为了节约时间用屏幕展示案例内容 案例贯穿于整个课堂 思考中引出继承时间

续表

		教师活动	学生活动	设计意图
教学内容：法定继承	知识点 2：具备遗产的三个条件	(展示幻灯片 5) (幻灯片文字：半年后金大爷去世) (展示幻灯片 6) 教师：金大爷去世以后，他家的财产怎么分割？ 学生：一半有大娘的财产。 教师：剩下的金大爷的财产，该怎么分割？ 金大爷的遗产： (1) 存折上的 5 万元（　　） (2) 6 间房子（约合人民币 15 万元）（　　） (3) 古董少许（约合人民币 2 万元）（　　） (4) 廉价购买的赃车（约合人民币 3 万元）（　　） (5) 彩电（约合人民币 1500 元）（　　） (6) 电冰箱（约合人民币 800 元）（　　） 教师：以上的财产都是金大爷的遗产吗？ 学生：第四个不是。(因为不合法) 教师：由此，我们可以总结出遗产的三个条件是什么？ 学生：…… (展示幻灯片 7) 教师：法律是怎么规定的呢？ (确定遗产的含义) * 遗产的三个条件： (1) 必须是公民死亡时遗留的财产。 (2) 必须是公民个人所有的财产。 (3) 必须是合法财产。	学生阅读教材第 76 页、第 77 页的内容	通过讨论和质疑交流的方式，使学生在合作过程中解决问题 明确哪些是遗产
教学内容：法定继承	知识点 3：四个基本概念	(展示幻灯片 8) 教师：材料中留下财产的是谁？ 学生：金大爷——被继承人 教师：能够继承财产的人是谁？ 学生：继承人有金大爷的母亲、大娘、两个儿子和两个女儿、金大爷的弟弟。 (展示幻灯片 9) (金大爷的关系中确定三个概念) (1) 被继承人。 (2) 继承人。 (3) 继承权。 教师：我们看一看法律是怎么规定的？ 我国《继承法》在第二章“法定继承人的配偶、子女、父母、兄弟姐妹、祖父母、外祖父母为法定继承人，享有继承权。”		弄清都有谁有继承的权利 明确三个概念：被继承人、继承人、继承权

续表

		教师活动	学生活动	设计意图
教学内容：法定继承	知识点 4：继承范围	＊与金大爷的关系： （1）血缘关系：母亲、小儿子、大女儿、小女儿、弟弟。 （2）婚姻关系：大娘。 （3）抚养关系：大儿子。 （以上人物可以确定继承范围） （展示幻灯片 10、11） 母亲、大儿子、大娘、小儿子、大女儿、小女儿、金大爷的弟弟	分角色阐明自己的观点 学生的表演（7 名继承人之间产生争议）	扮演角色，感受真实，提高学生的判断能力
	知识点 5：继承顺序	教师：以上人员，都能继承吗？ （展示幻灯片 12） 我国《继承法》规定，遗产要按照继承顺序继承。第一顺序继承人包括配偶、子女、父母。第二顺序继承人包括兄弟姐妹、祖父母、外祖父母。继承开始后，由第一继承人继承，第二继承人不继承。 （展示幻灯片 13） 教师：弟弟金某能参与遗产继承吗？ 学生：不能（因为不属于第一继承人）	师生间、学生间互动	利用案例中出现的人物，明确继承顺序
教学内容：遗嘱继承	知识点 6：发生争议时，相互关爱，宽容	（展示幻灯片 14） 教师：如果第一顺序继承人把金大爷的遗产公平分配的话，每人应该分几分之几？ 母亲：分得金大爷遗产的 1/6 大娘：分得金大爷遗产的 1/6 大儿子：分得金大爷遗产的 1/6 小儿子：分得金大爷遗产的 1/6 大女儿：分得金大爷遗产的 1/6 小女儿：分得金大爷遗产的 1/6 教师：这样分配遗产，公平吗？ 学生 1 回答：不公平…… 学生 2 回答：不公平…… ＊（家庭是谈感情的地方，不是论道理的地方！）	站在不同角度思考问题并积极回答 继续分角色讨论现实生活中可能出现的问题：利益平等了吗	用质疑的方式把问题投给学生，让学生在合作过程中解决问题
	知识点 7：遗产的分配原则	教师：有其他意见的同学吗？（指名学生）如果你是小女儿的话？…… 学生：相互关爱，尊重，宽容…… （我们在遗产继承中，除了要严格遵循法律规定外，还要大力传承和弘扬中华传统美德，践行社会主义道德。） ＜在我国现阶段，多数继承采用的是法定继承，这是一种十分重要的继承方式。＞		在交流和争辩中更能够弄清问题 让学生明白宽容、关爱永远贯穿于人们的生活当中

续表

		教师活动	学生活动	设计意图
教学内容：遗嘱继承	知识点 8：遗嘱继承	（展示幻灯片 15） 金大爷的遗言： ＜我走后，将我的一半财产留给我的母亲和爱人。另一半财产留给多年伺候我的大儿子。＞ （展示幻灯片 16） 教师：遗嘱继承的最大优点在于被继承人能够充分按照自己的意愿处理财产。	学生认识遗嘱继承和法定继承。弄清遗嘱继承的特点	案例的进一步进展有利于揭示“遗嘱继承”这一新知识点
	知识点 9：遗赠	（展示幻灯片 17） 教师：还有一种处理遗产的情况——遗赠。（即公民将自己的财产待死后不留给亲属，而赠给法定继承人以外的人，这是法律所允许的。） （代表人物：比尔·盖茨和 沃伦·巴菲特）	探究学习：受遗赠人获得遗赠的遗产受我国法律保护	学生通过本节课，学习如何做一名有社会责任感的公民
	思考问题	教师：这两位人的品质怎样？ 学生：（高尚的人，有社会责任感的人……） （展示幻灯片 18） 教师：如果你是比尔·盖茨或者沃伦·巴菲特的儿子的话？ 学生回答：……	探究学习	
板书	知识总结	（展示幻灯片 19） 教师：我们今天学了关于具备遗产的三个条件，继承范围、继承顺序、继承权方面的知识和继承财产的两个主要继承方式，当继承权发生争议的时候，除了要严格遵循法律规定外，还要大力继承和弘扬中华传统美德，践行社会主义道德 教师：通过学习本课你有什么收获？	学生相互交流，总结知识结构，说出自己在本节课中所得所感	通过回忆，进一步加深对这一课新知识的理解
		第七课 第二框 财产留给谁 1. 财产继承权 （1）具备遗产的三个条件 （2）继承范围 （3）继承顺序 2. 继承方式 （1）法定继承 （2）遗嘱继承 （3）遗赠 3. 发生争议时 （1）用法律武器，维护自己的权利 （2）相互关爱，宽容	在教科书中记录知识结构	用“￥”字扩大的板书设计，引起学生的注意力，提高学生的学习兴趣，加深印象

【教学反思与自我评价】

（1）从本堂课的教材结构来看，初二学生的法律意识比较淡薄，知识点零散杂乱，学生不容易接受。为了让学生容易理解，掌握得更加全面，本课利用金大爷遗产处理的案例为主线，把整个课堂一贯而成，把枯燥难懂的法律知识变得通俗易懂，应用于学生处理身边发生的事情，让学生有一种法律就在我们身边的切身感觉。

（2）提问式教学方法能够激励学生探索思考，能够积极培养思维能力。它注重的是处理问题的过程性、探究性、开放性。本课大胆改变了以往统一的答案标准性和唯一性的追求。本人对本节课的最大感受是最好的教师莫过于会提出有效问题，能否提出一个有思维驱动力的问题。

【专家分析与点评】

《财产留给谁》这篇教学设计，符合新课程对教学三维目标的要求，在知识、能力、情感态度价值观方面提出明确的设定。从学生的身边生活出发，铺设充分引起求知欲的教学情境，既很好地完成了教学任务，又让同学们觉得法律知识就是来源于现实生活，提高了学习法律知识的积极性和主动性。为增强学生依法维权的意识和能力起到了很重要的作用。

比尔·盖茨和沃伦·巴菲特的例子，充分显示了思想品德课独特的完善人格的特色，引发同学们的深思，提升思想境界，是学生远离拜金主义的一个很好的思想教育，这在未成年人形成人生观、世界观、价值观的关键时期，起到了很好的方向作用。本堂课让学生们在短短40分钟内获得学习法律知识的愉悦感的同时，分享宽容的快乐。而且，最令我赞叹的是教者把这一切在潜移默化中进行，自然而愉悦。

（沈阳市朝鲜族第二中学　张成姬）

【作者简介】

金锦顺，沈阳市朝鲜族第二中学教师；苏家屯区骨干教师，教育硕士。兴趣广泛，喜欢读书，多次在报刊上发表过诗和散文。

案例9　《我们的社会主义祖国》教学设计

葫芦岛市南票区高桥中学　崔　佳

【教学内容分析】

本课是人教版《思想品德》九年级第二单元第三课第一框的内容。整个九年级教材是围绕“责任和使命”的主题，探讨我与集体、国家、社会的关系。本框所学的初级阶段基本国情，是帮助学生理解我国的基本经济制度、基本政治制度和党的“十八大”提出的“五位一体”等有关内容，更好地了解现阶段我国各族人民的共同理想，并为实现共同理想而不懈奋斗。因此，本框题在本单元乃至本册都起着基础引领的作用。

【教学理念设计】

从教材走向生活，把教材与生活整合。在情境中体验，在体验中感悟，在感悟中收获。教师应密切联系生活实际和学生思想实际，把教材与学生生活进行整合，从学生的心理特点出发，让学生真正对所学知识感兴趣，积极主动地参与到教学活动中来，使学习过程变成学生思考、辨析、活动、体验的过程。作为学生学习的领导者、组织者、促进者，教师应努力营造适合每位学习者的学习环境，创设学生熟知的、与生活密切相关的教学情境，把关注的焦点放在每个学生的认知活动和情感体验上面，有效地激发学生的学习兴趣，使学生在情境活动中有所感悟。

【学情分析】

九年级的学生正处于青春期，思维较为活跃，有一定的分析、解决问题的能力和自主探究、合作学习的能力，对具有趣味性、挑战性的学习内容和学习过程有积极主动的参与欲望。他们对我们国家的基本国情有不同程度、不同侧面的了解，但多是感性、零碎的认知，缺少理性的认识。本课内容就是通过教学，引导学生全面、系统地了解我国的基本国情，使他们更好地理解党的方针、政策，全面认识社会现象，从而增强建设祖国的责任感和使命感，做一个有责任感的公民。

【教学目标】

情感、态度和价值观目标：①了解我国的经济、政治、文化地位，认识改革开放以来我国社会主义现代化建设所取得的巨大成就，更好地理解党的基本路线及有关方针、政策，激发热爱祖国、热爱中国共产党的真情实感。②在认清基本国情的基础上，进一步增强建设社会主义现代化的使命感和责任感。

能力目标：①在体验中逐步养成开放的意识和世界性眼光。②在学习过程中，提高全面认识、分析事物的能力。③在收集材料、分析材料的过程中，提高归纳、总结的能力。

知识目标：①感受我国在国际舞台上的地位，知道我国处于社会主义初级阶段的基本国情及其原因。②明确现阶段我国社会的主要矛盾和国家的根本任务。③知道我国改革开放以来取得成绩与进步的根本原因，明确要始终高举中国特色社会主义伟大旗帜。

【教学重点和难点】

教学重点：我国的基本国情。当今的中学生生活安逸，对祖国的不发达和部分地区的贫穷落后缺乏认识。只有全面系统地了解我国的基本国情，才能更好地理解党的方针、政策，全面认识社会现象。

教学难点：初级阶段的主要矛盾和根本任务。这两个知识点看起来简单，只有两句话，但对于仍以感性认知为主的初中生来说相对抽象，理解上存在难度，所以预设为本课难点。

【教学策略选择与设计】

（1）自主探究法。组织学生在活动中自主质疑—探究解疑，发挥学生的自主性，变学生被动地接受为主动的探究，根据创设的情境或设置的问题主动寻找答案或总结归纳。

（2）激趣导学法。设计一系列问题，创设情境，激发学生的求知欲与好奇心，让学生带着问题进入情境，展开想象，尝试提出问题并参与问题探究，主动获取知识，体验、感悟以达到明理、导行的目的。

【教学资源与工具设计】

利用多媒体进行教学，通过歌曲、图片及视频的播放创设情境，渲染氛围。

【教学过程】

一、新课导入——5 分钟

（一）情境导入，感受祖国魅力（时间预设：5 分钟）

教师：（播放配乐诗朗诵《我的祖国》的视频，师生欣赏后，导入）伴随着优美的旋律，倾听着激昂的赞歌，大家一定会为我们的祖国而深深地感到骄傲和自豪吧。历史课上，我们感受了中华五千年灿烂辉煌的发展历程；地理课上，我们感受到了祖国的山河秀美、地大物博；语文课上，我们感知了中华文化的博大精深、源远流长；今天的思想品德课，我们将从另外一个角度来了解我们的祖国，我们来共同学习第三课第一框《我们的社会主义祖国》。

学生：欣赏诗朗诵视频，从不同角度感知我们伟大的祖国，增强民族自豪感，了解本课探究内容。

【设计意图】创设情境，渲染课堂气氛，让学生感受优美的旋律，欣赏精美的视频，聆听对祖国的赞美，从而引发情感上的共鸣，爱国之情随之油然而生，对本节课的探究内容也燃起了兴趣，努力营造“课未始，兴已浓”的氛围。

二、新知探究——25 分钟

（二）记者播报，见证祖国辉煌（时间预设：5 分钟）

教师：（创设情境，激趣设疑，大屏幕出示幻灯片，教师展示介绍）国外的一家报纸发表文章说：“中国在仅仅 20 多年中，在各方面取得了如此的进步，简直可以说是惊人的。历史上几乎没有哪个国家能像中国这样在如此短的时间内，在这样广阔的领域取得如此大的成就。”品味这家报纸的评价，回首我国的发展历程，我们的国家从来没有像今天这样繁荣昌盛，我们的民族从来没有像今天这样扬眉吐气，我们的人民从来没有像今天这样对前途充满信心。中国这条腾飞的巨龙，正以全新的面貌引得世界叹为观止。

如果要以“中国——腾飞的东方巨龙”为主题召开一次新闻发布会，请你以与会记者的身份，收集近年来展现我国在国际舞台上政治、经济、文化等各方面作用、地位的新闻，在会上与大家进行交流。

学生：阅读、分析幻灯片中国外报纸对中国的评价，结合搜集的资料进行角色模拟，与大家交流展现我国各方面可喜成就的新闻。

【设计意图】将祖国国际地位提升，树立新的国际形象的内容，以学生生活中感知到的新闻素材为例子，使学生在收集、整理、回顾这些新闻内容的同时，自然而然感受到祖国在世界舞台上的新形象、新地位，民族自豪感、自信心被激发；同时，以记者的身份进行新闻播报，也让学生尝试进行了不同的角色体验，让很多学生跃跃欲试。

教师：（学生播报后，小结）听了大家播报的新闻，和大家一起再次感受了祖国在近年来取得的辉煌成就，在政治、经济、文化等各个方面发生的翻天覆地的变化。我们可以骄傲地向世界宣布：中国是发展最快、变化最大的国家之一。一个和平、合作、负责任的中国形象已经为国际社会所公认。中国的国际地位日益提高，在国际舞台上发挥着越来越重要的作用。（幻灯片出示我国的国际形象）

（三）你争我辩，认清基本国情（时间预设：10 分钟）

教师（过渡，设疑）：感受着祖国在国际舞台上的影响力，一位同学发出了这样的感慨，我国已经达到发达国家水平了！你赞同他的观点吗？

学生：结合教师提出的问题，选择自己赞同的观点。

教师：（将持赞同、不赞同两种观点的学生分组，以自由辩论的形式合作探究）：请根据所选观点的不同与你的同伴一起准备相关资料，可采用事实论证、道理论证、举例论证等多种方式证明自己的观点。

学生：与同伴一起准备相关资料，与对方进行辩论。

【设计意图】以任务为驱动将教学内容隐藏于辩论话题之中。让学生在准备、倾听、争辩、反思中感受愉快、轻松的学习氛围，使知识在交流中增值、思维在交流中碰撞、情感在交流中融通。在辩论过程中探究真知，主动消除错误认识，而并非被迫接受他人的观点，增加对知识的认同感，体现了以学生为主体的理念。

教师：小结学生辩论后，与学生共同学习“社会主义初级阶段”这一内容。大屏幕出示其原因、含义、表现、时间，初级阶段的主要矛盾、根本任务，并引导学生列举生活中的实例来说明、论证。同时，大屏幕出示有关“上学难、看病贵、住房难、养老难、就业难”等问题的漫画及图片，帮助学生加深理解主要矛盾，明确由此决定的根本任务，完成从感性认识上升为理性认识，再由理性认识回到生活的飞跃。

学生：结合大屏幕给出的社会主义初级阶段相关知识点及反映民生问题的图片，举生活实例进行解释说明，感知我国现阶段的主要矛盾和由此决定的根本任务。

【设计意图】举生活实例，在感性认识的基础上，结合教材中的文本内容，帮助学生上升为理性认识。

（四）喜谈变化，探寻根本原因（时间预设：10 分钟）

教师（过渡）：经过一番激烈的唇枪舌剑，我们既欣喜地感受到了祖国的繁荣发展，也清醒地认识到了我们尚存在的不足。取得的成绩令我们信心百倍，存在的不足也激励我们发愤图强，迎头赶上。我们来一起总结一下新中国成立后特别是改革开放以来我们国家取得的喜人成绩与进步，探寻取得成绩与进步的原因，并以此为契机，争取更大的进步，取得优异的成绩。

教师（播放相声《我有点晕》片段，感受改革开放 30 年来人们生活发生的变化，引导）：欣赏了这段相声，在捧腹之余，我们可不能晕，找一找发生在我们身边的变化，探寻其原因，以便争取更大的胜利。

请大家以“衣、食、住、行话变化”为主题，以小组为单位，每组选择衣、食、住、

行等任意一个方面，列举自己生活中发生的喜人变化，概括发生变化的原因。（大屏幕出示取得成绩与进步的根本原因）

学生：欣赏视频，感受改革开放以来祖国的可喜变化，以小组为单位，任选衣、食、住、行中的一方面举例说明发生的变化并概括变化原因，各组发言后，结合大屏幕上的提示，感知取得成绩与进步的根本原因。

【设计意图】让学生从熟知的生活中感受到祖国的变化，从与其生活密切相关的衣、食、住、行等各个方面切身感受到社会主义制度的优越性，变化就在身边，改变着他们自己的生活，这样的举例更具有说服力；由对变化的感性认识再到对变化原因的理性思考，既符合学生的认知规律，也符合思维的逻辑性。

三、拓展提升——10分钟

（五）调查走访，了解百姓心声（时间预设：5分钟）

教师（过渡）：立足于我国处于社会主义初级阶段的基本国情，面对初级阶段的主要矛盾，我们明确了目前的根本任务。在中国共产党和全国各族人民的艰苦奋斗、不断努力下，我们生活的幸福指数不断攀升，人们对于“幸福生活”也会有更高的要求与期待。“你幸福吗？你向往怎样的幸福生活？”下面将你在课前通过调查走访了解到的人们对新生活的新向往，与大家进行交流，了解人们日益增长的物质文化需要，从而明确我们国家的奋斗目标。

学生：汇报课前调查走访情况，交流不同的人对幸福的要求，了解百姓心声。

【设计意图】通过调查走访实践活动，了解百姓对幸福生活的新希望，从而也反映出我们国家存在的不足及发展的目标，有助于学生们立志报效祖国、建设祖国，更好地承担对国家、对社会的责任。

（六）国家繁荣，青少年的责任（时间预设：5分钟）

教师：少年智则国智；少年强则国强。建设繁荣富强的祖国是我们青少年义不容辞的责任，实现中华民族伟大复兴的历史重任就落在我们每个人的肩上。我们青少年要如何肩负起这时代赋予我们的历史重任呢？请你从身边小事做起，从现在做起，努力学习，为国家的兴旺发达尽自己的一点绵薄之力。

“葫芦岛是我的家，建设就靠你我他”，请你为自己家乡的发展建言献策，和全市人民一起打造美丽富饶的海滨城市！

学生：结合教师提出的要求，与小组成员商讨，共同为家乡的建设建言献策。

【设计意图】在学习本课内容的基础上，激发爱祖国爱家乡的情感，增强社会责任感和使命感，增强学习的动力，把对祖国和家乡的热爱落实于实际行动上。

四、末课小结——5分钟

（七）盘点收获，畅谈我的感受（时间预设：5分钟）

教师：结束了本节课的探究之旅，让我们来盘点一下本节课的收获，谈一谈自己的感受吧！

学生：结合本课所学，盘点自己的收获，交流自己的感受。

结束语：回首昨天，我们已经取得了光荣伟大、举世瞩目的成就；放眼未来，我们必将书写更加雄伟壮丽的新篇章。而如今，中国正站在一个新的发展起点上。我们要抓住这一重要的战略机遇期，促进科学发展，构建和谐社会，为夺取全面建成小康社会新胜利、开创中国特色社会主义新局面、实现中华民族伟大复兴而不懈奋斗。同学们，让我们一起行动起来，为中华之崛起而努力吧！

【板书设计】

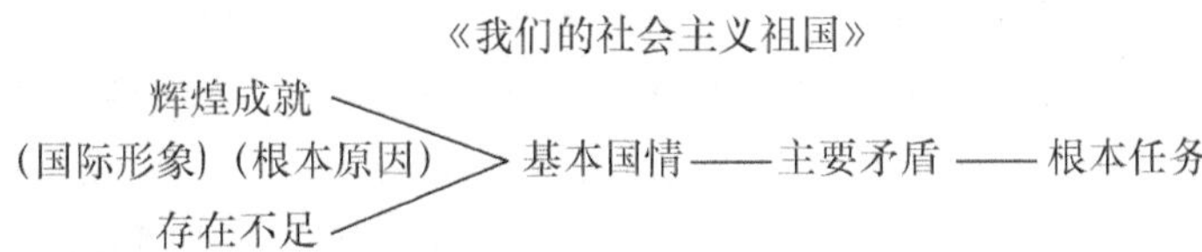

【课后反思与自我评价】

本节课的知识理论性相对较强，学生理解起来有一定的难度，文本的内容相对枯燥，学生对此缺乏兴趣。因此，在教学设计过程中，主要侧重于激发学生参与的积极性，增加探究内容的趣味性，将枯燥的理论生活化，从对生活的感性认识上升到对文本的理性认识。通过视频欣赏、角色扮演、辩论、调查走访、建言献策等多种方式，激发学生的兴趣，选取贴近生活的话题，让学生去感知、体验、理解，从发生在身边的生活真实实例中举例，从而达到让文本走进生活，再由生活回归于文本的目的。在各个环节之间，以设问引领学生从感性向理性过渡，有意识地由感性认知向理性思维靠拢，回归到对学习目标的理解、深化，使课堂中得出的每一个结论都能够有水到渠成的感觉。

【专家分析与点评】

本课内容是学生了解国家，接触社会的起步。由于学生对国家、社会的认识比较零碎、片面和感性，因此在课堂探究过程中，学生能谈的内容相对较少。在本篇教学设计中，为了解决这一“文本相对枯燥，学生言辞匮乏”的问题，教者主要是将教材内容与学生生活进行整合，使教材内容生活化、理性知识感性化、枯燥内容趣味化，将教材知识与学生生活密切联系，通过创设情境、设置问题、安排活动，激发学生参与的积极性，引领学生在情境中体验、在体验中感悟、在感悟中收获。

（1）运用角色模拟，强化学生对学习内容的感知。在探究我国的国际形象这一问题时，请学生以记者的身份进行新闻播报，使学生在搜集、整理新闻素材的过程中，总结、归纳能力得以提升。同时用身边的变化、用贴近学生生活的实例来感染学生，激发了学生热爱祖国、热爱中国共产党的真情实感，使抽象的理论变得具体、生动。

（2）创设各种情境，激发学生探究新知的积极性。教师能够从学生的生活体验入手，通过欣赏视频、课堂辩论、建言献策等活动激发学生自主交流、合作探究，在视觉、听觉得以满足的同时，在与同学激烈辩论的过程中，分析问题，解决问题，构建新知。特别是在解决社会主要矛盾和国家根本任务的相关知识时，运用课件展示部分民生热点问题，有效地将两个知识点联系起来，化难为易，让课堂教学达到事半功倍的效果，也很好地突出了教学重点，突破了教学难点。

（3）强调生活体验，引领学生在体验中感悟。将抽象的知识与具体的生活实际相结合，从感性认识开始，再通过这些体验中的感性认识上升为理性的思考，总结、归纳出教材对应的知识点。有了这些来源于生活体验中的理性认识，再将其应用、服务于生活，让学生为家乡的建设、发展建言献策，有助于实现理论知识与实际生活的交融，也很好地体现了思想品德课程“贴近学生、贴近生活、贴近实际”的原则。

整个课堂教学，自始至终突出学生的主体地位，让学生在愉快的教学活动、自主体验感悟中完成学习任务，充分体现了“把教材与生活整合，在情境中体验，在体验中感悟，在感悟中收获”的教学理念。如果能增加课堂教学反馈环节，检测学生学以致用的能力，则该节课更会锦上添花。

（葫芦岛市教师进修学院　李杰）

【作者简介】

崔佳，思想品德学科市级骨干教师，曾承担市、区、校各级各类公开课30余节，编写的多篇教学设计被评为省、市、区各级优秀教学设计，撰写的多篇论文被评为省、市、区各级优秀论文。

案例10　《肖像和姓名中的权利》教学设计

沈阳市第140中学　李晓岑

【设计理念】

新课程改革以创新精神和实践能力的培养为重点，建立新的教学方式，促进学习方式的变革。而思想品德的课堂更应强调教学过程是师生交往、共同发展的互动过程。教学中，信息技术手段的使用，使授课内容更直观、更形象、更具体。教师利用生活中的事例创设情境，引导学生质疑、调查、探究，学生在情景中体验情感，培养掌握和运用知识的能力，从而得到充分的发展。

【教学内容分析】

本课是《思想品德》（人教版新课标）八年级下册第二单元第四课“维护我们的人格尊严”第二课时的内容。通过第一课时学习，学生已初步了解了人格尊严权集中表现为名誉权、肖像权、姓名权、隐私权。本课时将进一步具体说明其中的肖像权和姓名权，使学生懂得运用法律手段维护自己和他人的合法权益。

【学情分析】

由于未成年人对肖像权和姓名权的法律知识了解甚少，在现实生活中经常发生侵害他人权利的事情，例如，有些同学在现实生活或网络中恶意损毁、丑化和擅自使用他人肖像，个别学生为避免挨家长骂，擅自代家长签字等现象，他们不了解侵害他人权利的危害，不懂得尊重他人的人格权利；有的学生维权意识淡薄，不能分辨他人是否侵犯了自己

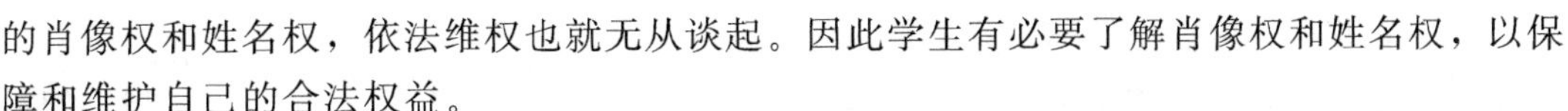

的肖像权和姓名权，依法维权也就无从谈起。因此学生有必要了解肖像权和姓名权，以保障和维护自己的合法权益。

【教学目标】

情感、态度和价值观目标：引导学生反思自己在与同学交往中侵犯他人姓名权和肖像权的不良表现，体验给受害者所造成的危害；培养学生尊重他人姓名权和肖像权的责任意识；加强法制观念，增强依法维权意识。

能力目标：通过教学，提高学生分辨是非的能力，能够正确区分哪些行为是侵犯公民姓名权和肖像权的行为；提高运用法律手段维护自己和他人姓名权和肖像权的能力，能够运用法律武器追究侵犯者的法律责任。

知识目标：了解公民肖像权和姓名权的具体内容，知道用法律保护公民的肖像权和姓名权，合法权益受到侵害要用法律武器进行维护。明确每个公民都不得侵犯他人的肖像权和姓名权。

【教学重点和难点】

教学重点：法律保护公民的肖像权、姓名权，侵犯公民的肖像权、姓名权的行为要承担相应的法律责任。

教学难点：懂得在依法维护自身合法权益的同时，也应当履行尊重他人的合法权利的义务。

【教学策略选择与设计】

新课改强调教学过程是师生交往、共同发展的互动过程。在教学中，采用现象调查、案例教学、合作探究等方式组织教学活动。通过列举生活中的例子（现象调查）、展示与本课知识有关的法律案例（案例教学）以及小组活动（合作探究），引导学生分析现象和提出问题，鼓励学生用交流探讨的方法，加深对知识的理解。

【教学资源与工具设计】

座次设计：尽量采取组间同质、组内异质的“圆桌式”。

技术硬件：多媒体设备。

【教学过程】

一、第一环节：图片展示，导入新课

教师活动一：展示班级同学、任课老师和一些知名人物的照片，让学生说出他们的名字。

提问：为何能迅速判断出他们是谁？

学生回答预设：通过外貌，肖像来区别。

教师活动二：展示一些人物的姓名，如小沈阳、姚明、刘翔、周杰伦等。

提问：提到这些名字，你想到了什么？

学生回答预设：提到小沈阳，想到二人转，小品《不差钱》；提到周杰伦，想到他会唱歌、拍电影等。

总结：每个人都拥有与众不同的面孔和独具寓意的姓名。可见，肖像和姓名是我们将不同的人区分开来的两大外在标志，作为公民，每个人都有肖像权和姓名权，当你的肖像权和姓名权被侵犯时，如何来维护呢？今天我们就来学习肖像和姓名中的权利。

【设计意图】由身边熟悉的同学、老师、社会名人的照片和姓名导入新课，一方面，集中学生的注意力，启发学生进一步思考，导入本课的主题；另一方面，展示学生照片可以使学生认识到我也有肖像权，为后面维权意识的培养起到铺垫的作用。

二、第二环节：交流共享，归纳总结

学生活动一：什么是肖像？哪些形式可以展示一个人的形象？

通过学生的回答，教师总结出肖像的含义。

肖像是以容貌为中心的人体形象再现。肖像既可以是一般的照片、画像，也可以是其他艺术形式的再现物，还可以通过录像、全息摄影等视觉形象反映出来。肖像与特定的人格不可分离。正因为人的容貌不同，肖像代表的是此人而非彼人，所以肖像与人格联系在一起。

【设计意图】教师根据学生的回答操作交互性课件，出示答案，加以简单地解说，简要介绍全息摄影等新的展示个人形象的方式，并得出结论：学生们通过同伴间的交流，总结肖像的含义和表现形式，既印象深刻，也为肖像权的理解做铺垫。

三、第三环节：循序渐进，探究重点

学生活动一：分析教材中小红的故事。小组讨论，回答问题。

学生思考：①小红行使了什么权利？具体包括哪些方面？②这些权利在上述案例中是如何体现出来的？③小红为什么刊登照片要征得爸爸的同意？④警方发布通缉令，使用犯罪嫌疑人的照片构成侵权吗？

学生回答预设：①肖像权。具体包括肖像的制作权、使用权和获酬权。②小红让爸爸给自己拍照片（肖像制作权）；小红征得爸爸同意后答应编辑的要求（肖像使用权）；小红获得了一定的报酬（肖像获酬权）。③小红 15 岁，未成年人在使用自己肖像和获得报酬方面须由监护人代理或同意。④公安部门为了追捕犯罪嫌疑人，在发布通缉令时，使用他们的照片，不属于侵权行为。

总结：公民依法享有对自己肖像的支配权，包括肖像制作权、使用权和获酬权；我国的法律保护公民的肖像权。案例中小红是未成年人，在使用自己的肖像和获取报酬方面须由监护人代理或同意。

教师活动：知识拓展，介绍哪些行为是不侵犯肖像权的。

【设计意图】书中的案例很好地反映了肖像的含义，包括制作权、使用权和获酬权。例子说明充分，很好理解。问题 4 重点关注做题时学生的易错点，是不是未经同意使用肖像都是侵权的行为。

学生活动二：小组讨论，自己或身边的朋友遇到的侵犯肖像权的事例。

【设计意图】学生在理解肖像权的含义后，可以对照自己身边的事例，判断辨别自己的肖像权是否被侵犯。这种学生生活中的例子更具说服力，并为后面形成正确的情感态度价值观做铺垫。

学生活动三：观看赵本山状告天涯社区视频，思考问题。

2009 年 12 月，天涯社区网站用带有赵本山卡通肖像的 Flash 广告推广业务“天涯问答”，并配有“您有才”、“咱不差钱”等赵本山在《策划》、《不差钱》等小品中制造的流行语作为旁白。赵本山认为，虽然头像经过卡通化，但配合旁白，普通人很容易认出他。他以侵犯其肖像权为由，将对方诉至法院，要求停止侵害、赔礼道歉，并赔偿经济损失 405 万元。北京市海淀区法院一审判决天涯公司停止侵权，在天涯社区网站主页上登载致歉声明，并赔偿赵本山 12 万元。一审宣判后，天涯公司上诉被驳回。

学生思考：网站的行为侵犯了公民什么权利？我们应该如何维护自身的权益？

总结：当肖像权受到侵害时，我们要拿起法律武器，追究侵权人的责任，必要时可提起诉讼，以讨还公道。另外，我们每个公民既要依法维护自己的肖像权，也要尊重、维护他人的肖像权，否则既是不道德的，也是违法的。

【设计意图】通过“赵本山状告天涯社区”现实案例，使学生了解肖像权不容侵犯，培养维权的意识。

四、第四环节：情景创设，跨越难点

学生活动一：说说你的姓名有什么寓意？把你知道的姓名趣事说出来与大家分享。

教师简单讲评学生的表现，姓名的意义，引出姓名的含义。姓名包括正式姓名、笔名、艺名等，它作为将人区别开来的文字符号，传达了一个特定的个性化意义，是每个人人格的基本标志。姓名权是公民依法享有决定、使用、变更姓名，并且排除他人侵害的权利。

【设计意图】姓名的寓意和趣事会引起学生的兴趣，可以利用班级学生姓名中的积极意义，激励学生上进，还可以引导到姓名权上来。

教师活动：播放视频赵 C 全国首例姓名权侵权案

江西省鹰潭市月湖区 22 岁男子赵 C，因名字中有个字母 C，办理二代身份证时被当地公安机关拒绝。月湖区公安分局户政科称“赵 C”进不了公安部户籍网络，建议改名，而赵 C 认为自己的名字好记、好听、不重名，拒绝改名。随后，赵 C 向鹰潭市月湖区法院提起行政诉讼，状告鹰潭市公安局月湖分局，捍卫自己的姓名权。这是全国第一起因拒绝改名而进入行政诉讼程序的案件。这起讨要姓名权案在鹰潭市一审宣判，赵 C 一审胜诉。

总结：既不要干涉他人决定姓名、使用自己的姓名，也不要干涉他人改变自己的名字。否则，就侵害了公民的姓名权。

学生活动二：阅读教材张楠和王芳的事例，回答问题。

（1）张楠的行为是否构成侵权？为什么？

（2）受害人应采用什么方式维护自己的姓名权？

学生回答预设：①构成侵权，冒用他人姓名。②途径一：非诉讼（受害人有权要求侵害人停止侵害、恢复名誉、消除影响、赔礼道歉。） 途径二：通过诉讼方式讨回公道。

【设计意图】 以书中的事例来解释侵害姓名权的具体表现，教师通过对盗用姓名、冒用姓名的解释，引导学生理解侵犯姓名权的具体情景，并学会维护自身权益，突破本课的难点。

学生活动三：小组讨论，我们身边有哪些侵犯姓名权的事例。

【设计意图】 学生根据侵害公民姓名权的两种具体表现，盗用、冒用姓名，来辨别生活中哪些行为是侵犯姓名权的，即联系生活实践，又使学生意识到在尊重他人、保护自己权益的同时，不要侵害他人的权益。

五、第五环节：巩固练习，加深记忆

学生活动：总结课堂知识图，完成随堂练习，巩固所学知识点。

课堂小结：我们每一个人都拥有肖像权和姓名权，作为公民要尊重他人的肖像权和姓名权，依法维护自己的肖像权和姓名权。我们要记住侵犯他人肖像权和姓名权的行为，要承担一定的法律责任。

【设计意图】 通过回答简单的问题，加深对知识的记忆和理解，特别是用 Flash 的方式呈现出学习重点，代替了传统材料题的表述，使学生活学活用。习题设置了名誉权和隐私权，在教学上也起到了承上启下的作用。

【板书设计】

肖像和姓名中的权利
- 我有肖像权
  - 肖像是肖像人的人格标志
  - 肖像权的内容
  - 侵犯肖像权的表现
- 维护姓名权
  - 法律赋予公民姓名权
  - 姓名权含义
  - 法律保护姓名权

【课后反思与自我评价】

本节课采用小组讨论合作的学习模式，通过案例分析法创设情景，让学生在情景中感受公民的姓名权和肖像权是公民人身权利中的两项主要权利，认识到公民在享有姓名权、肖像权的同时要履行好维护他人姓名权和肖像权的义务；发挥学生在课堂教学中的主体地位，体现了“以学生为中心”的教学理念。游戏方式的导入形式新颖，能激发学生的学习兴趣。

很多学生对姓名和肖像这两项权利的使用很少，所以有时权利被侵犯了也未必能意识到。当以生活中事例列举和视频播放事例展开，联系教材中的情景提出问题，引导学生思考，学生在解决问题中，对肖像权和姓名权有了更多的了解。

本节课教学中也存在着许多不足：①多媒体信息系统的使用虽然大大地提高了课堂效率，但同时也对课堂教学提出了更高的要求。信息技术与新的教学模式结合方面有些时候还仅仅停留在课件的使用上，缺少对课程资源的深度开发。②在调动学生积极性方面还有欠缺，少数学生的参与意识不强，课堂教学有盲区，需在今后学习有关的教育教学方法，提高这方面的教学能力。③教学内容的预设，学生真正需要了解什么，探究学习中的有效性问题还需要不断探索。

【专家分析与点评】

21世纪的教育应当着眼于使学生“学会求知、学会做事、学会共处、学会做人”。关注学生的主体性，培养学生成为合格公民是思想品德课程改革的基本理念。肖像权是公民权利的组成部分。本课是学生初步认识公民权利的起点。因此，讲好本课对学生形成公民意识意义重大。

在教学设计上，教师力求实现思想品德课教学与现代教育技术的整合。从导入时的名人肖像的依次展示，到案例教学中的多媒体使用，再到教学总结阶段的知识结构图的构建，教师充分利用了现代教育技术，在丰富了教学资源的同时，也让学生深刻体验到思想品德课教学内容的真实性与可信性，感悟到思想品德课知识的真理性和教育性。

教师在课堂教学中，采用合作教学的方式，让学生主动参与、探究发现。学生真正成为学习的主体，培养了学生合作能力。在本课教学的各个环节，教师实现了师生互动，让学生平等参与。教师尽可能地组织学生运用合作、小组学习等方式，在培养学生合作与交流能力的同时，调动学生的学习积极性和参与意识。

在学习内容和课堂教学资源的利用上，教师教学材料的载体更加宽泛，能够联系生活实际，从生活中学习。这些变化都有利于学生素质的培养。教师也从教学者的身份转变成引导者和指导者，真正把学生放到教学主体的位置上。

（沈阳师范大学　韩雪莹）

【作者简介】

李晓岑，沈阳市大东区新秀教师，所授课曾获得辽宁省优秀课二等奖，多次参加市级和区级的各种教研活动并获得了相应的荣誉，撰写的论文多次获奖。

案例11　单元教学设计：八年级上册第三单元《我们的朋友遍天下》

大连软件园双语学校　张玉霞

【内容及结构分析】

本单元的地位：第三单元是由前两个单元的家庭、学校中的交往扩展到社会中的交往。随着社会发展和科技进步，世界范围以及网络世界的交往逐渐走进人们的生活，因此有必要对学生进行这方面的教育。本单元在全册书中属于面向未来的教育，对于培养学生面向世界、面向未来，开阔视野与开阔胸襟，具有重要的意义。

本单元的内容结构：本单元除主题探究外安排了两课。第五课“多元文化地球村”，介绍各国不同的文化以及如何在不同文化交流中进行沟通。第六课“网络交往新空间”，了解网络交往的一般特点，以及如何享受健康的网络交往。

【教学目标】

情感、态度和价值观目标：尊重不同民族文化的价值，能够以平等态度与其他民族和国家的人民友好交往，拥有开放的胸怀；克服面对文化差异产生的不安和焦虑；尊重自己民族文化价值，对本民族的文化产生更强烈的自豪感，立志做弘扬和培育民族精神的促进者。既不回避也不沉溺于网络交往，恰当运用网下交往与网络交往的方法，正确对待网络文化。抑恶扬善，遵守网络规则的意识，享受健康的网络生活。

能力目标：对文化不同会导致行为方式差异的理解能力；与不同文化背景的人交往的能力；对不同文化的批判、鉴赏及学习其他文化优点的能力。能够了解网络交往的优势与陷阱的分辨能力；能够正确使用网络，使之为生活、学习服务；网上自我保护的能力。

知识目标：了解文化的多样性和丰富性，理解因文化不同而导致的行为方式的差异；知道对待文化差异存在的不同态度、什么是正确的态度；正确对待不同文化，克服不良情绪的方法；理解世界文化多元的情况下弘扬中华民族精神的重要性。了解网络交往的两大特点、网络交往的规则、网上自我保护的知识。

【教学重点和难点】

教学重点：①了解文化的多样性和丰富性。②明确保护多元文化的必要性和现实意义。③认识网络在现实生活中的地位，理解网络是把双刃剑。④懂得“网络交往中的自由是有限度的”；学会在网络生活中自我保护的有效方法，积极预防网络危害。

教学难点：①认识到文化没有优劣之别，多元文化的相互融合、相互促进，才能奏出和谐乐章。②如何面对文化冲突。③理解网络是把双刃剑。④如何抵制网络垃圾（黄、赌、毒）的诱惑；正确理解“网络世界不是随心所欲，它和现实世界一样需要遵循共同的规则”的道理。

【学情分析】

随着我国改革开放的深入，中学生和其他文化的距离拉近了，学生在与不同文化共处时，因为文化的差异性，容易产生两种倾向，即对外来文化全盘否定或全盘肯定，对本民族文化或者唯我独尊，或迷失自己的特点，从而带上个人的感情色彩，不利于对外交流。

随着互联网的发展和普及，越来越多的中学生成为新的网民。互联网对中学生的吸引力是强烈的。其中，部分学生不能正确处理现实生活和网络生活的区别，把过多的时间花费在网络上；而目前互联网上的信息良莠不齐，缺乏自制力的中学生由于心理、生理的不成熟，导致各种违纪违法现象频繁发生，造成很多家庭和社会问题。

【课程资源】

文本、网络、视频、光盘等。

【课时安排】

第一课时：第五课，第一框，世界文化之旅。

第二课时：第五课，第二框，做友好往来的使者。

第三课时：第六课，第一框，网络上的人际交往。

第四课时：第六课，第二框，享受健康的网络交往。

第五课时：主题探究。通过图书、报刊、电视和网络等搜集资料，进行“神奇的文化”、“交流活动文化”交流活动。

【作者简介】

张玉霞，大连软件园双语学校思想品德教师，大连市骨干教师，“三北”地区优秀思想品德教师，大连市思想品德学科名师工作室成员。

案例12　学期教学设计：人教版九年级《思想品德》（全一册）

大连教育学院　赵　霞

【教材分析】

依据《全日制义务教育思想品德课程标准（实验稿）》精神，人教版初中思想品德教材紧密围绕学生生活的维度，即以“成长中的我”、“我与他人的关系”、“我与集体、国家和社会”的逻辑逐步扩展。

围绕“尊重、关爱、责任”的整个初中阶段思想（品德）教育的基本价值目标，九年级的学习内容与八年级、七年级的学习内容既相互区别又相互衔接。九年级《思想品德》教材重点探讨我与集体、国家和社会的关系。根据学生生活和成长的轨迹，学生在认识自我、学会与他人交往、正确行使权利和自觉履行义务的基础上，学会对自己负责、对集体负责、对国家和社会负责，进而了解国情，自觉关心祖国的前途和命运，勇于推动社会的发展。

九年级教材重点探讨个人与国家和社会的关系。核心概念是责任、使命，兼及其他。教育主题是承担社会责任，迎接美好明天。

九年级《思想品德》（全一册）教材共分四个单元十课，设计了28个框。从总的设计思路来看：

第一单元“承担责任　服务社会”，开门见山，让学生在正确认识个人与集体、社会关系的基础上，感悟对自己、对家庭、对集体、对社会所应负的责任，增强责任意识，做一个负责任的公民。《思想品德》九年级教材把培养学生的责任意识作为第一单元的主体内容，为后面的认清国情、肩负使命等教学内容打下坚实的思想基础。

第二单元“了解祖国　爱我中华”，从作为一个中国公民所应负的社会责任和肩负的使命这一逻辑角度与第一单元相承接，引导学生从自己的实际生活出发，了解我们伟大祖国的基本国情、基本国策、博大精深的文化和生生不息的民族精神，增进对社会主义祖国的热爱之情。第二单元是对第一单元内容的深化，又是学生更好地学习第三单元的基础。

第三单元“融入社会　肩负使命”，从政治生活、经济生活和文化生活三个维度作具体的介绍，帮助学生了解我国的基本经济制度、基本政治制度和中国特色社会主义文化建设的有关内容，以利于学生更好地参与社会生活。从大的逻辑来看，第三单元也是从责任与使命这一角度切入的。如果说第二单元主要是从宏观的角度进行概略性的描绘，第三单元的内容则是第二单元内容的具体化。学习第三单元的内容，有利于深刻理解第二单元的内容。

第四单元“满怀希望　迎接明天”，从社会与个人两个角度，帮助学生解决人生发展阶段上的一些重要问题，引导学生确立共同理想和个人理想，并为之艰苦奋斗、有所作为，把个人的前途命运与祖国的前途命运自觉地结合起来。以学生成长中的问题作为全书的落脚点，体现了对学生成长的关注。

全书四个单元贯穿“责任与使命”这一核心价值观，凸显“承担社会责任，迎接希望明天”这一主题。

【学情分析】

九年级学生在责任意识方面，面临这样一些问题：责任的概念模糊，不能全面认识到承担责任的代价和回报，有些学生没有责任感，对承担的责任斤斤计较等。

在对我们国家的国情（包括基本国情、国策、战略）的认识方面，学生在生活中已经有不同程度、不同侧面的了解和认识，这种认识既有具体、生动、真实的一面，也有零碎、片面、感性的一面，对党和国家实施的一系列基本国策和发展战略理解不深刻。

在参与政治生活、经济生活方面，对我国基本经济制度和政治制度、社会主义精神文明建设、公民享有哪些权利、如何行使政治权利、依法治国方略等问题并不很清楚，而且这些内容理论性相对较强、较抽象，学生接受有一定困难。

同时，九年级学生还面临人生发展阶段上的一些重要问题和多种选择：是劳动就业还是升学？如何选择和规划未来，如何面对未来的挑战等，部分学生缺乏远大的人生目标，缺乏选择的策略和勇气，缺乏学习积极性。

正确引导学生认清基本国情，明确责任和使命，积极参与社会生活，学会选择，是促进其全面发展的内在需要。因此，教学中要着力培养学生的责任意识、社会参与和选择能力，从而实现“帮助学生学习做负责任的公民、过有意义的生活”这一课程的价值追求。

【教学目标】

九年级所承担的教学任务，是在课程总目标的前提下，完成以下几个方面的目标。

情感、态度和价值观目标：①体会生态环境与人类生存的关系，爱护环境，形成勤俭节约、珍惜资源的意识。②形成注重实践、崇尚科学的个性品质。③树立法治观念，有公共精神，增强公民意识。④热爱集体、热爱祖国、热爱人民、热爱社会主义，认同中华文化，继承革命传统，弘扬民族精神，有全球意识和国际视野，热爱和平。

能力目标：①掌握保护环境的基本方法，形成保护环境的能力。②学会搜集、处理、运用信息的方法，提高媒介素养，能够积极适应信息化社会。③学会面对复杂的社会生活和多样的价值观念，具有基本的道德判断和辨别是非的能力，以正确的价值观为标准，做出正确的道德判断和选择。

知识目标：①了解我与他人和集体关系的基本知识，认识处理我与他人和集体关系的几个社会规范与道德规范。②理解人类生存与生态环境的相互依存关系，认识当前人类所面临的生态环境问题及其根源，掌握环境保护的基础知识。③知道我国的基本国情，初步了解当今世界发展的现状与趋势。④知道《宪法》是国家的根本大法等法律基本知识，了解法律的作用和意义。

课时教学目标需要依照课程标准、学情以及学习内容对总目标进行细化。要完整，体现三维目标的统一；要适切，符合课标要求和学生实际；要简明具体，可操作、可检测规范；表述上要符合陈述教学目标的技术要求；要把教学目标贯穿于整个教学过程。

【提高教学质量的主要措施】

1. 准确把握思想品德课程性质，全面落实课程目标

加强对《义务教育思想品德课程标准（2011 年版）》的学习和研究，更新教学理念，准确把握思想品德课程的综合性和德育性，全面落实思想品德课程的三维目标。

由于九年级的学生面临中考这一现实，有的思想品德教学存在为考试而教的现象，有些教师过于重视知识的传授，把灌输、记诵作为思想品德课教和学的主要方法，把考试分数作为教学的终极目标，过于注重按照考试成绩来衡量学生的品德发展，这些都严重违背了思想品德的课程目标。教师要着力探究“回归生活”的品德培养，努力使知识的学习服务于学生思想道德发展的需要，实现情感态度价值观、能力和知识三维目标的有机统一。

2. 关注教法和学法，注重道德体验和实践，引导学生学会学习

思想品德课常用的教学方法有案例教学法、活动体验法、讨论法、讲授法、学案导学方法等，学生的学习方法主要有合作学习、探究学习、自主学习、体验性学习等。不论何种教学方法都努力激发学生的学习积极性，引导学生主动探索社会现实与自我成长中的问题，在合作和分享中扩展自己的经验，在自主探究和独立思考的过程中增强道德学习能力，务实高效。

情感体验和道德实践是最重要的道德学习方式。教师要善于利用并创设丰富的教育情境，引导和帮助学生通过亲身经历与感悟，在获得情感体验的同时，深化思想认识。教师还要尽可能为学生提供直接参与实践的机会，提高学生的道德践行能力。

3. 充分发挥各种课程资源的功能

教师要树立融合、开放、发展的课程资源观，整合并优化课程资源。在资源的内容中，教师与学生的经验、教材内容及各类教材外的信息都可以提供给教学。在资源应用的载体上，教材，包括杂志、书籍、互联网、学校的各类墙报、各类交流活动等都是教师和学生能够方便使用的工具。

要根据教学目标和教学内容的需要，开发、选择一切可以利用的课程资源，避免盲目性和形式主义；要鼓励学生参与课程资源的开发，重视对学生自身资源的开发；尽量组合不同类型的资源，将文本资源、音像资源、实物资源结合起来。

在资源材料的选择上，要突出时代性、国际性、民族性的特色。为遵循课程改革的新理念，利于学生体验、感悟；在选择课程资源时，注重贴近学生、贴近生活、贴近时代，让学生学起来亲切。为实现新课程关于培养具有现代科学文化素养与人文素养的人才目标，要提供具有前瞻性、充满时代气息的、鲜活的信息材料，让学生的思想活跃在新世纪的现实生活中。要重视对本土资源尤其是农村乡土资源的开发和利用，发挥本土资源的优势和独特价值。

4. 创造性使用教材，优化教学过程，打造高效课堂

教师要正确把握教学与教材的同构和异构的辩证统一关系。一方面，教师要把握教材的编写意图、设计思路，把握好教材的内容、重点、难点，深入感悟教材资源，教材与教学有机同构；另一方面，教学要激活教材、超越教材，因人而异创造性地使用教材，实现教学与教材的异构。

因此，教师要认真分析标准、教材和学生，找准三者之间的联结点，依据标准和学生实际，对教材进行整合和取舍，创造性的组织教学内容，设计合理的教学结构，灵活采用多种教学方法和手段，优化教学过程，做到预设与生成的统一，提高课堂教学水平。有条件的学校，应利用现代信息技术手段进行教学，努力实现教学手段的现代化。

5. 加强交流和研讨

教师要积极参加市、区教研活动，积极参与教研组活动，发挥集体备课的优势，向同行教师学习，取长补短，互相切磋，提高教育教学能力。

6. 加强教学信息反馈，倡导多元多样的评价方式

加强课后辅导，作业批改，及时解决学生知识和思想上的困惑和疑虑。恰当使用、精心设计作业。要将作业布置和其他教学活动加以整合，将作业设计放在教育教学的全局之中。作业要精选、精炼，突出重点、突破难点。

思想品德课程倡导的评价方式主要有观察、描述性评语、项目评价、谈话、成长记录、考试等。这些方法各有所长，相互渗透、相互作用，共同构成一个完整的评价体系。

要发挥考试对教学的正确导向作用。期中、期末考试试卷的命制要树立新的理念：突出考试的诊断性功能和发展性功能；考试的内容不仅要关注知识，更要关注学生的情感、态度、价值观；既要重视学生解决问题的结论，也要重视得出结论的过程以及考查学生的思维能力和思维方式；改进考试方式、方法，倡导灵活多样、多次机会双向选择的原则；考试要考虑学生的年龄特点和个别差异，等等。

要综合运用、灵活运用多种评价方式，使评价真正成为促进教师教学、学生思想品德发展与提高的有效手段。

【教学进度安排】

依照课程安排，《思想品德》九年级（全一册）每周 2 个学时，以一个学年为单位授课，以学期授课时数 34 课时为计。

【作者简介】

赵霞，中学高级教师，大连教育学院高中教师教育中心研训教师，大连市优秀教师、全国政治学科优秀教研员，《中学政治教学参考》杂志特邀撰稿人，有丰富的初中、高中政治学科的教学和教研经验。

高中思想政治课教学设计案例

案例1 《发展生产 满足消费》教学设计

铁岭市清河高中 冯 静

【设计理念】

"贴近生活，贴近实际，贴近学生"，既是新课程改革的核心理念之一，也是政治学科教学的生命所在。教师在教学中，要从学生生活出发探究问题，把所学经济知识融入学生生活中去，使学生在体验中感悟、理解，在理解中认知、升华，进而形成正确的价值标准，并用以指导自己的生活实践。为此，教师要以学生的生活经验为基础，为学生营造一个有利于体验的良好环境，充分发挥学生的主体作用，让学生在体验中感悟，这是我设计《发展生产 满足消费》这一课所遵循的理念。

【教学内容分析】

本课是第二单元第四课"生产与经济制度"中第一框题的内容。生产是马克思主义政治经济学研究的出发点，是社会再生产全过程的决定性环节，在《经济生活》中承接第一单元的"交换与消费"，又联结第三单元的"分配"，起着承上启下的作用。学习本框，有助于学生正确理解生产与消费的关系，理解消费对社会发展的影响，深刻体会社会主义的根本任务和工作中心，提高参与经济生活的能力。

【学情分析】

现在的高中生思想活跃，对身边的事物有极大的好奇心，乐于探讨问题，能够积极参与到课堂中来。因此，从学生的生活经验入手，创设问题情景，引导学生透过现象把握本质，让学生真正地参与活动，在活动中得到认识和体验，产生践行的愿望。培养学生将课堂教学和自己的行动结合起来，充分引导学生全面地看待发生在自己身边的现象，发展思辨能力。

【教学目标】

知识目标：识记生产与消费的关系、社会再生产四个环节及其相互关系、发展生产力的决定因素；理解我国大力发展生产力的意义；运用生产与消费的关系，解释现实生活中的相关经济现象。

能力目标：通过对"生产与消费之间辩证关系"的学习，初步培养学生的辩证思维能力；准确认识生产在社会经济生活中的决定作用，从而培养学生正确认识我国当前为什么要坚持以经济建设为中心的洞察力。

情感、态度和价值观目标：通过本框学习，使学生认识到社会主义的根本任务是发展生产力，各项工作都要服务和服从于经济建设这个中心；树立“科技是第一生产力”的思想，大力推进自主创新。

【教学重点和难点】

教学重点：社会主义的根本任务是大力发展生产力。生产力是人类社会存在和发展的最终决定力量，把解放和发展社会生产力作为社会主义的根本任务。大力发展生产力，是社会主义本质的内在要求，是解决社会主义初级阶段主要矛盾的根本手段。所以这一知识点也是本课的教学重点。

教学难点：生产与消费的关系。生产、分配、交换、消费是社会再生产的四个环节。生产与消费的概念比较抽象，对其关系不容易理解，尤其是消费对生产的反作用，所以又把这一知识点确定为本课的难点。

【教学方法】

教法：探究讨论法、案例教学法、创设情境法。

学法：合作学习法、自我探究法、演绎归纳法。

【教学手段】

多媒体黑板。

【教学过程】

一、导入新课

导入新课（课件：“80 年代的调兵山”和“繁荣起来的调兵山”照片，歌曲《越来越好》）

楼房多了，商品精了，我们调兵山人民的生活越来越好。优美的歌曲，唱出了我们祖国的美好，鲜活的图片，展示了我们调兵山生活的变化。哪位同学给大家说说你所见所闻的越来越好的日子？

满足消费，必须发展生产。这堂课我们就走进经济生活第二单元第四课第一框《发展生产 满足消费》。

【设计意图】一是让学生在歌曲及家乡的变化中感受我国社会主义制度的优越性，激发其对中国共产党的领导，对社会主义道路的信心，坚定政治信仰。二是可以让学生精神得到振奋，并调动学生的积极性，提高学习效率。三是从歌词中承接第一单元内容，导出本节内容。

二、学习新课

（一）发展生产，满足消费

刚才大家从衣、食、住、用、行等方面，说出了我们生活的变化。下面我们以行为例分析生产与消费的关系。

1. 生产决定消费

教师引导：同学们，老师要到大连参加教研活动，有哪些交通工具可以选择？选择哪种交通工具更为快捷？

学生活动：略。

教师引导：告诉大家一个好消息，以后我们从铁岭去大连有更加便捷的交通工具了。2012 年 10 月 8 日哈大高铁进入试运行，年底就可以正式运行了。（课件展示图片和材料）

哈大铁路客运专线是国家"十一五"规划的重点工程，是我国目前在最北端的严寒地区设计建设标准最高的一条高速铁路。它北起黑龙江省哈尔滨市，南抵滨海城市大连，线路纵贯东北三省，途径三个省会城市和六个地级市及其所辖区县。全长 904 公里，为双线电气化铁路。从 2012 年 10 月 8 日起全线试运行。

沈阳至大连将由现在的运行 4 个小时到达，缩短至一个半小时到达。关于票价，沈阳铁路局已经制定出台，沈阳到大连，二等票价为 185 元，一等票价为 295 元。

高寒动车车厢有秘密

"魔幻玻璃"可以手控

记者登上哈大高铁 CRH380B 型高寒动车组的车厢，车上三种坐席分别是一等座、二等座和普通动车上没有的观光坐席。这里的红色绒布沙发比一等座坐席更为宽大舒适，采用"2+1"布局，分布在列车首尾两个车头中，一列列车只有 16 个座位。

在单排座位的一侧，墙上顶灯开关旁边的一个按钮按下去之后，司机室和观光区之间的玻璃门发生了神奇的变化：这就是传说中的电控雾化玻璃，通电之后，不到一秒钟，本来磨砂质感的玻璃变得透亮了，高铁前进方向的所有风景可以一览无余，当然高铁司机的操纵情况也可以被清楚地看到，就可以体验亲自当司机的感觉。

24℃恒温：全身暖才是真的暖

冬季坐哈大高铁，不管外面气温多低，车厢里的温度永远都是 24℃。而且，全车温度皆为空调自动调节，座位下面无需电加热装置，更不会出现上冷下热的状况，全身都一个温度，这才是真的暖。考虑到夏季的舒适度，车内温度将会被设置到恒温 22℃。

教师引导：20 年前我们为什么还不能坐高铁呢？

学生活动：高铁还没建造出来。

教师引导：这说明了什么？

得出结论：人们所消费的一切商品，都是通过生产来提供的，这些商品就是我们消费的对象，所以，生产决定消费的对象。（板书）

教师引导：过去乘坐汽车、普通火车，现在乘坐动车、高铁，不用到车站也可以通过电话、网络买到车票，这些变化说明了什么？

学生活动：思考并回答。

所以，生产决定消费方式。（板书）

教师引导：高铁用时更少，座椅、温度更舒适，电控雾化玻璃还可以让我们体验亲自当司机的感觉。人们的消费水平和消费质量大大提高了。生产决定消费水平和消费质量。（板书）

教师引导：看到哈大高铁的介绍，想不想体验一下？再看它途经的城市，各区段的用时，有没有消费的欲望？生产为消费创造动力。（板书）

教师活动：通过以上分析，我们知道，消费所需要的一切商品和服务的种类、数量都是由生产创造出来的，而不是人们主观愿望决定的。这种物质资料的生产就成为人类社会赖以生存和发展的基础。

教师活动：消费者在购买家用汽车时，更多的人选择了日系轿车，为什么？（课件展示各种品牌轿车销售额对比材料）

学生活动：略。

教师活动：（课件展示材料）

日系轿车的主要优点：油耗低；机械设计与制造装配工艺精；售后服务好。

教师引导：这一现象说明了什么？得出结论：说明生产决定消费。

教师引导：但现在日系轿车的市场状况如何？这又说明了什么？（课件展示材料）

进入9月，因钓鱼岛事件导致的包括日系汽车在内的抵制日货运动，更使得日系汽车在华的市场占有率甚至低于15%。

由于销售业绩下滑，日系企业不得不调整了生产节奏，一些工厂减少了工人加班的频次，进口的产品也减少了进口数量，甚至干脆短期取消进口。

2. 消费反作用于生产

教师引导：目前汽车生产规模越来越大，这么多汽车生产出来之后，汽车公司接下来会想些什么？

学生活动：（实现价值，获利）

教师活动：只有生产出来的产品被消费了，这种产品的生产过程才算最终完成。

得出结论：消费是生产的目的。（板书）

国家发展和改革委员会于9日宣布，决定自10日零时起将汽、柴油价格每吨分别提高390元和370元，折算到90号汽油和0号柴油（全国平均）每升零售价格分别提高0.29元和0.32元。此次上调是国内成品油价“三连跌”后的首次上调。调整后，全国多数城市的93号汽油在经历了短暂的“6时代”后将重回“7时代”。

教师引导：随着油价的再次上调，工薪阶层消费者对家庭用车提出怎样的要求？消费者这种新的需要，对汽车生产商的生产有何影响？

学生活动：略。

教师活动：由于经济发展比较快，人们生活水平的提高，人们对交通工具的要求提高了，包括它的速度、安全性、舒适性等，再加上能源的紧张，环境的压力，所以，汽车生产商必须对自己的生产进行调整，推动产品升级换代。

得出结论：消费对生产的调整和升级起着导向作用。（板书）

教师引导：随着汽车产业的蓬勃发展，私家车的不断增加，我们身边兴起了许多与车有关的产业和行业，你发现了哪些？

学生活动：洗车、汽车美容、改装、汽车用品等。

教师引导：这说明了什么呢？一个新的消费热点的出现，往往能带动一个产业的出现和成长。要解决当前消费需求持续不振的问题，措施之一就是要大力培养新的消费热点，开辟更多的消费领域，促进新兴产业的成长。

得出结论：消费是生产的动力。（板书）

教师引导：我们身边还出现了哪些消费热点？

学生活动：略。

教师活动：这些消费热点的出现，一方面带动了相关产业的发展，另一方面，人们的这些消费需求不断得到满足，提高了人民消费水平，改善了消费结构。伴随着发展资料和享受资料消费的逐渐增加，消费水平的逐渐提高，劳动力作为消费主体，会给他们带来什么影响？

学生活动：他们的体能和智力质量必然得到提高，还会激发他们的生产积极性、主动性和创造性。

得出结论：消费为生产创造出新的劳动力。（板书）

教师总结：消费反作用于生产。

教师活动：消费对生产都起促进作用吗？（消费的反作用具有二重性。）

（二）社会再生产四个环节

教师活动：任何社会都需要生产过程的不断重复和更新，这就是社会再生产。社会再生产过程包括生产、分配、交换、消费这样相互联系的四个环节。（课件展示）

教师活动：生产决定消费，消费反作用于生产，是最终目的和动力。而分配和交换是连接生产与消费的桥梁和纽带，对生产和消费有着重要的影响。

设计依据：由于社会再生产四个环节涵盖整本书，理论抽象难懂，因此，通过讲授的方式构建全书的联系，突出学科理论特色，突出重点，澄清易混点。

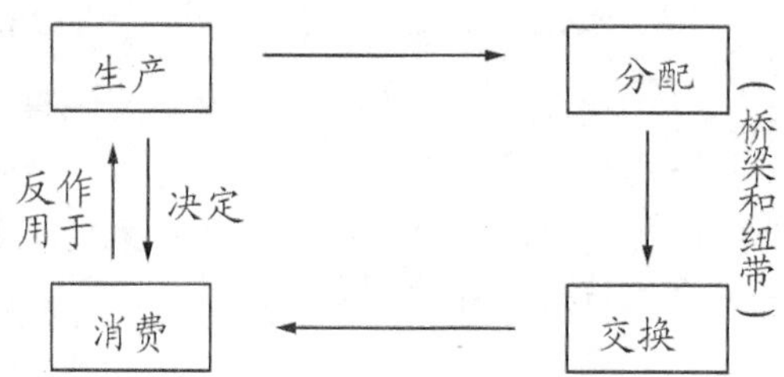

（三）大力发展生产力

1. 为什么要大力发展生产力

教师活动：在社会再生产中，直接的生产过程是起决定作用的环节，人们的消费从根本上讲不是由主观愿望决定的，而是由客观的物质生产状况决定的。物质资料的生产是人类社会赖以存在和发展的基础。所以我们要大力发展生产力。

教师引导：我国社会主义初级阶段的主要矛盾是什么？如何解决？

学生活动：略。

（课件辅助教师教学）

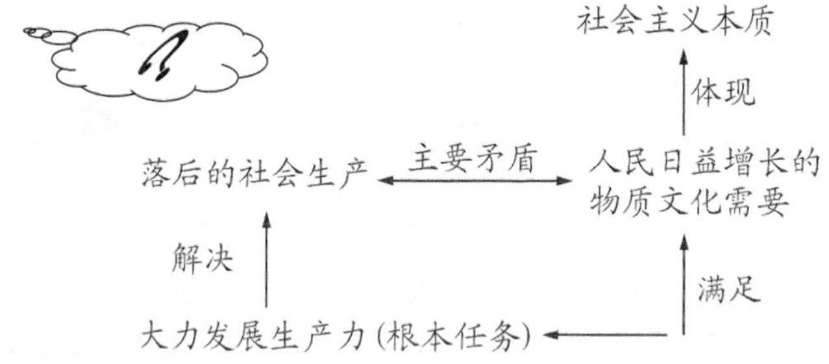

教师引导：看看材料。说明了什么问题？（课件展示）

> 看看这一组数据，中国 2011 年 GDP 为 7 298 147 亿美元，世界排名第二，仅次于美国的 15 094 025 亿美元，但中国人均 GDP 仅为 5 432 美元，在世界货币基金组织列出的 100 个国家中排名 93 位，而排名第一位的是卢森堡，人均 GDP 为 108 832 美元。
>
> 新中国成立 60 多年来，我国解决了 13 亿人口的温饱问题，基本上实现了小康水平，用 60 多年的时间把贫困人口从两亿人减少到 2000 多万人。一国两制的成功，三峡工程建设的壮观，西部开发的激情，奥运会的圆满成功，两岸三通的“团团圆圆”，神舟载人飞船升天的壮举，都书写着我国 60 多年的辉煌。

教师活动：正是在短短 60 多年间，特别是改革开放以来我国生产力不断发展，在此，我们可以骄傲地说，我们新中国自力更生，艰苦奋斗，走出了一穷二白的历史，创造出一个又一个奇迹，取得了非常大的成就。（分析：大力发展生产力，不仅有重大的经济意义，也有深远的政治意义。）

2. 如何大力发展生产力

教师引导：既然大力发展生产力这么重要，那我们如何大力发展生产力呢？

教师引导：大家想想发展生产力该重视什么因素？

学生活动：略

教师引导：生产力包括劳动者、劳动资料和劳动对象，其中劳动者是生产力中最活跃的因素，劳动者的素质决定着对劳动对象的选择、开发的深度和广度。只有人才不断涌现，我们的社会主义事业才能始终充满活力，所以我们应该培养人才、吸引人才、用好人才，大力实施人才战略，为改革开放和现代化建设提供强大的人才保证。劳动工具是生产力先进与否的集中体现和主要标志，科学技术是推动生产工具发展的决定性因素，科技进步和创新是发展生产力的决定因素，因此，我们要大力推动科技进步和创新，不断用先进科技改造和提高我国的经济建设。

在现阶段，要大力发展生产力，就必须集中力量进行社会主义现代化建设，坚持以经济建设为中心，各行各业的工作都必须服从于、服务于经济建设这个中心。

教师活动：以改革促发展。我们知道，生产力和生产关系就像我们的脚和鞋子一样，鞋子会影响和制约着脚的生长，而生产关系同样会制约着生产力的发展，因此我们在发展生产力的同时还要进行改革，改革生产关系中与生产力不相适应的部分，并且调整上层建筑中与经济基础不相适应的部分，这样才能使我国的社会主义充满生机和活力。党的十一届三中全会以来，我国各项事业之所以有突飞猛进的发展，与邓小平倡导的改革开放是分不开的。《走进新时代》里唱得非常好："我们讲着春天的故事，改革开放富起来。"改革是社会主义的自我完善和发展。

【设计意图】通过对教材的分析，学生可以回忆初中的知识并归纳出来，这部分的教学可以突出政治学科在情感、态度、价值观方面的特色功能，使学生树立积极向上的价值追求，对学生进行国家政策和时事的教育，加深对国家科教兴国、人才强国战略的理解，培养学生创新思维。

三、课堂总结

在生活中，我们所消费的一切商品和服务，都是通过生产来提供的。生产决定消费，生产既给消费提供对象，还决定着消费的方式、质量和水平，又能为消费创造动力。可见，满足消费，必须发展生产。我国现在正处于社会主义初级阶段，落后的社会生产力同人民日益增长的物质文化需求的矛盾，依然是社会的主要矛盾。所以，我们把解放和发展生产力作为社会主义初级阶段的根本任务来抓。我们坚信，在我党以经济建设为中心的基本路线指引下，扬改革之风帆，不断完善社会主义经济制度，我们一定能让一切社会财富的源泉充分涌流，让社会生产力快速发展，让我们的消费需求得到满足，让我们的生活越来越好。

【设计意图】让学生回归知识，利用师生对话的方式，列出本课的知识图表，体现知识的系统性，也利于学生理解和掌握。最后教师用一段精练而优美的语言，把本课与前后的知识联结起来，再在学生的思想上激起火花，使政治素养得以提高。

四、巩固练习及课后作业（略）

【设计意图】让学生通过知识运用来深入理解知识，掌握知识，让知识再回归生活。针对高一年级学生素质的差异，我进行了分层训练，这样做既可以使学生掌握基础知识，又可以使学有余力的学生有所提高，从而达到拔尖和“减负”的目的。

【板书设计】

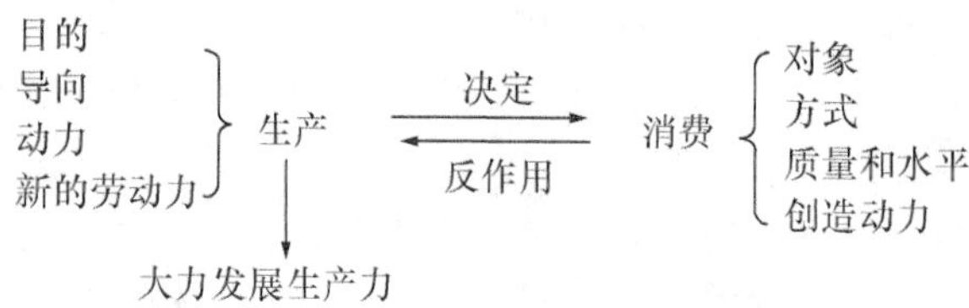

【教学反思与自我评价】

新课程设置的内容都与学生的生活有着密切的联系，我对本节课的设计，意在从第一单元消费引入，拉近与学生的距离，调动了学生关注现实生活的热情，紧接着以问题引导学生探究、思考，课堂教学活动化，增强教学的实践性，从形式到内容的设计都体现了以学生发展为本的教学理念，做到了从学生的生活出发设计和展开课堂教学，将生活主题与学科知识做到比较好的结合，较好地实现了思想政治课的教学目标。但还是有很多遗憾，需要今后去努力。设计的问题还需要调整，没有很好地激发学生积极思考；在把握课堂教学的节奏方面还可以做得更好，包括语速的快慢、语调的升降、提问的时机等方面。

【专家分析与点评】

这节课是教师参加市优秀课竞赛的教学设计。这一课的突出特点是关注学生，每一个环节都非常注重调动学生参与教学过程。

第一，从导课我们可以看出教师用心良苦。她用学生所在的调兵山发生的变化，配以宋祖英“越来越好”的歌曲，引导学生轻松愉悦地进入学习内容。引导学生畅谈生活的变化，有助于培养学生热爱生活，关注社会的思想情感，实现思想政治课教学的情感态度价值观目标。“要想使我们的生活越来越好，就必须——发展生产 满足消费”，导课语言简洁利落。

第二，教学设计的每个环节都重在引导学生参与教学过程，注重师生互动，生生互动。通过师生对话，教师引导、指导学生经过思考、探究完成学习过程。

第三，注重培养学生的学习能力。以人们出行方式的变化——高速铁路给我们带来的便利，分析生产对消费的决定作用的几个具体方面。有助于培养学生全面分析问题，从不同角度把握事物的能力。之后，用十分敏感的钓鱼岛主权问题引发的国内抵制日货，提升学生的学习兴奋点。引导学生思考：人们为什么购买日式汽车，通过师生互动，巩固强化了生产决定消费的知识点，抵制日货对日式汽车生产的影响，又引导学生思考消费对生产的影响。一个事件，两个角度分析，既起到承上启下的作用，有利于思维的连续和教学过程的顺利展开，又培养了学生辩证看问题的思维能力。同时也培养了学生的爱国情怀，有助于学生从国家和社会的高度审视自己、把握自己的消费行为，提高参与社会生活的能力。

（铁岭市教师进修学院　苏桂荣）

【作者简介】

冯静，辽宁省铁岭市清河高级中学政治教师，中学一级教师，获得过省、市级优秀课一等奖，参与国家、省市课题研究多项，撰写的论文、教学设计、课件多次在东北三省获奖。

案例 2　《国家财政》教学设计

大连育明高级中学　吕小曼

【设计理念与思路】

本节课充分贯彻新课改“贴近生活，贴近实际，贴近学生”的原则。发挥教师的主导作用，认真分析教材，大胆打破教材编排顺序，设计好教学内容，采用“一例到底”的教学模式，同时配有“三个探究，三段视频，三组图片”，通过导入—设疑—探究—释疑—总结等几个环节，启发学生联系现实生活，理解什么是财政、财政的作用、财政政策等相关知识。

【教材分析】

《国家财政》教学内容是依据《普通高中思想政治课程标准（实验）》中的内容目标3.8规定的“评议一个由政府财政承担的工程项目，说明政府的财政支出对大众生活、经济发展的影响和作用”。它在本单元中起到承上启下的作用，上接《个人收入的分配》，下承《征税和纳税》。通过这节课的学习让学生知道什么是财政、财政有何作用、财政收支是怎么一回事、什么是财政收支平衡等基本知识。

【学情分析】

学生已学习了个人参与社会财富分配的知识，了解了我国的分配制度，但对国家如何参与社会分配还缺乏了解，对财政领域的知识还较陌生，平常生活中较少关注。另外，财政知识是较为宏观的知识，学生理解起来也较难。这需要教师创设情境，使学生能在情境中构建知识、情感升华，以达到知情融合。所以，在教学设计时重点考虑了这个情况。

【教学目标】

知识目标：①财政的含义和实质；国家预算和决算的含义；理解并学会运用财政的作用。②财政收入的含义及来源，理解影响财政收入的主要因素。③财政支出的含义和具体用途；理解根据政府职能合理安排财政支出。④了解财政收支关系并理解财政收支平衡；理解如何运用财政政策实现经济平稳运行。

能力目标：通过创设情境，引导学生小组合作探究，在讨论、探究、归纳总结等教学环节中，引导学生质疑、释疑，激发学生对财政知识的深入理解，逐步培养学生辩证、全面认识国家财政赤字的能力；能够为政府增加财政收入提出合理化建议的能力。

情感、态度和价值观目标：①感受我国财政的性质、功能和使用原则，增强爱国主义情感。②关心财政支出的内容，关注国家与社会发展，增强主人翁意识。

【教学重点和难点】

（1）财政收入形式、影响因素。

（2）财政收支平衡。

（3）财政政策对经济运行的调节能力。

（4）财政的作用。

【教学和学习方法】

教学方法：情境教学法、合作探究法、总结归纳法。

学习方法：自主学习、合作学习、探究学习法。

【教学手段】

黑板、多媒体辅助教学。

恰当运用图片、视频等多媒体手段创设情境，以藏族老奶奶的幸福感受作为一条主线，多角度体现财政的作用。能够化抽象为直观、化复杂为简单，可以最大限度地调动学生的积极性，又能充分表现教学内容，突出重点、突破难点，而且还可以增加课堂教学容量，提高课堂教学效率。

【教学过程】

一、创设情境　导入新课

教师活动1：（播放视频）来自幸福的报告——喜迎十八大，走基层，访民生，央视记者做了一项深入调查：幸福是什么？你幸福吗？每个人对幸福都有不同的感受，我们来听听藏族老奶奶卓玛的幸福感受吧。今年十一黄金周，从未离开过西藏的奶奶一家人坐火车（青藏铁路）来到了北京天安门，还登上了万里长城，她感觉自己特别幸福，至今她脸上还洋溢着幸福的微笑……而这些工程耗资巨大（青藏铁路330.9亿元），由谁来投资建设？

学生活动 1：合作讨论，得出修建铁路要由政府出资承担，是国家在履行社会公共服务职能。为此，政府必须占有和参与社会财富的分配，引出国家财政的含义是国家的收入和支出，实质是国家参与社会财富的再分配。

【设计意图】以关注民生——你幸福吗？导入新课，激发学生的学习兴趣；贴近我们的生活实际，帮助学生更好地感悟政府提供的服务几乎无处不在，增强学生的爱国情感，让学生认识到这些公共服务是政府通过财政实现的。（3 分钟）

二、结合事例　讲授新课

教师设疑：每年国家财政收入和支出的数额是哪个部门，通过什么程序制定的？

学生活动 2：阅读课本，回答出财政实现的环节就是国家的预算和决算。国家预算、决算的含义。（略）

【设计意图】通过先提出问题，再让学生阅读，使阅读具有目的性，从而提高学习效率；同时提供相关材料，有助于学生更好地理解国家预算和决算的含义。（3 分钟）

教师活动 2：（展示图片）请大家关注一下 2011 年国家财政收入的状况。

2011年国家财政收入结构（103 740亿元）

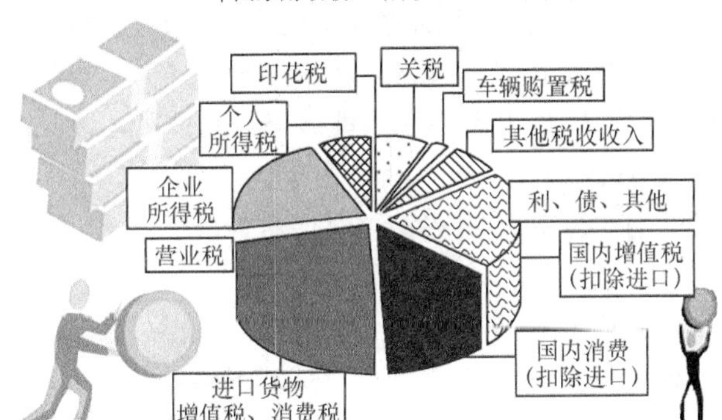

教师设疑：国家财政收入来源有哪些？主要来源是什么？

学生活动 3：通过读图获取信息——财政收入的来源有税、利、债、其他；其主要来源是税收。

【设计意图】初步培养学生读图的能力，对比数字可以让学生切身感受到税收在财政收入中的重要地位，也利于培养公民自觉纳税的意识。（3 分钟）

教师活动 3：创设情境——藏族老奶奶想：正是因为国家有这么多钱，才能修建铁路，才有了我的幸福北京之旅。看来呀，国家越有钱人民生活就越幸福！

探究 1：老奶奶认为，国家财政收入越多越好。

学生活动 4：小组合作，讨论得出——影响财政收入的因素是经济发展水平和分配政策。（具体内容略）

【设计意图】对于这个难点，教师通过列举数据（2001 年我国 GDP 总量为 8 万亿元人民币；2011 年我国 GDP 总量为 47 万亿元人民币，国家财政收入 10 万多亿元人民币）引导学生进行数字对比，分析影响国家财政收入的基础性因素和重要因素，初步培养学生辩证思维的能力。（9 分钟）

教师活动 4：(展示图片）请大家继续关注 2011 年财政支出的状况。

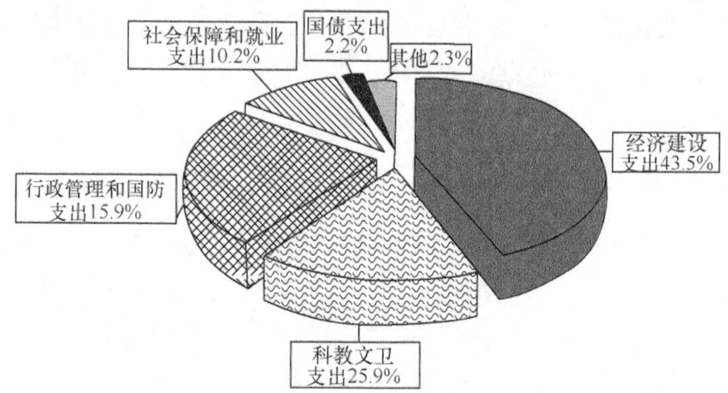

学生活动 5：通过读图获取信息——财政支出的用途，财政收支关系的三种情况：财政盈余、财政赤字、财政收支平衡。(引导学生正确理解财政收支平衡）

教师活动 5：创设情境——藏族老奶奶看到 2011 年财政赤字 5190 亿元，她心里着急呀。就像老百姓过日子一样，国家经济发展也应该是有结余比较好，千万不能靠借债来维持呀！

探究 2：老奶奶认为，财政赤字对国家经济发展不利。你是否认同她的观点？

学生活动 6：小组合作，讨论得出——应具体问题具体分析。国家应合理确定财政收支关系，促进社会总供求平衡。

(1) 如果经济过热，社会总需求过多，再过多增加财政支出，形成巨额财政赤字，对国家经济发展不利。

(2) 如果经济滞缓，社会总需求不足，要增加财政支出，财政赤字对经济发展有利。

教师进一步设疑：既然这样，财政赤字是不是越多越好？

学生活动 7：小组合作，讨论得出——财政赤字要适度（国际警戒线是财政赤字不超过当年 GDP3％)。国家应根据具体情形，合理确定财政收支关系，促进社会总供给与总需求的平衡。

【设计意图】引导学生辨证看待国家财政状况，同时小组讨论也有利于调动学生学习的积极性，培养学生团结合作的精神。这是一个重点和难点问题，要注重学生的知识形成过程。(9 分钟）

教师活动 6：播放视频——数字十年看百姓生活变化、数字十年看西藏巨变。

学生通过概括提炼得出——财政是促进社会公平、改善人民生活的物质保障；财政具有促进资源优化配置的作用。

【设计意图】通过观看视频，让学生更直观地感受和理解财政的作用；让学生懂得财政与我们生活息息相关，提高学生对国家财政的关心和理解，培养学生树立“身在校园，心怀天下”的理想。(6 分钟）

教师活动 7：创设情境 3——藏族老奶奶在幸福之余略带点小感慨：最近一段时间，她发现东西都在涨价，钱却没有以前那么好赚了。所以，她现在不太敢花钱了……

请同学们阅读下面材料，概括分析：

材料1：2012年1～10月全国居民消费价格总水平比去年同期上涨2.7%，国内需求不足；出口受阻，外需不旺。2012年前三个季度GDP增长分别为8.1%、7.6%、7.4%，持续走低。

材料2：1980～2011年，中国通货膨胀率平均为5.6%。其中，1994年通货膨胀率为24.1%。1994年市场投资增速过猛，摊子铺得过大。由于物价轮番上涨，市场异常热销，居民出现了抢购风潮。

探究3：上述材料分别反映了我国当时是一种什么样的经济态势？国家采取什么样的财政政策去解决？这体现了财政发挥什么作用？

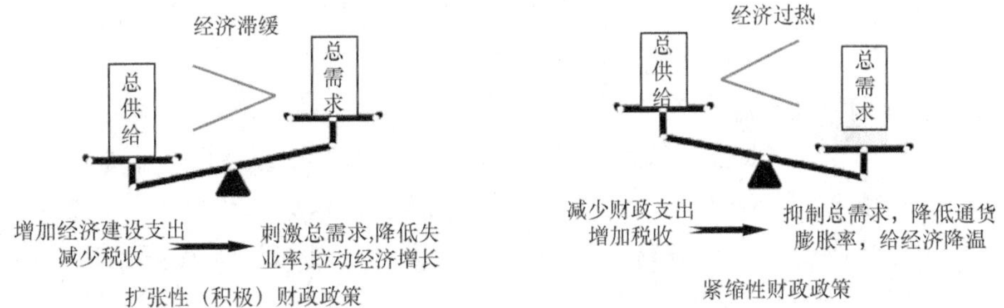

学生活动8：小组合作，讨论得出——经济滞缓⟹扩张性财政政策；经济过热⟹紧缩性财政政策。财政具有促进经济平稳运行的作用。

教师概括：以上三点是国家通过财政收入和支出来发挥作用的⟹本课重点。

【设计意图】培养学生的辩证思维能力、具体问题具体分析能力和总结概括能力。这里因为有相关财政政策，作为难点问题，教师需要利用图示耐心讲解和引导。（10分钟）

三、结束语

党的十八大报告中有145处提到了“人民”，关注民生犹如一条红线贯穿始终。民生连着民心，民生凝聚民力，让人民享受到改革发展成果。我们相信在党的领导下，政府充分发挥财政的作用，会让包括藏族奶奶一家在内的更多人民生活越来越幸福！（2分钟）

【板书设计】

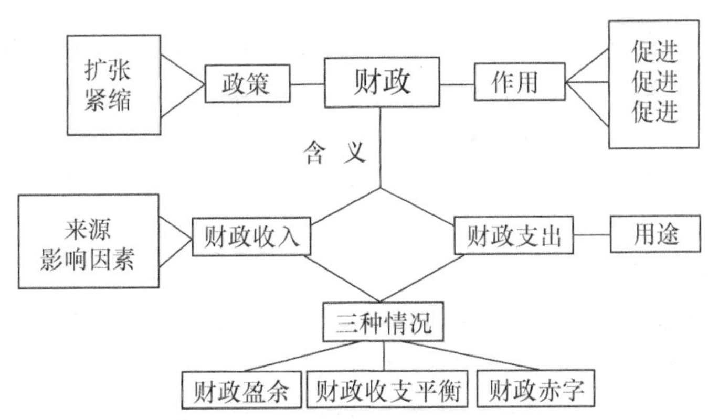

【教学反思与自我评价】

我在这节课中力求探索政治课教学的新模式，既要保留传统教学知识链的完整性，又要激发学生主体的参与；既要传授新知识，又要对知识与热点的结合进行挖掘和升华，尤其突出知识、能力与情感态度价值观的统一。现结合本课教学，做如下反思。

1. 课前教学设计的反思

本框在本单元中起承前启后的作用，其最大的特点就是知识点多，而且还很枯燥乏味。因此，我在设计导入时就从身边的材料出发，突出材料的生活化。讲解财政相关知识时精心筛选了材料，以党的十八大关注民生一个镜头——“你幸福吗?”作为背景。通过藏族老奶奶的幸福感受，一例到底、贯穿全课，全面引出财政的知识，每段材料都凸显这个主题，让学生能够较为清晰地把握材料的脉络。

2. 课堂教学内容的反思

对教材结构进行整合与处理是本节课的关键。我大胆打破教材内容的编排，找到适合学生思维的教学顺序，有利于学生对知识的掌握。重新调整为财政含义⟶财政收入⟶财政支出⟶财政收支状况⟶财政作用。调整后学生对知识理解更容易，印象更深刻了。

3. 教学方法的反思

教学中特别注重师生的互动。如藏族奶奶通过切身体会，认为国家财政收入越多越好；财政赤字就是靠借债来维持，奶奶认为财政赤字对国家经济发展不利，同学们是否认同？引导学生积极参与整个教学活动中，使他们从材料分析中发现问题，在讨论中分析问题，并结合教材归纳得出结论；还要注重生生互动。通过小组合作、小组质疑的方式，让学生在问题的驱动下，进行自主、合作、探究性学习，初步培养了学生的合作意识和发现问题、分析问题、解决问题的能力。

当然，本课教学还有不足的地方，比如，在财政赤字是否对经济发展不利、财政如何促进经济平稳运行等探究问题的设置上还应该再具体一些；在学生小组讨论过程中，教师的引导、调控需把握好时间，这节课的时间安排有点前松后紧。

【专家分析与点评】

新课程强调，教学过程应是师生交往、共同发展的互动过程，要引导学生在实践中学习，使之成为在教师引导下主动、富有创造性和个性的过程。本节课注重创设情境、提出问题、学生自主探究。这节课教学中以来自幸福的报告——喜迎十八大，央视记者做的深入调查：幸福是什么导课，以藏族老奶奶卓玛的幸福为线索创设情境，探讨了财政收入是否越多越好，物价上涨老奶奶不敢花钱，从而引导出国家采取什么样的财政政策去解决等，情境的设计着眼于教材，联系实际，从而增强教学的吸引力，引起学生的共鸣。问题的提出准确把握学生的认识起点，设置巧妙，在学生体验中、讨论回答中自主探究生成相关的知识，并且一例到底、一气呵成，这是本节课最大的亮点。

新课程强调，教科书是重要的课程资源，因此，教师在教学设计中要学会用教材教，而不是教教材。教师要充分利用教材，可以打破教材框架体系，进行知识的重新整合。在教学中教师恰当地调整教学内容，收到了理想的教学效果。同时教学中教师能够充分挖掘教材的内在教育因素，结合学生生活实际，组织引导学生富有个性地开展学习，精心设计一些活动，给学生提供创新的时间和空间。

本节课充分利用现代教育技术，多媒体展示图表、文字材料、图片等情境，尤其是视频资料，为学生营造一个接触实际、探究知识的情境。通过视觉体验不仅能帮助学生理解抽象的理论，还能充分调动学生的眼、耳、口、脑等多种感官，促使学生主动记忆、认真思考、努力探索、积极地参与，使课堂教学鲜活、充满魅力。

（大连市教育学院　唐铭）

【作者简介】

吕小曼，中学高级教师，全国思想政治优秀教师，辽宁省政治学科带头人，辽宁省骨干教师，大连市优秀教师，大连市中小学德育先进个人，全国中小学教材政治学科审查专家，大连市教育学会高中政治专业委员会常务理事，多篇论文在国家、省、市级论文评比中获奖，所承担的“十五”、“十一五”国家重点科研课题，被评为优秀课题。

案例3　《又好又快 科学发展》教学设计

大连理工大学附属高级中学　杨彦也

【教学内容分析】

本课是《经济生活》第十课的第二框题。前一框题介绍了我国目前正处于全面建成小康社会的历史新时期，明确了我国经济建设方面的新目标。本框题则是学习为实现这一目标而坚持的指导思想，是对上一框题的延伸和深化，在全书中占有重要的地位和作用。

课程标准对本框题的基本要求如下：阐明科学发展观的含义；说明全面建成小康社会，最根本的是以经济建设为中心，不断解放和发展社会生产力。依据课程标准，本框的教学内容设计为两目：贯彻落实科学发展观和促进国民经济又好又快发展。

【学情分析】

本框内容理论性极强，与学生生活有距离。但是学生却对单纯的经济发展带来的一系列问题很感兴趣，因此会对本课知识产生一种深入求知的欲望。高一学生独立思考能力不断增强，开始关心社会生活，思考人生和未来的发展。因此，可结合本课内容，帮助学生树立科学发展观，增强节约意识和忧患意识，树立中华民族伟大复兴与和平发展的使命感与责任感。

【教学设计理念】

（1）主体性教育思想。着眼于每一位学生的发展，发挥学生在课堂教学中的主体作用。

（2）以人为本思想。以学生为本，各环节要尊重学生、关爱学生，促进学生全面发展。

（3）生活化思想。贴近生活，贴近实际，贴近高中生群体。教学事例的选用均为学生熟悉的生活情景。

（4）时代性思想。党的十八大将“科学发展观”确定为党必须长期坚持的指导思想。及时准确地将十八大精神融入其中，在教学中贯彻落实党的路线、方针、政策。

【教学重点和难点】

教学重点：全面把握科学发展观的科学内涵。

教学难点：加快转变经济发展方式。

【教学策略与教学方法】

采用了“导、悟、研、评”教学模式。这种教学模式，更是一种充分发挥教师的主导作用，突出学生的主体地位的教学方法。

导学：教师创设教育情境引导学生学习。（教师引导）

悟学：学生阅读教材，完成自学自悟题。（学生自悟）

研学：学生分组讨论，探究，合作完成重难点内容。（学生合作）

评学：学生总结知识、情感等方面的收获，构建知识体系；教师引导、知识迁移，出示课堂检测题。（师生合作评价学习成果）

【教学资源与教学手段】

网上查找相关资料，制作课件。运用多媒体教学。设计课前预习学案，课上探究学案。

【教学目标】

知识目标：①理解深入贯彻科学发展观的必要性和科学发展观的科学内涵。②了解促进国民经济又好又快发展的基本要求。

能力目标：①能准确把握科学发展观科学内涵的理解能力。②能根据实际情况运用科学发展观对社会经济发展提出合理化建议的能力。

情感、态度和价值观目标：①牢固树立科学发展观。②坚定热爱祖国、热爱社会主义、热爱党的信念。③增强节约意识和忧患意识。

【教学过程】

一、创设情境 导入新课

教师活动：课前播放中国好声音学员平安的歌曲《我爱你中国》。

导入语：歌手平安承载着父辈的音乐梦想，希望用自己的方式表达对祖国的热爱。我们的祖国正在发生日新月异的变化，十八大的胜利召开，将科学发展观确定为党必须长期坚持的指导思想。空谈误国，实干兴邦，全面建成小康社会已经不再是一个美好的远景。今天就让我们共同走进科学发展观，也像平安一样用我们自己的方式来解读这一重要指导思想，来表达对祖国的热爱。

学生活动：倾听、欣赏。

【教学意图】导课阶段。歌手用自己的方式诠释对祖国的热爱与我们也用自己的方式来诠释科学发展观相吻合，进而导出课题《又好又快 科学发展》。学生欣赏音乐，放松心情，在美育的熏陶下，进行爱国主义教育。

（时间分配：2 分钟）

二、结合事例 讲授新课

教师活动 1：

（1）播放我国改革开放 30 多年来经济建设成就视频。

（2）课前小调查：各小组网上收集关于浪费资源、污染环境、破坏生态的报道或数据。

教师点拨：改革开放 30 多年来，我国经济建设取得了突飞猛进的成就。但是也带来了一系列问题，留给我们一些反思。

学生活动 1：

（1）小组代表呈现收集的资料。（得出结论：单纯追求经济增长速度，而忽视社会全面进步是片面的。）

（2）结合教材 87 页为收集的资料和讨论的内容设计问题。（得出结论：贯彻落实科学发展观的必要性。）

【教学意图】导学阶段。利用视频创设教学情境，激发学习热情。小组收集材料，培养学生动手能力。引导学生思考为教材内容设计问题，则变被动记忆为主动学习，可以调动学生学习的积极性，更有利于对科学发展观必要性的理解和记忆。

（时间分配：6 分钟）

教师活动 2：

（1）指导学生阅读教材第 87、88 页前两个自然段。理解科学发展观的科学内涵。

（2）PPT 展示大连广场文化图片，设计自学自悟题，引导学生填写表格。

学生活动 2：

阅读教材，理解问题，填写表格。学生代表展示自学成果。

材料问题	科学发展观	
广场变化依托现代科技，从侧面反映一个城市发展的水平和足迹	发展	第一要义
广场为市民提供更广阔的休闲空间	以人为本	核心
广场建设依托现代科技，充满文化底蕴，彰显生态城市品位	全面协调可持续	基本要求
广场文化丰富多彩：绿地、白鸽、雕塑、喷泉	统筹兼顾	根本方法

【教学意图】悟学阶段。学生通过阅读教材内容，理解科学发展观的科学内涵，培养学生自主学习的能力。填写表格，检验学生自学成果。

（时间分配：8 分钟）

教师活动 3：创设情境："学校是我家，建设靠大家。"运用科学发展观为理工大学附属高级中学新校区建设提出合理化建议。

教师点拨：学习理论不是目的，目的在于实践。对于学生来说，统筹兼顾各学科知识，科学合理地安排时间是在践行科学发展观。对于教师来说，尊重学生的差异，理解学生的个性，培养学生可持续发展的能力也是在践行科学发展观。而学校建设同样离不开科学发展观。

学生活动 3：分组讨论，积极参与，小组代表发言。

【教学意图】研学阶段。激发学生参与热情，合作研究，情感升华，培养学生理解和运用科学发展观的能力。有利于突破科学发展观科学内涵这一教学重点。同时激发了学生热爱学校的主人翁意识。

（时间分配：6 分钟）

教师活动 4：播放视频辽宁号航空母舰成功起降歼-15 战斗机。出示思考题。

情景一：小刚的爸爸是歼-15 设计师，他告诉小刚歼-15 是我国自行设计研制的首型舰载多用途战斗机，具有完全的自主知识产权。

思考一：你捕捉到的关键信息是什么？如何理解这一信息对我国经济发展的意义？

情景二：小刚的妈妈在网上查到关于"辽宁号"航空母舰所带动的相关产业链庞大，为装备制造业、新材料、动力系统、电子通信产业等领域带来巨大市场空间的资料。

思考二：运用所学知识谈谈你对航空母舰带动相关产业发展的理解。这将为我国经济发展带来哪些方面的变化？

情景三：小刚的叔叔特别关心辽宁号航空母舰。对于运用飞机降落的惯性冲力压缩储存能量，采用不耗能的拦阻弹射飞机两用装置很感兴趣。

思考三：这将为我国经济发展提供哪些启示？

情景四：小刚的爷爷奶奶住在乡下老家，道路不畅，没有计算机。乡下与大连的生活环境不同。

思考四：材料反映了什么问题？应该如何解决。

情景五：小刚参加了大连市组织的为西部贫困地区献爱心活动。了解到西部地区的孩子们学习环境简陋、上学难等问题。决定长大后去西部工作，为西部发展贡献力量。

思考五：导致两地学生学习环境差别的根源是什么？

学生活动4：走进情境，畅所欲言，小组讨论，全班交流，心灵震撼。

学生得出结论：

情景一：提高自主创新能力，建设创新型国家。

情景二：加快转变经济发展方式，推动产业结构优化升级。

情景三：加强能源资源节约和生态环境保护，增强可持续发展能力。

情景四：统筹城乡发展，推进社会主义新农村建设。

情景五：推动区域协调发展，缩小区域发展差距。

【教学意图】导学阶段。视频激发学生学习兴趣，五个情景的设计使五点措施连成一体，完整再现，易于学生理解、记忆。有利于突破加快转变经济发展方式这一教学难点。

（时间分配：15分钟）

三、评学阶段

教师活动：PPT出示本课知识要点、归纳总结、知识迁移；出示课堂练习题。

学生活动：回忆要点，构建知识框架，畅谈收获；认真审题，积极思考。

【教学意图】评学阶段。对本课学习内容进行总结，帮助学生构建知识体系。师生共同评价学生的学习行为。完成课堂检测题，使学生体验获得学习成果的喜悦，知识迁移和升华有利于培养学生创新精神。

（时间分配：8分钟）

四、课后作业

写一篇为大连市经济发展提出合理化建议的小论文，500字左右。

【设计意图】作业具有开放性，既巩固了本节课的重点、难点知识，又培养了学生研究性学习的能力。作业内容又具有思想性和时代性，并充分发挥政治课的教育功能，使思想教育润物无声。

（时间分配：2分钟）

【板书设计】

又好又快　科学发展

1. 贯彻落实科学发展观的必要性
2. 科学发展观的科学内涵

（1）第一要义是发展

（2）核心是以人为本

（3）基本要求是全面协调可持续

（4）根本方法是统筹兼顾

3. 促进国民经济又好又快发展

（1）建设创新型国家

（2）加快转变经济发展方式

（3）增强可持续发展能力

（4）统筹城乡发展

（5）推动区域协调发展

【设计意图】简明扼要，突出重点和难点，便于学生理解和记忆。

【教学反思与自我评价】

本课知识理论性、思想性、时代性较强，与学生生活有距离。我的设计思路是以贴近学生生活为主线，以党的十八大重要思想为基点，及时准确地将十八大精神渗透到教学中。特别是将全面建设小康社会改成全面建成小康社会。中国特色社会主义总体布局的“四位一体”更改为“五位一体”。

在教学设计上：①采用“导、悟、研、评”教学模式更好地发挥教师的主导作用和学生的主体地位。②歌曲《我爱你中国》歌手以自己的方式诠释对祖国的热爱与这节课我们用自己的方式对党的指导思想的诠释相呼应。既进行爱国主义教育，又自然导课。③以大连广场文化作切入口，在颂扬家乡的同时，使教学倍感亲近，使理论具体化、形象化、生动化。④为新校区提合理化建议的设计，加深对知识的理解和运用，培养学生热爱母校的主人翁意识。⑤五个情景，一例到底，体现知识的完整性，易于学生理解、记忆。

反思这节课，还存在一些不足之处：①课堂后半部分时间再紧凑一些会更好。②加快转变经济发展方式内容对学生引导不够。

【专家分析与点评】

在新课改教学下，什么样的课堂教学是思想政治课有效的课堂教学？有效的课堂教学（即一堂好的政治课）标准是什么？杨老师的展示课给了我们很多启示。

政治学科特有的理论性、思想性、时代性等学科特点，决定了政治教师不可能单纯地把课堂交给学生。只能通过先进的教育理念，创设教学情境，激发学生学习的热情。杨老师采用了“导、悟、研、评”教学模式，充分发挥教师的主导作用，突出学生的主体地位。特别是“悟学”和“研学”阶段的设计，充分体现了主体性思想和以人为本的教育理念，更好地培养学生自主学习、合作探究的精神。

本框题内容理论性极强，又特别抽象。对于科学发展观科学内涵这一重点知识的突破上，杨老师巧妙地将这些内容较抽象、不易掌握的知识，适宜地创设情境，设置抽丝剥茧式的问题，让学生体验理论生成的过程，从而突出重点、突破难点。杨老师从大连广场文化这一学生熟悉的事例作切入点，激发学生学习的兴趣。设计对新校区建设的合理化建议等学生活动，使学生在一种轻松的氛围中，敢于发言、勇于表达。使枯燥的理论生动化、具体化，使学生由感性认识上升到理性认识。激发学生的参与热情，合作研究，情感升华，培养学生团结协作和探究精神。

杨老师的课给我们一个全新的感觉，让我们更清楚地认识到，一堂好课，应该是充满思想，充满观点，充满尊重和关怀，充满智慧，充满文化。这样的课更能够提高政治课课堂效率，激发学生学习政治课的热情。

（辽宁省高中思想政治学科教研员　庄瑞杰）

【作者简介】

杨彦也，政治特级教师，辽宁省优秀教师，辽宁省政治学科带头人，辽宁省骨干教师。在教学实践中慢慢地摸索着教育教学规律，逐渐形成自己的教学特色。

案例4 《我国公民的政治参与》教学设计

沈阳市第二十二中学 李树华

【设计理念】

新课程倡导要立足于学生现实的生活经验，着眼于学生发展需求，把理论观点的阐述寓于社会生活的主题之中。在课堂教学中，教师要为学生创设一种讨论、交流的情境，让学生在平等的交流和讨论中，思维得到拓展，创新能力得到发展，进而主动将自己所学的知识重新建构。教师不仅引导学生掌握知识，还要培养学生自学的能力，激发学生的学习兴趣，促进学生良好学习习惯的形成。

【教学内容分析】

本课是人教版高中《政治生活》必修二第一单元第二课的内容，分别从民主选举、民主决策、民主管理、民主监督四个方面展开阐述，容量较大。第二课公民政治参与是第一课公民政治权利与义务的实施过程，也是人民当家做主地位的体现。所以立足单元结构必须处理好公民政治参与途径，政治参与的意义和政治参与原则的关系。从立足教材结构来看，必须认识公民与政府、公民与党、公民与人大的关系。无论从教材体系的编排，还是从知识特点、能力培养来看，本课都起着重要的承上启下的作用。

【学情分析】

虽然高三学生自主学习意识增强，但平时课业负担重，需要提前在学案中帮助学生理清教材基础知识的框架，使学生能顺利理清框架内的基础内容，为课堂复习提高效率打下坚实基础。而作为实验学校的学生，学习主动性及自主学习的能力应该较强，基础知识部分应该可以自主在课前完成。从认知结构来看，作为高三复习课，学生已有一定的理论基础，但是体系不够清晰，辩证思维有待培养。因此整个教学设计尽量做到适合高三学生的心理特点和认知规律，触发学生的思维。

课型为复习课。

【教学目标】

知识目标：①了解四种选举方式，理解不同选举方式的优缺点，珍惜选举权的重要性，懂得制约选举方式选择的因素。②知道民主决策的方式和重要性，理解公民直接参与民主决策的意义。③了解村委会、居委会及其作用，理解基层民主管理中公民民主参与的形式和意义。④掌握公民民主监督的权利，识记民主监督的合法渠道，理解实行民主监督的意义，分析说明公民应如何行使监督权。

能力目标：通过学习公民政治参与的途径和方式，提高政治参与的技能，在民主实践中逐步增强政治参与的责任意识和实际本领，培养分析问题和解决问题的能力，培养学生综合归纳问题的能力。

情感、态度和价值观目标：通过学习，使学生充分认识政治参与的重要性，树立珍惜自己政治权利的意识，正确的行使民主权利，并能积极参与政治生活，贡献自己的聪明才智，增强政治责任感。

【教学重点和难点】

这部分知识点在近几年高考中非选择题的出现多以意义类和措施类为主，即考查公民参与的原因和怎样参与。所以既要求学生准确掌握知识，又要把握知识之间的联系。

根据《考试大纲》及高三学生的知识基础，确定以下两点既是本堂课的重点也是本堂课的难点：公民参与政治生活的原因；公民怎样参与政治生活。

【教学方法】

（1）自主探究法。（在处理教学内容时能够做到学生能自主学会的就不教，学生间交流探究能会的，就交给学生交流探究，老师“教就是为了不教”。）

（2）问题式教学法。（使教学过程真正成为学生的学习过程，以思维教学代替单纯的记忆教学。注意在探究问题时留给学生充分的时间，以利于开放学生的思维。）

（3）互动式教学法。（师生互动、生生互动）

【教学手段】

多媒体课件、实物投影。

【教学过程】

一、时政导入

学生以时政观察员的身份播报本小组所收集到的时政热点，创设情境，自然导入本课并引起学生兴趣。

本节课学生所播报的内容如下：

“备受关注的吉林省居民生活用电试行阶梯电价听证会于 2012 年 5 月 21 日在长春举行。总体上看，听证会参加人畅所欲言、见仁见智，充分体现了人民群众对试行阶梯电价政策的关心和参政议政的热情。吉林省物价局冯晓波局长在听证会总结中表示，会后省物价局将认真研究、充分考虑听证会参加人的意见和建议，进一步修改和完善我省居民生活用电试行阶梯电价方案，并进行专家论证。经省政府同意后，报国家发改委审批。我们拟在 7 月 1 日执行。”

其他学生认真听播报的内容，思考分析播报内容所反映的政治现象。

教师总结，这段时政播报反映的政治现象主要涉及听证会、民主选举、公民参与政治生活……导入本课内容《我国公民的政治参与》。

二、考点导航

教师首先列出本课《考试大纲》所涉及的六个考点，使学生学习有的放矢。

（1）我国的选举制度及选举方式。

（2）公民参与民主决策的多种方式。

（3）公民直接参与民主决策的意义。

（4）我国的村民自治与城市居民自治及其意义。

（5）我国公民的民主监督权和实行民主监督的合法渠道。

（6）公民要负责地行使民主监督权利。

这六个考点已经结合知识目标细化到学案【基础梳理】内。学生思考，与学案【基础梳理】部分对号。学生在本环节可以提出在自主学习过程中的疑惑。

教师总结：这部分知识点在近几年高考中多以选择题为主，非选择题出现多会与其他课的知识综合起来考查，材料题多以意义类和措施类为主，所以大家既要做到掌握知识的准确性，注意易混点的区分，又要把握知识之间的联系，包括本课知识点之间、本单元知识点之间及本课与其他课知识点之间的联系。

三、网络构建

教师引领学生按照政治生活常用的三部曲是什么、为什么、怎么样三个角度分析构建本课及本单元的知识网络，同时突破重点、难点。从而认识到该课在本单元及本书中的重要地位，完成本课的重点和难点，完成学案的第二部分。

学生小组合作探究，通过实物投影展示自主学习成果，展示本小组的网络构建图，其他小组补充。构建过程中以学生为主体，以学生思维为主，生生互动、师生互动。

教师总结：大家在构建网络图时，更多的是从本课或者本单元的角度去分析，如参与内容包括本课的四个部分：民主选举、民主决策、民主管理、民主监督。参与的原因主要提到民主选举、民主决策、民主管理、民主监督的意义，这主要是从公民为什么要参与的角度说明。那么我国公民为什么能参与政治生活呢？

学生思考回答。

教师总结：所以参与的原因还包括我国的国体、本质、人民民主的广泛性和真实性、公民广泛的政治权利和自由、社会主义政治文明、民主政治建设、和谐社会、全面小康等。另外，还要看公民参与的是哪个部门的活动，如政府、人大、党组织等，要把这些部门的相关知识点答出来。

关于怎样参与要考虑到本课所讲的知识点：怎样行使自己的选举权利及怎样行使监督权。还要考虑到第一课所学的知识点坚持三原则，中学生怎样参与政治生活，以及综合探究中的知识点公民怎样有序参与，另外，作为公民本身要明确参与的途径和方式，而作为其他主体要积极为公民的政治参与开辟途径。

知识总结结构图如下：

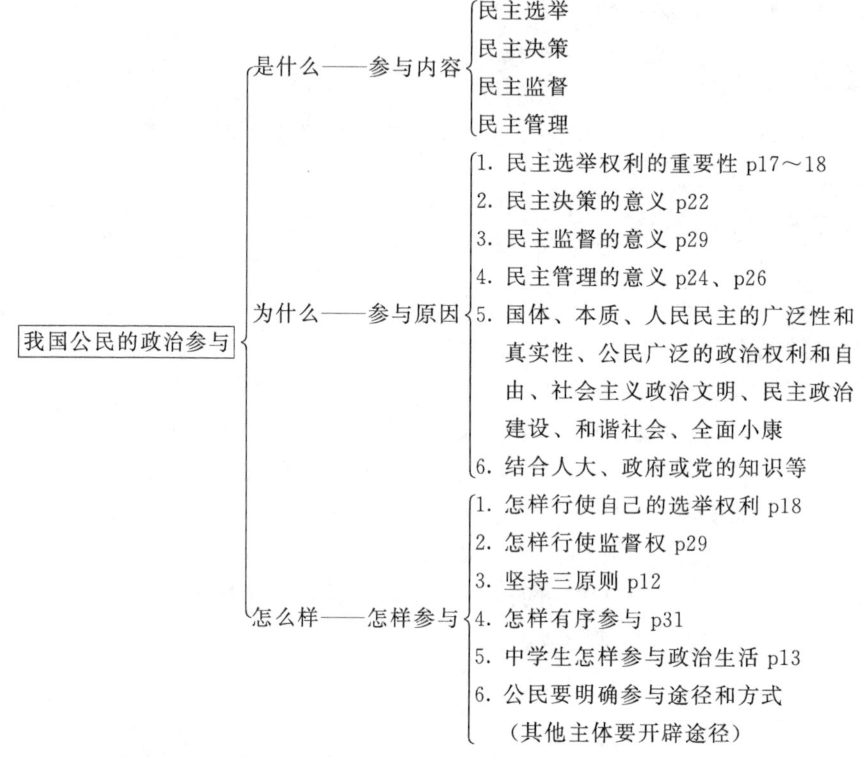

教师引导：上面我们是围绕公民的政治参与为主语进行的网络构建，下面我们以公民为主语进行网络构建。

学生思考、讨论、发言。

教师总结：先从本课的知识点公民政治参与开始思考，公民政治参与的法律依据是政治权利和政治义务，而公民政治权利和政治义务的根本原因是其政治地位，即我国的国体、本质。公民在参与的时候就会与其他主体发生关系。

教师总结：大家看一下，这部分学习还有没有什么疑惑？课后如果还有什么疑惑，可以写在学案【我的疑惑】里，下堂课提出来。

下面我们看几道真题，检验一下本课知识的运用。

四、真题剖析

1. ［2012 年北京卷 30］近年来，北京市公安局开辟了“人大代表、政协委员直通车”、“人民来访接待室”、“政法民生热线”等民意渠道，对收集的民意进行分析，做到“警务跟着社情民意走、警力围着群众工作转”。这些做法强调（　　）

①坚持群众路线，转变工作作风　　②重视代表提案，维护群众权益

③促进信息公开，审慎行使权力　　④加强公民参与，主动接受监督

A. ①③　　B. ①④　　C. ②③　　D. ②④

师生共同回忆一般的选择题的做题方法：①淘汰法，即淘汰错误观点或与题干没有联

系的选项。②比较分析法，即比较与题干有联系的选项，看哪个选项更具有决定性、根本性、与题干之间的联系更直接。

学生思考，作出选择，并说明理由，其他同学可以反驳并说明理由。

教师总结：同学们在做题时要注意知识的准确性，人大代表提出议案，政协委员提出提案。政协提案是参加政协的民主党派、团体和政协委员向政协全体会议或常务委员会提出的，经提案委员会审查立案后交付有关单位办理的书面意见或建议。②表述错误。材料中没有提到信息公开。③与题意无关。材料中公安局属于行政机关，积极开辟民意渠道，对收集的民意进行分析，强调坚持群众路线，求真务实，①符合题意。开辟“人大代表、政协委员直通车”、“人民来访接待室”属于政府自觉接受监督，④正确。

2. [2011·天津文综，14（1）] 阅读材料，回答问题。

2011 年 1 月，《人民日报》以“社区好与坏，居民说了算”为题对天津城市基层民主建设经验进行了介绍：一是综合评价社区居委会及其成员。2010 年河西区 178 个社区居委会接受了 9960 名居民代表的民主评议。二是建立社区居民参与评议监督机制，将知情、表达、决策、监督权全部交给居民。尖山街辖区一个大院 138 户居民家暖气不热，居委会在听取居民意见后，约请各方代表共商解决办法，督促有关单位改造了输热管道。三是公开与居民利益密切相关的事情，遇到难题充分与群众协商。和平区尚友里有 200 多辆车，而车位仅 130 多个。为解决争抢车位的问题，居委会邀请各方代表召开恳谈会、听证会，促成了问题的解决。

运用公民政治参与的知识，说明上述经验的政治意义。(12 分)

首先，师生共同回忆总结原因意义类解题策略：①语言内容来自两个方面，一是理论依据或意义，来自教材；二是现实依据或意义，来自材料或时事中的重要观点。②语言表述遵循从小到大，从近到远的思维逻辑。

其次，根据主观题解题策略（过程或环节角度）师生共同分析这道题。

第一步：先审提问，注意获取以下信息。①知识范围：“政治”。②主体：“公民”。③提问方式：“意义”。④提问切入点：“政治参与”。

第二步：根据提问切入点，确定大致考查的知识，(《政治生活》第二课知识点：公民参与政治生活)，并调动相关知识，公民参与政治生活的原因。

第三步：再审材料，明确应运用的相关知识。

(1) 巧用语文的标点符号，分层次。（本材料根据材料中序号一、二、三可以分为三层)。

(2) 找关键词（材料与教材的重合词、材料出现的高频词），概括层次大意。

“居民代表的民主评议 ”——实现民主监督，维护公民的合法权益。

“将知情、表达、决策、监督权全部交给居民”；“邀请各方代表召开恳谈会、听证会”——有利于推进民主决策，提高决策的科学性、民主性。

“基层民主建设”；“ 遇到难题充分与群众协商”——有利于加强民主管理，保证人民群众依法直接行使民主权利，调动公民参与管理公共事物的积极性。有利于扩大基层民主，推进社会主义民主政治建设。

第四步：科学、规范组织答案。运用学科术语、正确的逻辑、通过论证和探究的方法，把答案组织好。

学生课上讨论共同完成，各自提出不同意见，并说明理由。

教师在旁边适当点拨，并可根据学生出现的问题适当加深讨论。通过真题剖析，提高学生理论联系实际，分析问题和解决问题的能力。

［答案］略

五、提升演练

材料：网民言论是言论的一种新的传播形式。在我国，公民的网上言论如果不违反《宪法》、《刑法》、《民法通则》、《合同法》等法律中的禁止性规定，则任何其他机关、个人、团体、党派均无权干涉。网民也不能为了宣泄自己的情绪而侵犯他人的合法权益甚至国家利益。

运用政治生活知识，依据上述材料，谈谈对公民在网上发表言论这种行为的认识。

学生以小组为单位分析、讨论，用实物投影仪展示讲解，其他小组补充。

教师适时的点拨，提高学生分析能力。了解学生对知识及解题的思路方法的掌握程度，巩固上题的解题方法。从意义类即为什么拓展到认识类即是什么、为什么、怎么样，与所构建的知识网络相呼应。

参考答案：

（1）网络言论是言论的一种新的传播方式，我国《宪法》规定公民享有言论自由。

（2）我国是人民民主专政的社会主义国家，民主具有广泛性和真实性。公民在网上发表言论是公民享有民主权利的表现。

（3）坚持权利与义务相统一的原则。网民既要依法行使自己的权利，又要尊重他人的合法权益，不能为了宣泄自己的情绪而侵犯他人的合法权益。

（4）坚持个人利益与国家利益相结合的原则。网民在行使权利与履行义务时，必须把个人利益与国家利益结合起来，不得损害国家利益。

（5）坚持公民在法律面前一律平等的原则。公民在网上发表言论不得违反《宪法》、《刑法》等法律。

【板书设计】

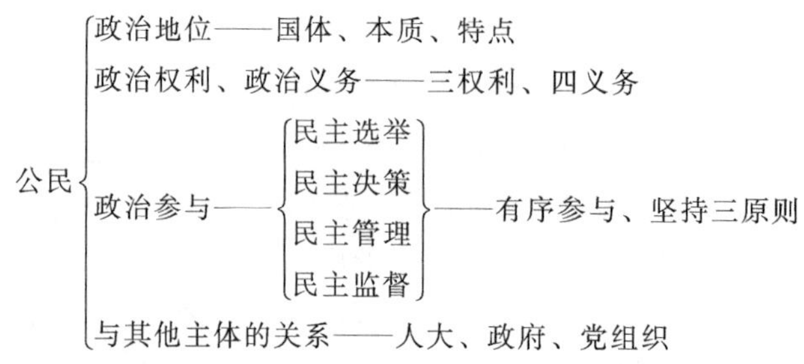

【教学反思与自我评价】

教师在教学中要不断地经历学习—实践—反思的过程，才能发现和寻找到最适合学生的教学方法。在本节复习课上，我主要采取了如下步骤：

(1) 首先回顾已学知识，发给学生学案，要学生根据学案，对复习内容系统地阅读自学一遍。

(2) 从近几年的高考试题来看，综合能力考试多以与现实生活有关的理论问题和实际问题立意命题，要求更加真实和全面地模拟、反映现实，因此，本堂课的时政导入部分选择了结合本课知识的电价听证会现象，既贴近学生生活实际，又联系本课知识点，顺利导入本课公民的政治参与。

(3) 明确考纲考点，做到有的放矢，重难点突出，而不是“眉毛胡子一把抓”。

(4) 以学生为主体构建知识网络，教师讲清易错易混点，并联系热点举例，使学生理论和实际相结合，提高观察、分析、解决现实问题的能力。考试所涉及的知识，多以多样性、复杂性和综合性呈现出来，所强调的能力，主要是选择、加工、提取信息的能力以及综合运用所学知识分析问题和解决问题的能力，突出对解决问题思路的宏观整体把握。因此，在复习中必须加强对知识的整合，学会从整体上把握知识。

(5) 真题剖析及提升演练。把学生自主思考讨论和教师的及时讲评相结合，使学生既对复习内容进行再现和巩固，又提高了运用知识分析问题、解决问题的能力。

(6) 对于教材的使用，本堂课注重充分用教材，而不唯教材，突出表现在两个方面：一是基本遵循了教材的编排顺序，二是对教材内容进行了合理的取舍、科学补充，构建了一套更符合学生认知水平的知识体系。充分利用学生已有的知识去构建新的知识联系，培养了学生综合驾驭知识的能力。

【专家分析与点评】

本节课目标明确，设计合理，较好地处理了主导与主体、教与学、讲与练的关系，高效率地完成了教学任务，突出表现在以下几个方面：

(1) 以生为本，设计教学。本课采用了学案导学的教学模式。教师根据学生的认知能力和认识水平，编制学案，学生依据学案通过自主学习、讨论交流、教师精讲释疑、巩固训练环节共同完成学习任务。先学后教，以学定教，教师的“导”和学生的“学”贯穿于整个教学的始终，教与学和谐发展。

(2) 整合知识，注重能力。复习课与新授课的最大区别是学生对教材的认知基础是完全不同的。因此，复习课不能按照新授课模式，每一个知识点、重难点都面面俱到，重点应是构建知识框架，形成知识网络，突出主干知识，从更高层次上把握重点、难点、易考点。本课不唯教材，在遵循了教材的编排顺序基础上，对教材内容进行了合理的取舍、科学补充，构建了一套更符合学生认知水平的知识体系。构建知识体系过程中以学生为主体，充分利用学生已有的知识，以学生思维为主，生生互动、师生互动，培养了学生综合驾驭知识的能力，使知识系统化、立体化，真正达到运用自如。

（3）贴近高考，提高效能。时政是高考的灵魂，本课设计的时政播报、考点导航环节的设置，创设了学习情境，激发了学生的求知探索欲望，培养了学生获取解读信息、论证评价问题的能力。学案导学——学生自学，避免了重复低效劳动，提高了课堂教学效率，使大容量的教学内容得以完成。教师的适时点拨和易错易混点的解析，使理论和实际相结合，提高了观察、分析、解决现实问题的能力。本课只选了两道高考真题，一道模拟试题，精析巧练，强调学法，重在实效。高考真题演练有利于灵活运用所学知识，积累解题经验，总结解题方法，提高学科素养和多种能力。

（沈阳市教育研究院　庞玫）

【作者简介】

李树华，教育硕士，沈阳市第二十二中学高中政治教师，中学一级教师，沈阳市铁西区政治学科骨干教师，多次获沈阳市优秀课，东北三省、四市优秀课。

案例 5　《处理民族关系的原则：平等、团结、共同繁荣》教学设计

大连市第二中学　胡世民

【设计理念】

本教学设计以同化学习理论为指导，充分利用学生在小学和初中所学的思想品德、历史和地理等学科的知识，帮助他们理解同化新知。

本教学设计主要坚持了知识性与思想性相统一的教育原则、理论联系实际和启发式的教学原则，通过精心创设教学情境、设计学生活动以及组织学生开展合作学习，努力调动学生学习的积极性，充分发挥学生的主体作用。

【教学内容分析】

《处理民族关系的原则：平等、团结、共同繁荣》是高中《思想政治》必修 2 第三单元《发展社会主义民主政治》中第七课《我国的民族区域自治制度》第一框题的教学内容。由于处理民族关系的基本原则是我国建立和实施民族区域自治制度的依据，民族区域自治制度体现了处理民族关系的基本原则，因此学习本课知识是学习下一框题《民族区域自治制度：适合国情的基本政治制度》的基础。

对于本课教学，《普通高中思想政治课程标准（实验）》在提示和建议中明确指出："用民族互助的实例，说明坚持民族平等、民族团结和各民族共同繁荣，是我国社会主义时期处理民族关系的基本原则；表达全国人民珍惜民族团结、维护国家统一的愿望。"因此，在教学设计中，教师应努力引导学生举例说明观点并突出教学内容的思想教育性。

从教材内容来看，本框题分为三目：第一目《雪域高原的历史性跨越》为情景导入；

第二目《我国处理民族关系的基本原则》为情景分析；第三目《巩固社会主义民族关系，我们该做什么、能做什么》为情景回归。其中第二目为教学主体，该目主要讲了三个方面的内容：第一，我国的民族概况；第二，我国社会主义民族关系的形成；第三，我国处理民族关系的三项基本原则及其相互关系。其中，第三方面的内容——我国处理民族关系的三项基本原则及其相互关系为本课的教学重点。

【学情分析】

从学生的知识基础看，由于学生在小学、初中阶段通过对思想品德、历史和地理等学科知识的学习，学生理解本课知识的难度不大。但学生已有的知识是比较浅显而零散的，因此，教师应通过引导学生利用已有知识，创设情境，引起学生的兴趣，激发学生进一步探索的求知欲，深入学习本课知识。

从学生的既有学习能力看，高一学生的分析判断、抽象思维、学以致用、合作学习等能力已有较大的发展，因此，他们有能力通过自主学习、小组合作探究、全班交流以及与教师交流互动等方式掌握本课大部分知识。但是，受年龄和知识水平等限制，他们对于民族平等原则在现实生活中的表现以及处理民族关系的三项原则的理解有一定的难度，需要教师加以必要的启发、引导和点拨。

【教学目标】

知识目标：学生能够用史实印证我们伟大祖国是全国各族人民共同创造的；能够识记我国已形成平等、团结、互助、和谐的社会主义民族关系；能够结合实例阐释我国处理民族关系的三项基本原则及其关系。

能力目标：学生在运用所学历史知识印证我们伟大祖国是全国各族人民共同缔造的道理的过程中，掌握综合运用所学知识论证观点的能力；在探究讨论相关问题的过程中，提高分析问题和解决问题的能力、与他人合作的能力以及语言表达能力。

情感、态度和价值观目标：学生能够增强民族团结意识，并能从自身做起，自觉地为巩固和发展平等、团结、互助、和谐的社会主义民族关系做贡献。

【教学重点和难点】

教学重点：处理民族关系的三项原则。

教学难点：三项原则之间的关系。

【教学方法和策略】

学生自主思考、小组讨论、全班交流、梳理知识、解题练习；教师创设情境、设疑引思、启发引导、思想教育；师生谈话互动。

教具：自制 PPT 课件。

【教学过程】

过程	师生活动
【教学过程】组织教学—导入新课—探究知识—复习巩固—布置作业 一、组织教学（1分钟） 二、导入新课（1分钟） 课前教师播放歌曲《爱我中华》，以创设情境，烘托气氛。 【教师演讲】我国是统一的多民族国家，也是多宗教的国家，江泽民同志曾经明确指出："民族、宗教无小事。"民族问题、宗教问题与国家政治生活密切联系。能否正确认识和处理民族和宗教问题，直接关系到国家的统一和社会的稳定。因此，民族政策和宗教政策是国家重要的政策。《政治生活》第七课《我国的民族区域自治制度及宗教政策》就介绍这方面的知识。 三、探究新知（共37分钟） 第七课　我国的民族区域自治制度及宗教政策 处理民族关系的原则：民族平等、民族团结、各民族共同繁荣。	师生问好 教师播放歌曲，演讲导课。
（一）我国的民族概况 【填一填】任何国家都是由一定的民族组成的。我国有56个民族，其中主体民族为汉族，此外有55个少数民族。中华民族是定居在中国土地上所有民族的总称。我国是统一的多民族国家，这是我国重要的国情之一。 1. 我国是统一的多民族国家	学生思考填空。
【快速判断】 （1）不要以为只有汉族帮助了少数民族，少数民族也很大的帮助了汉族，少数民族对整个中华民族做出了很大贡献。（√）——毛泽东 （2）我们伟大的祖国是中国56个民族人民共同缔造的。各族人民都对祖国的文明做出了贡献。（√）	学生思考、判断。
【议一议】你能否结合所学历史知识，用史实印证上述观点？ 2. 我们伟大的祖国是全国各族人民共同缔造的	学生思考、讨论、作答。
（1）各族人民共同缔造了祖国辽阔的疆域； （2）各族人民共同发展了祖国的经济和文化； （3）各族人民共同捍卫了祖国的独立和尊严； （4）各族人民共同参加了推翻"三座大山"的革命，创立了新中国。	学生思考、作答。
【你知道吗】我国人口最多的少数民族是哪个民族？（壮族，人口达1600万）人口最少的民族是哪个民族？（珞巴族，仅2000多人）最后一个被确认的（第56个民族）是哪个民族？（云南的基诺族） 【议一议】基诺山乡的巨变：基诺山乡的巨变反映出新中国成立后，我国形成了怎样的民族关系？为什么？为了巩固和发展这一民族关系，我国坚持了哪些基本原则？ （二）新型的民族关系 （1）是什么：平等、团结、互助、和谐的社会主义民族关系。 （2）为什么（原因）：新中国成立后，我国建立了人民民主专政的社会主义国家政权，人民当家做主，铲除了民族压迫和民族歧视的阶级根源。 （三）处理民族关系的基本原则	教师播放视频；学生思考、讨论。

续表

过程	师生活动
【快速判断】 （1）古往今来，每个民族都在某一方面优于其他民族。（√）——马克思 （2）谁不承认民族平等和语言平等，谁就不是马克思主义者。（√）——斯大林	学生思考、判断。
1. 民族平等原则（我国处理民族关系的首要原则） 1）为什么 （1）法律依据：我国宪法明确规定："中华人民共和国各民族一律平等。" （2）现实依据：我国各民族只有人口多少和发展程度上的区别，绝无高低优劣之分；我国各族人民都对祖国的文明作出了贡献。（利用学生刚刚讨论得出的"我们伟大的祖国是全国各族人民共同缔造的"的观点同化该知识点） 2）含义 我国各民族具有平等的法律地位，都是国家的主人，都依法平等地享有政治、经济、文化和社会等方面的权利，依法平等地履行应尽的义务。	
【读一读·议一议】请阅读教材74页《参加全国人民代表大会的少数民族代表数示意图》。然后思考以下问题： （1）该图反映了什么问题？	教师启发。学生思考、作答。
（2）我国《选举法》规定：人口特少的民族至少应有一名全国人大代表。这种对少数民族当选保障名额的规定，是以民族为标准，在全国人大代表名额的分配比例上对少数民族实施的一种优惠措施。这种优惠措施符合民族平等原则吗？为什么？	学生审图思考、讨论、作答。教师点拨。
2. 民族团结原则（我国处理民族关系的重要原则） 【议一议】请运用所学知识并结合相关事例说明我国为什么必须坚持民族团结原则？	学生思考、讨论、作答。 教师用计算机演示相关图片。
民族团结的意义：①国家的统一、民族的团结，是我国顺利进行社会主义现代化建设的根本保证，也是实现公民的政治权利和其他权利的重要保证。②民族的团结、民族的凝聚力，是衡量一个国家综合国力的重要标志之一，是社会稳定的前提，是经济发展和社会进步的保证，是国家统一的基础。	教师启发。
【快速判断】加强民族团结、维护国家统一是中华民族的最高利益，也是各民族的共同愿望。（√）	学生思考判断。
3. 各民族共同繁荣原则 原因：实现各民族共同繁荣，这是由社会主义的本质决定的，是国家实现现代化和中华民族实现伟大复兴的必然要求。 【快速判断】 （1）我国要实现各民族同步发展、同步繁荣。（×） （2）各民族共同繁荣即各民族经济共同繁荣。（×） 【说一说】请说出近几年，我国为缩小少数民族地区与汉族地区之间的发展差距，实现各民族共同繁荣所采取的一些重大举措。 4. 三项原则之间的关系：相互联系、不可分割 （1）民族平等是实现民族团结的政治基础。 （2）民族平等和民族团结是实现各民族共同繁荣的前提条件。 （3）各民族共同繁荣特别是经济的发展，是实现民族平等、民族团结的物质保证。	教师边演示课件边启发。

续表

过程	师生活动
5. 公民应如何巩固社会主义民族关系 【议一议】巩固社会主义民族关系，我们能做什么，我们该做什么？ 总的来说，每个公民都应自觉履行法定义务，把巩固和发展社会主义民族关系的责任付诸行动。 四、复习巩固 1. 教师小结； 2. 学生梳理知识，构建知识体系，解题练习。 五、布置作业练习册中配套练习	学生思考讨论。教师进行思想教育。
反馈练习设计	2010年8月，江苏举行“七彩假日——民族团结‘手拉手、一家亲、一世情’”夏令营活动，是贯彻落实《学校民族团结教育指导纲要》的实际行动。在中小学开展民族团结教育活动。 ① 是实现民族平等的文化基础 ②有利于增强青少年的民族团结意识 ③有利于促进各民族和谐共处 ④是实现各民族共同繁荣的重要途径 A. ①② B. ①③ C. ②③ D. ③④

【板书设计】

处理民族关系的原则

1. 我国的民族概况

（1）我国是统一的多民族国家

（2）伟大祖国是各族人民共同缔造的

2. 我国形成了平等、团结、互助、和谐的社会主义民族关系

3. 处理民族关系的基本原则

（1）民族平等

（2）民族团结

（3）各民族共同繁荣

（4）三项原则的关系

4. 公民应为巩固社会主义民族关系做贡献

【教学反思与自我评价】

本节课，我使用同一课件、采用基本相同的教学方法在所教的两个班级进行教学。但是在文科小班和美术班的教学效果却相差较大。由于小班学生原有的文史知识较丰富，因此理解同化新知的难度较小，各项预设的教学活动都能够顺利展开；而美术班学生却因缺

乏应有的知识背景，影响了他们对新知的同化。因此，今后在备课和教学中，我应该更加自觉地坚持因材施教的原则。而要更好地贯彻实施这一原则，首先必须真正弄清自己所教的每一个班级的学情，根据不同班级的学情设计不同的教学方案并有的放矢地开展教学。

从学生既有的情感态度价值观来看，由于近年来我国加强了对广大青少年的民族团结教育，他们普遍认同民族平等、民族团结和各民族共同繁荣原则，因此课前教师预设的情感态度价值观目标是能够实现的。

【专家分析与点评】

胡世民老师的教学设计具有以下特点：

第一，自觉运用同化学习理论指导教学。在本堂课中，胡老师有意识地指导学生运用以往所学的历史、地理和思想品德等学科的知识以及自己所了解的时政知识来同化教材新知，用具体的、下位的知识来帮助学生同化抽象的、上位的知识。为了更有效地帮助学生突破我国为什么必须坚持民族平等原则这个教学难点，胡老师在此之前有意识地设置了一个“锚桩”——要求学生运用所学历史知识印证“为什么说我们伟大的祖国是中华56个民族人民共同缔造的，各族人民都对祖国的文明作出了贡献”这一观点，通过探究讨论学生头脑中就有了这样一个“原有知识固定点”，因而便能够很好地理解我国必须坚持民族平等原则的现实依据。

第二，坚持了以学生为本，通过设计相关学生活动，很好地调动学生学习的积极性，充分发挥其主体作用。在本堂课中，胡老师通过填空、判断是非、提问、阅读指导等多种手段来调动学生，特别是针对本课的重点和难点设计了五组课堂分组讨论，指导学生进行小组合作学习，有效地发挥了学生的主体作用。

第三，坚持了知识性与思想性相统一的教育原则，注重对学生进行情感态度价值观的教育，并且寓思想教育于知识教学之中。上课伊始，胡老师就通过播放歌曲《爱我中华》创设出一种良好的育人情境。在教学活动展开后，更是时时处处地把知识教学和情感态度价值观教育相结合，既自觉地以知识教学为情感态度价值观教育奠定基础，又自觉地以正确的情感态度价值观来统领知识教学。在“探究新知”环节的最后一项活动中，又通过组织学生讨论“巩固社会主义民族关系，我们能做什么，我们该做什么”进一步帮助学生升华了情感态度价值观。

（大连教育学院中学教育部　唐铭）

【作者简介】

胡世民，中学高级教师，现任大连市第二中学政治教研组组长。

案例6　《国际关系的决定性因素：国家利益》教学设计

抚顺市教师进修学院　熊立新

【设计理念】

按照新课程活动内容化、内容活动化的原则，充分尊重学生课堂主体地位，以近期叙利亚问题、南海问题为主线，采用学案导学法、案例分析讨论法、情境设置、问题导学的探究式教学法等多种教学方法让学生主动建构知识，落实教材基础。围绕教学目标，通过环环相扣的问题引领学生在积极主动思考和合作探究中理解国际关系的内容、形式、决定因素和我国的国家利益及如何维护等重点知识，并能运用相关的理论去分析国际热点问题，给学生提供展示自己的空间，培养学生的责任感和使命感。

【教学内容分析】

本课是人教版高中《思想政治》必修 2《政治生活》第四单元第八课的第 2 个框题。它是国际政治理论的重要内容。在结构上，本框是上一框《国际社会的主要成员：主权国家和国际组织》的延伸，又为下一课的内容做了铺垫，起到了承上启下的作用。

本节课要贯彻落实《普通高中思想政治课程标准（实验）》的要求："评述国家之间合作、竞争与冲突的实例，印证国家利益是决定国际关系的主要因素，说明我国在国际关系中必须维护自己的国家利益。"

利益关系是错综复杂的国际现象背后的实质。国家利益是理解所有国家间关系和一国对外活动的一把钥匙。由于当代国际政治主要是以主权国家为单位的，维护国家利益是主权国家开展对外活动的目的和归宿，也是其制定对外政策的依据和出发点。因此本节课是第四单元"当代国际社会"的重点内容。

【学情分析】

本课的授课对象是高一学生。国际关系问题是学生比较感兴趣的话题，学生思维敏捷，可塑性强，他们普遍关心祖国在国际舞台上的地位和作用。但他们对国际形势的风云变化，国家与国家之间的分离聚合、亲疏冷热的现象了解不多，对于产生这些变化的深层次原因更不理解，对于国际关系和处理国际关系的知识学习是全新的。因此在教学中要注意理论联系实际，通过创设情境，逐层设问，搭建学生的思维阶梯，循序渐进地培养学生的探究能力，帮助学生树立正确的爱国主义价值观，激发和强化学生的国际责任感。

【教学目标】

知识目标：了解国际关系的含义、内容、形式，剖析国际关系的决定性因素，探寻如何维护我国的国家利益。知道国际关系的含义、内容和形式，并能用其判断某种国际关系属于何种类型和形式，并能运用此原理分析当代国际社会相互间为何会出现分离聚合、亲疏冷热的复杂而多变的关系。

能力目标：通过分析叙利亚问题，说明国家利益是国际关系的决定性因素，培养学生透过现象看本质的能力；通过南海问题分析维护我国国家利益的重要性以及如何维护我国的国家利益，培养学生理论联系实际的能力。

情感、态度和价值观目标：认同国家利益是影响国际关系的重要因素，理解我国处理国家关系从国家利益出发，树立自觉维护国家利益的意识。树立我国国家利益和各国人民共同利益相统一的理念。体验我们只有壮大自己的国家力量，才能有效地维护自己的国家利益，增强自身的责任感。

【教学重点和难点】

教学重点：国际关系的决定性因素；坚定维护我国的国家利益。

教学难点：国际关系的决定性因素。

【教学方法】

学案导学法、案例分析讨论法、探究式教学法。

【教学资源和教学手段】

学生准备：通过报纸、电视和网络等媒体，了解叙利亚局势、南海问题等当前重大国际新闻，形成小组意见以备汇报展示。

教师准备：搜集当前国际社会的热点问题，并根据教学内容的需要，制成多媒体课件。将学生分成小组。

教学手段：多媒体教学。

【教学过程】

一、问题引入

当今的国际社会是开放的社会，任何国家求得生存和发展必须和其他国家（国际组织）之间开展交往，这必然形成国际关系。那么，什么是国际关系？其内容和形式怎样？国际关系又不是一成不变的，国际关系的变化又是由什么决定的？

这就是本节课要探究的内容：《国际关系的决定性因素：国家利益》。(1 分钟)

二、预习成果检验

小组交流预习成果，选派代表陈述本节的主干知识。(3 分钟)

三、设置情景、合作探究（30 分钟)

(一) 国际关系的含义、内容和形式

探究活动一：展示几组国际交往的图片（如习近平访美、金砖五国峰会等)。

探究思考：请你通过以上图片说明什么是国际关系？以上图片反映了国际关系的什么内容？这些关系是通过什么形式表现出来的？

学生分组讨论汇报，教师点评，归纳出国际关系的含义、内容和形式。

【设计意图】列举学生所知道的近期国与国交往的事件，可以激发学生参与的兴趣。通过对材料的分析，归纳出国际关系的含义、内容和形式，可以增强学生的逻辑思维能力，加深对概念的理解

(二) 国际关系的决定性因素：国家利益

探究活动二：展示叙利亚局势紧张的一些图片，介绍叙利亚局势，围绕是否要对叙利亚进行军事干预的各国的不同态度。

探究思考：

（1）俄罗斯、中国为什么反对军事干预叙利亚？

（2）美国、法国、土耳其为什么主张军事干预叙利亚？

（3）用本节知识进行点评。

学生分组讨论，派代表发言汇报，教师对学生的回答进行评价、引导，并加以补充。

【精讲点拨】国家利益是国际关系的决定性因素；国家利益是主权国家制定和实施对外政策的基本依据，是其对外活动的主要目的；国家间的共同利益是国家合作的基础，利益的对立是国家间分歧、摩擦及至冲突的根源。

【设计意图】通过在对叙利亚问题上美国、法国、俄罗斯、土耳其等国家态度的分析，引发学生自主学习能力，提高学生的合作意识，从而突破本课的教学重点。

（三）坚定的维护我国的国家利益

探究活动三：展示南海诸岛相关图片，介绍南海岛屿组成、观看南海九道线视频（南海自古就是中国的领土）、南海的重要性、近期南海事件回放。

探究思考：

（1）南海问题涉及我国哪些国家利益？

（2）我们如何更好地维护我国的国家利益？

【精讲点拨】

（1）国家：①坚定地维护我国的国家利益，尊重他国正当的国家利益，并维护各国人民的共同利益。②任何国家都不能以维护本国国家利益为理由，侵犯别国的主权和安全，干涉别国的内政。③国家力量是国际关系的重要因素，要不断增强我国的综合国力。

（2）公民：①树立国家观念，增强民族自豪感、自尊心、自信心。②努力学习，学好文化知识，提高自身素质。③履行维护国家安定、社会稳定的义务，同一切损害国家利益的现象作斗争。

【设计意图】①过渡到我国坚定地维护国家利益的具体内容。②通过面向全体的开放式问题开展合作探究，锻炼学生辩证分析问题、解决问题的探究能力。③内容选择注重了时代性和基础性的结合，在学生充分、主动参与中促进良好个性品质的发展，加强爱国主义精神的情感目标落实。

四、本课小结（5分钟）

小结：

国家间　国家与国际组织间　国际组织间

含义

国际关系

形式：竞争、合作、冲突

内容：政治关系、经济关系、文化关系、军事关系

决定因素

国家利益

共同利益—合作

利益对立—冲突

坚定地维护我国的利益

教师提出问题：

（1）本节课你学到了哪些知识？

（2）你学到了哪些方法？

（3）你的认识有哪些提高？

学生活动：学生分别从知识、能力和情感态度价值观三个角度进行总结。

教师通过PPT课件展示本课知识框架，总结教学内容。通过播放视频歌曲《我和我的祖国》进一步升华对国家与公民关系的认识，引导学生今天立下报国之志，明天捍卫国家利益，实现情感态度价值观的升华。

五、作业设计（1分钟）

请同学们课后进一步探讨当前备受各国关注的国家关系，如中日关系、中印关系、朝韩关系、日美关系等，并用所学知识加以分析，形成小论文或评论。

【板书设计】

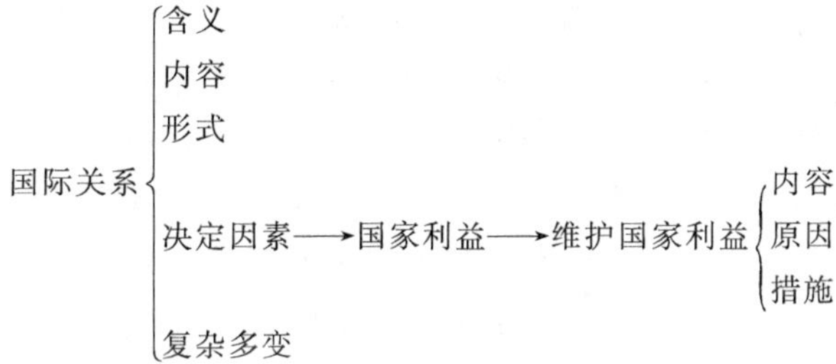

《国际关系的决定性因素：国家利益》教学流程图如下：

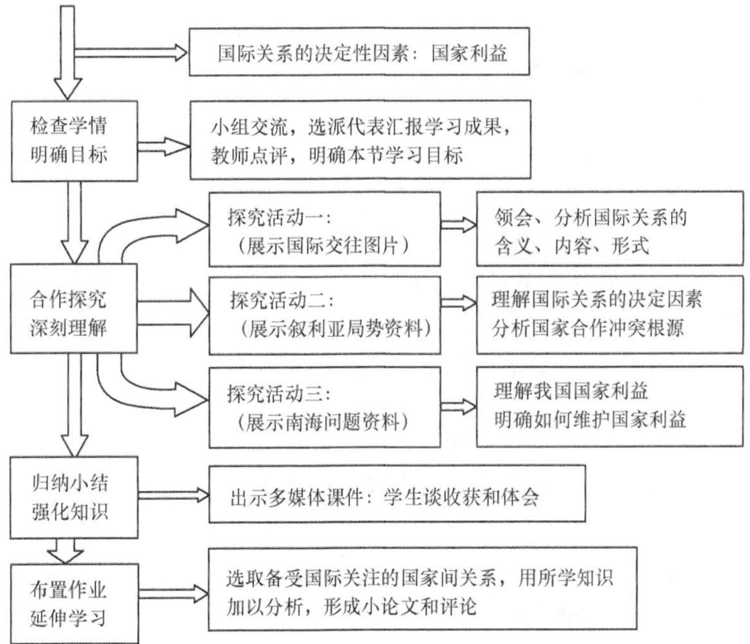

【教学反思与自我评价】

新课程的核心理念要求“以学生发展为本，结合学科教学特点，力争全方位地落实学科素养教育，为学生的终身发展奠定基础”。本节课就力图体现新课程理念，通过师生之间、同学之间的交流合作，积极发现，主动探究得出结论，体验探究学习、合作学习的快乐，成为学习的主人。

（1）在课标指导下，认真解读教材，把握教学重难点和内部结构。在认真研读课标和教材的基础上，将本节内容按照“国际关系的基本知识—影响国际关系的因素—如何维护我国的国家利益”思路进行了整合，把“国家利益决定国际关系”和“坚定维护我国的利益”两个观点确定为本课的教学重点。然后，我将教学重点围绕以上两个方面展开。至于国际关系的含义、内容和形式，则作为了解知识点来处理。

（2）尊重学生主体地位，有效落实教学目标。在设计本课时，我通过细化教学目标、课前下发学案对知识进行归纳、实例分析体验、精心设计课堂小结等方式强化知识目标；引导学生通过分析国际交往的事例、叙利亚问题，在自主、合作、探究和交流的过程中提高语言表达能力、分析综合能力和理论联系实际的能力。本节课通过学生课前对叙利亚问题的起因、发展、各国的态度等相关问题的资料查找，在培养学生阅读、归纳和提取、整合相关能力的同时，使学生感悟复杂的国际关系背后实质是国家利益和综合国力的较量；以图片、视频的形式再现了南海问题，学生经过讨论分析，意识到当前我国的国情、国力、国家战略等因素都会影响到国家利益维护和实现，感悟维护国家利益是青年学生义不容辞的责任，从而把课堂引向深入，在潜移默化中使情感得到了升华。

【专家分析与点评】

本课设计者以教师角色的转变促进学生学习方式的转变，体现了新课程改革的基本理念，是一节较为成功的教学设计。

（1）目标定位合理，彰显学科理念。思想政治课是对学生进行德育的主渠道，知识的传承、能力的培养、情感态度价值观的提升，是我们教学所要达到的目标。本节课在重视构建学科知识体系的同时，突出学科功能。选取大家普遍关心的叙利亚问题、南海问题等重点和热点问题，以激发学生的兴趣为出发点，以提升学生的思维内涵为落脚点，通过环环相扣的问题引领学生探究答案，激发学生思维，培养了学生的德育价值、判断和选择能力。

（2）创设教学情景，注重知识生成。在教学设计中，主要以叙利亚和南海问题为依托，挖掘教材内涵，整合教学内容，把知识点转化为教学情境，从而使抽象的内容以具体形象的方式呈现在学生面前。从材料背景到设问，再到学生分组探究和老师点拨启发，三个探究材料层层递进，遵循了生活逻辑、思维逻辑和知识逻辑的要求。让学生在一个个环环相扣、层层递进的情境问题的推动下逐步探究知识，提升能力，树立正确的价值观。

（3）发挥主体作用，构建生本课堂。在本课设计中，教师不再是课堂的主角，而是通过教师提供资源，创设情境，做学生学习的帮助者、组织者和合作者，注重引导学生进行自主、合作、探究学习，整个设计以学生活动为主，体现了生生互动、师生互动，使学生在争论、快乐中获得知识，提高能力。

(4) 开发课程资源，培养学科思维。教师围绕“国际关系的基本知识”、“影响国际关系的因素”、“如何维护我国的国家利益”三个相互关联的问题，重新整合教材。对于叙利亚问题、南海问题的分析，需要学生从多个角度分析，能有效培养学生的思维习惯，提升思维品质，理解我国的外交政策。加之多媒体手段的利用，实现了创造性地使用教材，体现了“用教材而不是教教材”新理念。

如果本节课从高考的角度思考，进行恰当的切入，必然会在新课程和高考接轨方面找到一个突破口，优化课堂教学行为。同时，如何引导学生在有限时间和环境下主动、高效获取、整合、解读相关信息和资料，如何在课前有效备课，对教师的能力和素质也是一个考验。

(抚顺市四方高级中学特级教师　赵彩麟)

【作者简介】

熊立新，抚顺市教师进修学院政治教研员、副教授、高级讲师，主持并参与多项课题研究，指导的课多次获奖，多次参加国家及省级培训，多次组织市级教材培训等。

案例7　《文化与经济、政治》教学设计

渤海大学附属高级中学　暴国辉

【教学理念与思路】

本节课以新课标理念为指导，注重知识的生成过程，问题探究，师生互动，以学生为本，依据提出问题—分析问题—解决问题的思路进行教学。

【教材分析】

本课是《文化生活》第一单元第一课第二框，是对上一框文化社会作用的展开与升华。宏观上统领本册教材，使学生深刻地认识到文化与时代的经济、政治的关系以及在综合国力中的突出地位、作用，从而理解我国当前加强社会主义精神文明建设的重要性，增强提高文化软实力的忧患意识。

【学情分析】

面对一些学生只追求物质文明，而忽略精神文明的倾向，有必要纠正学生的错误思想，自觉抵御文化侵略和渗透，增强其社会责任感。现实生活中学生普遍认为文化对经济、政治的影响离自己太遥远，不太关注，本课设计恰恰从学生的生活入手，进行视频播放，用数据说明，由近及远，让学生体会到文化的作用无处不在，无时不有，也为第二课文化对人的影响做了铺垫。

【教学目标】

知识目标：①认识文化与经济、政治的关系。②理解文化在社会发展中的作用及其在

国际竞争中的重要地位。

能力目标：培养学生理论联系实际及比较分析的能力。

情感、态度和价值观目标：感受把文化建设作为社会主义现代化建设战略任务的重要性，从而增强提高自身文化素养的意识。

【教学重点和难点】

教学重点：文化与经济、政治的关系。

教学难点：文化在综合国力中的地位、作用。

【教学设计理念】

以电影《功夫熊猫》、《泰囧》和《中国好声音》、莫言获诺贝尔文学奖、中日“钓鱼岛”之争等为素材，启发学生自主思考与探究经济、政治、文化三者之间的关系，体会文化在综合国力中的地位、作用，从而增强全面提高个人素质的使命感。

教学时间为1课时。

【教学方法】

谈话法、讨论法等，教师启发引导，学生讨论交流，形成学习成果。

【教学手段】

黑板、多媒体辅助教学

【教学过程】

环节一，创设情境，导入新课

视频《功夫熊猫》

旁白：电影讲述了一只笨拙的熊猫立志成为武林高手的故事。2008年5月，影片一上映就席卷全球，在全球取得631 774 560美元的票房收入。

教师：据最新消息报道，2016年东方梦工厂将与美国梦工厂联合拍摄出品《功夫熊猫3》，2017年面向全球发布。中美缔造《钢铁侠3》也将融入“中国元素”。为什么在世界上排名第一的美国电影里频频出现“中国元素”？请同学们商讨一下。

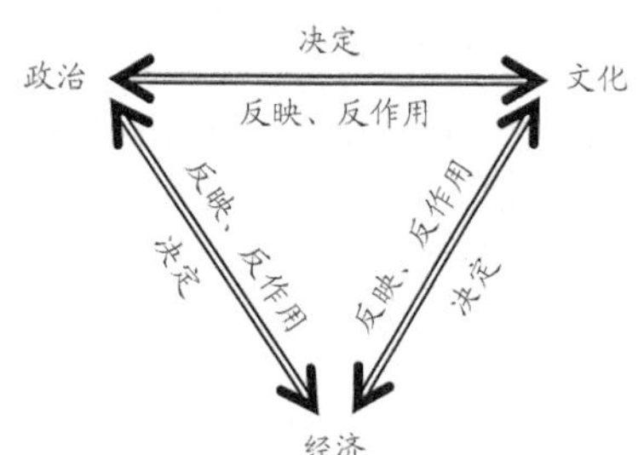

学生热烈讨论后得出结论：经济决定文化，文化反作用于经济。

教师：大家知道，几乎在所有的美国电影中最终总是美国英雄拯救一切，冷战时期我们华人经常扮演破坏人类的罪恶分子，而在电影《2012》中却变成了创造诺亚方舟，拯救世界的救世主。是什么原因导致了这种角色定位的改变？

学生讨论回答，师生交流互动中得出文化与政治相互影响。

（多媒体展示）经济、政治、文化之间的关系。

归纳总结：

（1）经济是基础，政治是经济的集中表现，文化是经济和政治的反映。

（2）文化由经济、政治所决定，又反作用于经济、政治，给予经济、政治以重大影响。①先进的、健康的文化会促进社会的发展；②落后的、腐朽的文化则会阻碍社会的发展。

环节二，环环相扣，步步深入

教师：在当代，文化与经济、政治不仅相互影响，而且相互交融。文化经济、政治化，经济、政治文化化。《功夫熊猫》一上映就取得了可喜的经济收益，那么，同学们能否列举一些我国文化与经济、政治相互交融的事例？

学生（七嘴八舌）：《泰囧》、《中国好声音》、《超级女声》、《喜洋洋与灰太狼》、莫言获诺贝尔文学奖后出版商纷至沓来，中日因“钓鱼岛”争端双方取消了很多文化活动等。

教师点评：（多媒体展示）

- 文化与经济相互交融
  - 文化与经济、政治相互交融
  - 科学技术
  - 教育、人才
- 文化与政治相互交融
  - 文化产业、文化生产力
  - 国内：民主、法制
  - 国际：文化霸权主义

归纳总结：

1. 文化与经济相互交融

（1）在经济发展中，科学技术的作用越来越重要。当今知识经济时代，科学技术是第一生产力，科学技术飞速发展并向现实生产力迅速转化，越来越成为现代生产力中最活跃的因素和最主要的推动力量。

（2）为推动经济建设，发展教育事业、培养各种高素质人才、提高劳动者素质越来越重要。当今世界，在各国经济社会发展中，人才资源已成为最重要的战略资源，人才在综合国力竞争中越来越具有决定性意义。

（3）文化生产力在现代经济的总体格局中的作用越来越突出。文化与经济的互动与结合，出现了文化经济化和经济文化化的双向运动。文化已经不是单纯的文化，文化进入了社会生产领域，经济活动渗透到了文化领域，出现了专门从事文化生产、文化经营的产业——文化产业。图书出版、影视音像等文化产业迅速崛起，文化消费更加丰富，文化产业正日益发展成为国民经济的一个崭新的经济增长点，文化生产力在现代经济的总体格局中的作用越来越突出。

2. 文化与政治相互交融

（1）文化与民主政治相互交融，影响政治文明的发展。随着民主和法制建设的发展，人们为了参与政治生活，需要更高的文化素养。文化水平提高了，人们受到的教育、接受的信息就越多，活动的领域就越广，民主法制和权利意识就越强，这些都会影响人们的民主素质和民主水平，使人们更好地进行政治参与，行使民主权利。

(2) 文化与国际政治相互交融，成为当代国际政治斗争的重要内容。随着世界多极化的发展，奉行霸权主义的国家，借助文化渗透的方式，竭力推销自己的价值观念，企图削弱和取代别国的民族文化，以推行强权政治。这使世界范围内反对文化霸权主义的斗争，成为当代国际政治斗争的重要内容，特别是发展中国家抵御文化渗透的任务尤为艰巨。

教师：2012 年，我国文化产业总产值超过 4 万亿元，占 GDP 比重正在进一步提升，文化产业对国民经济增长的贡献不断上升，但与美国 25%、日本 20%的比例相比差距很大。特别值得重视的是美国一直向世界各国推销自己的文化产品，宣扬自己的价值理念，对我国进行文化渗透，推行文化霸权主义和强权政治，发动“文化战争”。

【设计意图】用事实说话，增强学生的忧患意识。

环节三，层层推进，升华主题

教师：面对新世纪的“文化战争”，我们如何捍卫自己的文化权益，形成自己的文化品牌，抵御外来文化的入侵？为什么中国优秀的传统文化元素（《功夫熊猫》、《花木兰》等）屡屡出现在美国的影视里？

学生热烈讨论，教师引导学生多角度理解文化在综合国力中的地位、作用，为创建中国文化品牌献计献策，并内化为提高个人综合素质的行动。从立足社会实践，取其精华、去其糟粕，继承传统、推陈出新，面向世界、博采众长，党和国家的战略政策等方面发表个人看法。

教师：（多媒体展示）文化在综合国力中的地位、作用，提升国家竞争力的措施。

文化越来越成为民族凝聚力和创造力的重要源泉，越来越成为综合国力竞争的重要因素。

我国必须把文化建设作为社会主义现代化建设的重要战略任务，激发全民族文化创造活力，提高国家文化软实力，为经济建设提供正确的方向保证，不竭的精神动力和强大的智力支持……

教师：可见，文化是软实力，但其作用并不“软”。它已深深熔铸在民族的生命力、创造力和凝聚力之中，成为综合国力的重要标志。面对美国文化的大举入侵，我们要坚决捍卫自己的民族文化，弘扬和培育中华民族精神，发展中国特色社会主义文化，打造中华民族的文化品牌，让我们的中华文化扬帆世界！

2012 年岁末，贺岁片《泰囧》的热映为国产影片注入了活力，票房突破 12 亿元，成为国产影片的票房冠军，让我们看到了希望。但与当年《阿凡达》全球 29 亿美元、中国 14 亿元的票房收入相比还存在很大差距，可见，提升文化竞争力任重而道远！

环节四，知识整合，构建网络

教师：（多媒体展示本节课的知识网络）在此点明文化在宏观上与经济、政治、综合国力的关系，微观上对个人的影响，从而感受文化的力量。

学生活动：总结本节课知识点之间的关联。

【设计意图】知识、能力、情感上进一步升华。

环节五，开心辞典，深化理解

（多媒体展示）开心辞典

1. 文化生产力

文化生产力是指具有一定智能和知识的劳动者，运用和掌握文化资源创造社会财富、生产文化产品、提供文化服务的能力。构成文化生产力的要素主要包括：一是作为主体的文化劳动者或生产者；二是文化资源，包括历史资源和现实资源。文化生产力的提出适应了知识经济时代生产力发展的客观要求，体现了生产力构成中人是第一要素的思想，突出了科学技术是第一生产力的重要地位。

2. 综合国力

综合国力是一个主权国家所拥有的全部实力及国际影响力的合力。它包括经济、政治、科技、军事、外交、文化、精神等实力，以及其赖以存在的地理环境、自然资源、人口等基础实力。综合国力既包括物质因素，又包括精神因素，是各种因素、各个领域的总和，也是物质力量与精神力量的统一。当今世界综合国力的竞争中，科技的创新和率先突破是综合国力竞争的制高点，文化的竞争成为综合国力竞争中的一个重要方面。

3. “文化战争”

所谓“文化战争”，不同于一般单纯意义上的文化之间的争斗和碰撞，而是世界范围内进行的文化大战，只不过和硝烟弥漫、战火纷纷的世界大战相比采取的是另一种形式而已。应当看到，现在的世界并不太平，美国在“冷战”结束后成为世界唯一的超级大国，它凭借其军事、经济的实力，在世界各地炫耀武力，致使战火不断，人们得不到安宁，对此人们有切肤之痛。但人们却往往忽略了另一种战争：它是21世纪人类社会的一场新的战争，即“文化战争”。这场文化战争同样也是以美国为首的西方发达国家发动的。它们凭借其实力向世界各国输出其文化产品，如美国大片等。这场文化侵略的后果要比当年军事侵略、经济掠夺的后果严重得多。古语说得好，“攻心为主”，文化战争、文化侵略具有武装占领、经济掠夺所不具有的优点，即它不是用武力压服，而是用精神力量来潜移默化，让你在不知不觉中成为它的俘虏，接受它的价值取向。

环节六，巧设板书，突出重点

- 文化与经济、政治
  - 文化与经济、政治
    - 相互影响
      - 经济、政治决定文化
      - 文化反作用于经济、政治
    - 相互交融
      - 文化与经济相互交融
      - 文化与政治相互交融
  - 文化与综合国力
    - 地位、作用
    - 提升文化竞争力的措施

【设计意图】引导学生构建知识网络、突出重点、突破难点、理顺教材。

环节七，思维拓展，锻炼能力

主题：写一份提高锦州文化竞争力的调查报告。

要求：结合所学内容，有理有据，多角度、多方面、多层次提出切实可行的方案，为家乡建设出谋划策。

提示：锦州是一座历史文化名城，以 2013 年举办世界园林博览会为契机，以古论今，以今博古，挖掘锦州的文化素材，提升城市的文化竞争力。

【设计意图】在活动中学以致用，强化对本节课重、难点知识的理解运用，形成分析问题、解决问题的能力。

【教学反思与自我评价】

本节课基本达到了预期效果，师生在互动交流中顺利完成了教学任务，教学环环相扣，自然顺畅，学生积极参与，课堂气氛热烈，学生对教材的领悟水到渠成。但学生对文化侵略的认识不深刻，忧患意识不强，以后在教学过程中需正确引导。

【专家分析与点评】

总观该教学设计，较好地体现了新课程的合作探究理念，注重知识的生成过程，依据提出问题—分析问题—解决问题的思路进行教学。整体感觉内容丰富、重点突出、脉络清晰、情景设计生动、多媒体运用和板书设计得当，具有较强的可操作性。

该设计充分体现了思想政治教学“贴近学生、贴近生活、贴近实际”的理念，以学生的生活逻辑为起点，在对身边的生活实例的探究中构建新知识、培养能力。以电影《功夫熊猫》、《泰囧》和《中国好声音》、莫言获诺贝尔文学奖、中日“钓鱼岛”之争等为素材，启发学生自主思考与探究。在课后作业的设计上，达成了思维拓展、锻炼能力的目标。“写一份提高锦州文化竞争力的调查报告”，这样的设计不仅完成了课上、课下知识的连贯和延伸，也实现了课堂教学“源于生活、回归生活”的完美轨迹。

该设计注重充分发挥学生主体作用，情景及问题的设计给予学生主动探究的较大空间，教学中把教师主导的“目标—策略—评价”过程与学生“活动—体验—表现”统一起来。教学过程中师生互动、生生互动，问题及情景的设计能较好地激发学生的思维，充分调动学生的学习积极性。师生互动成为课堂教学的主线，既有学生分享经验，又有教师的总结与引导，师生共同推进教学目标的达成。

（锦州市教师进修学院　胡静）

【作者简介】

暴国辉，中学高级教师，东北三省中学政治优秀教师，现任渤海大学附属高级中学思想政治教研组组长，兼任渤海大学教育学院客座教授、渤海大学研究生学院教育硕士专业学位研究生校外指导教师、辽宁省中小学教辅材料评审专家、锦州市高中政治学科兼职教研员、锦州市腾龙远程教育兼职教师等职务。

案例8 《文化塑造人生》教学设计

丹东市教师进修学院 谭晓铁

【教学内容分析】

此框设计了三个目。第一目讲述“丰富精神世界”。积极健康的优秀文化丰富了人的精神世界，有利于塑造健全的人格。第二目讲述“增强精神力量”。优秀的文化作品以其特有的感召力和感染力，使人力量倍增，成为照亮人们心灵的火炬，引领人们前进的旗帜。第三目讲述“促进人的全面发展”。社会发展和人的发展是相互结合的，优秀文化提升了人的思想道德素质和科学文化素质。

【学情分析】

高中学生在成长过程中，学习了很多的文化知识，看过很多的文学影视等作品，也参加过很多有意义的文化活动。教师可以通过科学的教学设计使学生得到认识的进一步升华——用优秀文化塑造人生。

【教学重点和难点】

教学重点：优秀文化能丰富人的精神世界，增强人的精神力量。

教学难点：文化为什么能增强人的精神力量？

【教学设计理念】

本设计的理论依据为建构主义理论，强调学生对知识的主动探索、主动发现和对所学知识意义的主动建构，贯彻以人为本、以生为本、以学为本的理念。

【教学策略与教学方法】

根据建构主义的学习观可知，学习意义的获得需要每个学习者以自己原有的知识经验为基础，对新信息重新认识和编码，建构自己的理解。在这一过程中，学习者原有的知识经验因为新知识经验的进入而发生调整和改变。因此，我们采用的教学模式是先学后教。在教学中我们充分利用学生已知的文化资源、生活实例，创设情境，引导学生自主阅读、思考、体验、感悟，讨论、交流学习成果，最终达到使学生认识得到进一步升华的教育效果。导学案设计使用情境材料设问，主要训练学生获取和解读信息的能力以及运用知识的能力。

【教学资源与教学手段】

网上查找相关资源，制作课件。运用多媒体教学。设计课前预习学案，课堂探究学案。

【教学目标】

知识目标：①理解优秀文化如何丰富人的精神世界。②理解优秀文化如何增强人的精神力量。

能力目标：能赏析优秀文化产品，感悟积极向上的文化生活对于丰富人的精神世界、增强人的精神力量的意义，确信其促进人的全面发展的重要作用。

情感、态度和价值观目标：树立正确的世界观、人生观、价值观，丰富精神世界，增强精神力量，接受优秀文化，促进自身全面发展。

【教学过程】

一、课前预习学案（情境预习）

学法指导：通读教材后，结合下列情境材料回答问题；将预习中不能解答的问题标识出来；有能力的同学试着完成探究学案部分。

材料1，朗读教材第17～18页虚线框内材料。杜甫眼见自己的茅屋为秋风所破，心中满怀“安得广厦千万间，大庇天下寒士俱欢颜”的忧思；李白梦游天姥山，不忘表白“安能摧眉折腰事权贵，使我不得开心颜”的情怀；范仲淹遥想洞庭湖气象万千的景致，挥笔抒发了“先天下之忧而忧，后天下之乐而乐”的志向……

问题一：你认为，这些语句为什么能够代代相传？

问题二：说一说，你读过哪些经典作品？对你有何影响？谈谈自己的感受，与同学们分享。

材料2，近些年来，在青少年中，日本、韩国、美国和欧洲的歌曲、影视、动漫、卡通书等非常流行。我们应该取其精华，去其糟粕。我们要用优秀的文化作品去鼓舞人、陶冶人，也要抵制那些不健康的文化作品，警惕西方国家的文化渗透。

问题三：我们要通过优秀的文化来丰富人的精神世界，那么，我国当前人们精神世界的主流又是什么呢？

材料3，在人类生活中，一定的历史时期，重大的历史事件，总是同一些流行歌曲联系在一起的。美国在独立战争中流行过《杨基·杜德尔》，法国在大革命时期流行过《马赛曲》，巴黎公社起义诞生了《国际歌》，俄国十月革命时人们唱《华沙革命歌》、《红旗》，苏联卫国战争中到处传唱《喀秋莎》，中国北伐战争期间响彻《国民革命歌》，抗日战争期间诞生的国歌《义勇军进行曲》……

问题四：优秀文化怎样增强人的精神力量？在革命和建设中还有哪些精神在指引着我们前进？

材料4，随着物质生活水平的逐步提高，人们的精神需求也不断提高。人们在闲暇之余，观光旅游，网上冲浪，穿衣讲“服饰文化”，吃饭讲“饮食文化”，住房讲“建筑文化”等。这些文化也推动社会的前进。

问题五：你能说出社会发展与人的发展的关系吗？

材料5，“假如你有两块面包，你得用一块去换一朵水仙花，因为面包是身体的粮食，

水仙花是灵魂的粮食。”——陶行知

问题六：思考陶行知先生的话，你能感受到什么？你知道什么是人的全面发展吗？

问题七：综上所述，请归纳文化对人生塑造作用有哪些？

（学生：略）

二、课堂探究学案（活力课堂）

（一）激情导课

学生活动1：课前安排一个小组用歌曲、视频、诗朗诵带领大家进入激情的课堂，感悟优秀文化的魅力。自己设问复习旧知，引出本课。时间不超过5分钟。

教师活动1：点燃学生激情，点拨、引导、鼓励性评价。

（时间分配：5分钟）

【设计意图】根据建构主义理论，充分发挥学生的主体地位，把课堂交给学生。这能培养学生收集信息、加工处理信息的能力，建立新旧知识联系的能力，为学生更好地展示自己、培养健康健全的人格提供了空间。

（二）目标解读

学生活动2：展示本课目标，指出重点难点。

教师活动2：点燃学生激情，点拨、引导、鼓励性评价。

（时间分配：2分钟）

【设计意图】在研读的基础上解读目标，是培养学生学会学习，有的放矢的好方法，优于教师的解读。

（三）自主探究

1. 自学成果交流展示

学生活动3：展示自学成果，互学成果，提出预习中产生的问题进行交流，自评和互评。

教师活动3：点燃学生激情，点拨、引导、升华知识、鼓励性评价。

（时间分配：8分钟）

【设计意图】教会学生学习方法，将基础知识理解、归纳、记住。

2. 合作探究

学生活动4：用学生自主或小组讨论、合作探究的方式来完成，将不能解决的问题展示出来，以竞答的方式展示成果。

教师活动4：点燃学生激情，点拨、引导、升华知识、鼓励性评价。

（时间分配：10分钟）

【设计意图】利用学生已知的文化资源、生活实例，创设情境，引导学生自主阅读、思考、体验、感悟，讨论、交流学习成果，最终达到使学生认识得到进一步升华的教育效果。

探究一：小组合作探究并展示，哪些优秀文化对你的成长有至深的影响？（可列举校训、名言警句、歌曲、文学作品，并谈谈你的切身感受。）

探究二：有人认为，参加学校社团组织和活动浪费时间、耽误学习，你如何评析这种看法？培养健全人格的途径是什么？

（四）巩固内化

学生活动5：用竞答方式完成下列习题，提高学生调动运用知识的能力。

教师活动5：组织学生限时训练，组织学生交流，点拨答疑。

（时间分配：8分钟）

【设计意图】完成课堂检测题，使学生体验获得学习成果的喜悦，实现所学知识的迁移和升华，有利于培养学生创新精神。

（一）请改正下列易混易错点

（1）文化促进人的全面发展。

（2）人的全面发展是指人的文化素质的全面提升。

（3）文化在人的全面发展中起着决定作用。

（二）单项选择题

1. 在一次评选20世纪对中国人影响最大的文学作品的活动中，鲁迅的《呐喊》、曹禺的《雷雨》、雷锋的《雷锋日记》、奥斯特洛夫斯基的《钢铁是怎样炼成的》等榜上有名。由此可以看出（　）

A. 人创造了文化，文化创造了人

B. 人创造了文化，文化也塑造着人，不断丰富着人的精神世界

C. 文化具有潜移默化的作用

D. 世界观、人生观、价值观是人们文化素养的核心和标志

2. 培养健全人格的重要途径是（　）

A. 积极参加健康有益的文化活动，不断丰富自身的精神世界

B. 培养自主意识、竞争意识

C. 思想解放、观念更新

D. 增强人们的感染力和感召力

3. 范仲淹遥想洞庭湖气象万千的景致，挥笔抒发了“先天下之忧而忧，后天下之乐而乐”的志向。这种诗句之所以代代相传，是因为（　）

A. 文化能影响人们的交往行为和交往方式

B. 文化能丰富人的精神世界，增强人的精神力量

C. 文化能影响经济、政治

D. 凡是文化，都能促进人的全面发展

4. 下列能表现我国人民精神世界的主流的是（　）

①爱国主义、集体主义、社会主义思想　②科学文明、开拓进取、健康向上的思想观念和道德风尚　③丰富精神世界　④促进人的全面发展

A. ①③　B. ②④　C. ①②　D. ①④

5. 文化之所以能增强人的精神力量，是因为其（　）

A. 使人深受震撼、力量倍增　B. 成为心灵的火炬、前进的旗帜

C. 具有特殊的感染力和感召力　D. 激励人们不断创造美好的幸福生活

答案：B、A、B、C、C

（五）小结质疑

学生活动 6：①请完善第二课文化对人的影响的知识体系。②通过对本课的学习你有哪些收获？你还有哪些疑问？③情感升华：学生朗读教材第 17 页小诗作为本课的结束语。

在生命的长河中，总有一段经历让你终生难忘；总有一份情感让你刻骨铭心；总有一种理想让你永不放弃；总有一种力量让你奋然前行。

教师活动 6：对本课学习内容进行总结，帮助学生构建知识体系。

（时间分配：5 分钟）

【设计意图】帮助学生构建知识体系，师生共同评价学生的学习行为，试试教会学生学习的重要方式。

（六）布置作业

时间分配：2 分钟

【板书设计】

文化塑造人生

（一）优秀文化能丰富精神世界

（二）优秀文化能够增强人的精神力量

（三）优秀文化能够促进人的全面发展

【设计意图】简明扼要，突出重点和难点，便于学生理解和记忆。

【教学反思与自我评价】

教学设计过程中我关注了以下几点：

(1) 课堂有两部分学案，即预习学案和课堂探究学案。整个教学过程主要有五个环节：目标—预习—展示—点拨—内化。

(2) 在教与学的关系上，彻底转变学生的被动地位，从预习、导课、目标、展示、合作、探究、巩固、小结等每一环节都体现学生的主体地位。大胆放手给学生的过程，使学生充满自主、自信的活力，也使我获得成长与快乐。

(3) 在预习学案设计上，我抛弃了过去以记忆为目的的填空式和问答式，采用情景材料设问，启发思考、锻炼思维，效果很好。

(4) 在材料选择和设问安排上充分利用学生已知的文化资源、生活实例，创设情境，引导学生自主阅读、思考、体验、感悟、讨论、交流学习成果，最终达到使学生认识得到进一步升华的教育效果。

反思本课，我认为以学生为本的课堂还应该从以下几个方面去努力：一是对学生学习的方法指导和培养尚待提升。二是课堂如何设计调控才能提高课堂教学效率，实现高效课堂。三是怎样更充分发挥学生的主体作用，真正实现学生是学习的主体，还需要进行更深入的尝试。

【专家分析与点评】

谭老师的导学案设计中使用情境性设问启发学生自主学习，使枯燥的理论生动化、具体化。整个教学过程用五个环节（目标—预习—展示—点拨—内化）使师生关系不再是传授和接受的关系，教师从传授者转变成组织者、促进者、协作者，体现了新的学生观，很好地诠释了现代教育中生本、学本、人本理念。

杜威说："现代的文盲不是不懂文字的人，而是没有掌握学习方法的人。"谭老师的教学设计中处处渗透着学法指导，注重对学习策略的培养。例如，课堂设计除了预习、展示、课堂探究环节外，把激情导课、目标解读这样的环节也交给学生设计完成，教师只提供策略指导和要求，有助于学生更好更快地学会学习。这样教学符合建构主义理论，符合以学生自己原有的知识经验为基础，对新信息重新认识和编码，自主建构自己理解的要求。

谭老师在设计中能把学生有价值的问题作为教学的出发点，让学生带着问题进行探究，并不断地激发学生质疑。同时也注重开发挖掘学生的人际交往、协同合作、组织管理、创新能力和探究能力，给学生更好地展示自己，为培养健康健全的人格提供了空间。整个教学活动设计会有效地促进三维目标的实现，实现知识、能力、情感态度价值观的全面达标。

谭老师的课让我们重新认识了教师的主导地位和学生的自主探究。教师的主导应该体现在发动、导航、点燃、唤醒、激励方面，而不是替代、包办，要遵循认知规律方面。学生的自主探究应该是相信学生、尊重学生、利用学生、发展学生。

（辽宁省丹东市东港三中高级教师　孙洪英）

【作者简介】

谭晓铁，丹东市教师进修学院政治教研员，辽宁省教育学会政治教育专业委员会常务理事，人民教育出版社课程标准实验教材高中政治培训团专家，获得过辽宁省教育学会优秀学会工作者、"三北"地区政治优秀教研员、丹东市市级骨干教师称号。

案例 9　《坚持先进文化的前进方向》教学设计

沈阳市第十一中学　张旷达

【设计理念】

在设计本课教学过程中力求在生本理念的指导下开展教学，充分尊重学生、相信学生、依靠学生，鼓励学生通过自主学习、小组合作学习等方式获得知识、丰富情感、激扬生命。设想能达到整个课堂既有严谨的知识构建，又不乏情感共鸣的理想效果。

【教材分析】

本框共有三目内容："中国先进文化的求索"、"把握先进文化的前进方向"、"永不褪色的旗帜"。文化生活教材在进行了前三个单元对于文化的一般理论的讲解之后，重心和落脚点放在了第四单元关于我国当前的文化现状与文化建设上，贯彻了党的十七大以及十七届六中全会关于推动社会主义文化大发展大繁荣的精神。而本框题是第四单元的重点，可以说本框题是重中之重。

【学情分析】

高二学生在经过了对文化生活三个单元的学习之后，已经掌握了文化的重要性，文化发展与创新的途径，也领略了我们的先辈们曾经创造的辉煌的中华文化，所以对于第四单元的学习就有了一定的基础，学习过程中也可以充分利用以前的知识解决新问题。

【教学目标】

知识目标：①识记当代中国先进文化的科学内涵与文化建设的指导思想。②结合史实，理解近代中国关于先进文化求索的历史结论。③理解在文化建设中，坚持马克思主义指导地位的必要性和重要性，以及引领中国先进文化前进方向的永不退色的旗帜。

能力目标：①提高用马克思主义的立场、观点和方法，分析各种文化现象的能力，自觉坚持当代中国先进文化的前进方向。②能够正确辨别科学与非科学现象，自觉树立科学精神，努力学习科学、讲科学、用科学。

情感、态度和价值观目标：理解近代以来我国文化发展的历程，了解中国共产党在推进中国先进文化建设过程中所发挥的作用，增强对中国共产党的热爱之情，坚定共产主义信仰，树立民族自信心和自豪感。

【教学重点和难点】

教学重点：①当代中国发展先进文化的内涵。②社会主义核心价值体系的基本内涵及重要意义。

教学难点：正确理解坚持马克思主义的指导地位与促进文化多样化发展之间的关系问题。

【教法学法】

教法：情境教学法、实践探索法等。

学法：合作学习法、自主探究法等。

【教学资源和教学手段】

教学资源：文字资源——本框教材及教辅用书内容。

音像资源——电影《建党伟业》片段。

网络资源——历届“五个一工程”获奖作品及网络短片《天堂的午餐》。

人力资源——各学习小组全体成员。

教学手段：多媒体教学。

【教学过程】

一、第一环节："观"——情景导入

展现近代中国人对先进文化的探索历程，引起学生的学习兴趣，为学生思考文化发展问题提供素材。

（教师导课）同学们，通过之前的学习，我们知道了只有社会主义文化大发展大繁荣，社会生活才能更加绚丽多彩和繁荣。那么在这个伟大实践中我们应该坚持什么样的发展方向？如何坚持正确的方向呢？今天带着这些问题我们共同学习第九课第一框的内容——《坚持先进文化的前进方向》。

中华文化拥有辉煌的历史，但是进入近代以后在世界发展潮流中逐渐落后了，为了赶上时代发展的步伐，再创中华文化的辉煌，几代中国人经历了艰难地求索。中国先进文化的前进方向的探索从来都不是一帆风顺的，早在百年以前就有很多学者在北京大学的礼堂发生过激烈的争论，让我们通过一部电影的片段回到当时，假如你就是下面的听众，请结合所学的知识分析他们对于发展中国先进文化各持什么样的观点？

（幻灯片播放电影《建党伟业》片段）

探究活动一：观看影片，分析片中历史人物对于发展先进文化各持什么观点？

（学生发言）

（教师总结）马克思主义传入中国，是中华文化由衰退转向重振的重要转折点，为中国先进文化的发展指明了方向。中国共产党自成立以来，以马克思主义为指导，肩负起发展中国先进文化的历史使命，带领人民创造着中国的先进文化。

（教师提问）而在当代中国，先进文化指的是什么呢？

（学生阅读、回答）在当代中国，发展先进文化，就是以马克思主义为指导，以培养有理想、有道德、有文化、有纪律的社会主义公民为目标，发展面向现代化、面向世界、面向未来的、民族的、科学的、大众的社会主义文化。

（教师总结）从历史进程来看，中国共产党始终代表中国先进文化的发展方向。今天我们要建设社会主义核心价值体系来引领先进文化的发展方向。不过今天的课堂里我们仍然面临着关于先进文化发展方向的争论。

探究活动二：小组辩论，"在文化多元化发展的今天是否需要坚持一种核心价值体系？"

（学生辩论）

（教师总结）社会存在多种价值体系是有其原因的，我们不能用一种思想统一人们的思想，但价值观有正确、错误之分，任何国家都不会对文化建设发展方向采取放任态度，都非常注重本民族的核心价值体系建设。我们也应该大力建设社会主义核心价值体系，来引领先进文化的发展方向。

那么社会主义核心价值体系有什么内容呢？或许我们能通过一些先进文化作品——获得全国"五个一工程"精神文明奖的作品得到启示。

（幻灯展示）

二、第二环节:“感”——自由发言

在开放的畅谈中，让学生体会和理解先进文化的科学内涵。

探究活动三：小组讨论，为大家推荐一部优秀的作品，并说明推荐理由。

（小组讨论、分组发言）

三、第三环节:“悟”——教师点拨

使学生初步理解先进文化的科学内涵和社会主义核心价值体系的基本内涵及地位。

（教师在学生的发言中提炼“精神”、“道德”、“信念”、“理想”等要点构成社会主义核心价值体系的内容）

（教师总结）以上的优秀作品都有所体现的就是社会主义核心价值体系的基本内容。我们可以感受到社会主义核心价值体系是科学的、符合时代发展的，必须居于核心地位、引领先进文化的发展方向，是推动社会主义文化大发展大繁荣的根本保证，是我们的兴国之魂。

探究活动四：观看网络视频《天堂的午餐》，畅谈观看本片最大的体会。

（学生发言）

（教师总结）我们从本作品中深刻地感受到了“孝”文化的影响力，它也是我们道德的起点、社会主义核心价值体系的基石。

四、第四环节:“行”——合作探究、展示总结

（教师）先进文化都是广大人民在中国共产党的领导下通过实践创造的，刚才那部网络点击率极高的短片并非出自文化企业，也不是出自专业导演手笔，而是一名和在座年龄相仿的学生利用自己的手机自导自演的。我相信以在座各位的创造力、艺术水平一定能完成并超越他，先进文化的宝库里一定会有你的作品。现在就为大家提供了这样的机会。

探究活动五：小组合作设计一个先进文化作品的创意，并向大家展示。

（学生小组合作完成文化作品创意设计）

（学生作品展示）

（教师在学生的发言中提炼）如何建设社会主义核心价值体系：巩固马克思主义指导地位、教育人民、凝聚力量、鼓舞斗志、引领风尚。

五、第五环节:“情”——教师总结、情感升华

进一步明确建设先进文化的前进方向，增强对中国共产党的热爱之情，坚定共产主义信仰，树立民族自信心和自豪感。

（教师总结）通过创作我们发现，当代中国的先进文化是以人为本、关注社会、着眼未来的。这一切源于我们指导思想的科学，所以文化建设中高举社会主义伟大旗帜，最根本的是坚持马克思主义中国化的最新成果——中国特色社会主义理论体系。

在这面科学旗帜的指导下，充实我们的社会主义核心价值体系，引领中国先进文化的

这艘巨轮，不断吸收传统文化及外来文化精华，在舵手中国共产党的领导下，依靠广大人民的力量乘风远航。(板书生成)

发展中国先进文化这艘巨轮，必须高举伟大旗帜，有伟大旗帜，就会有正确的方向、共同的理想、无穷的力量，不管前面有暴风骤雨还是滔天巨浪，我们都能顺利远航，奔向新的辉煌。

【板书设计】

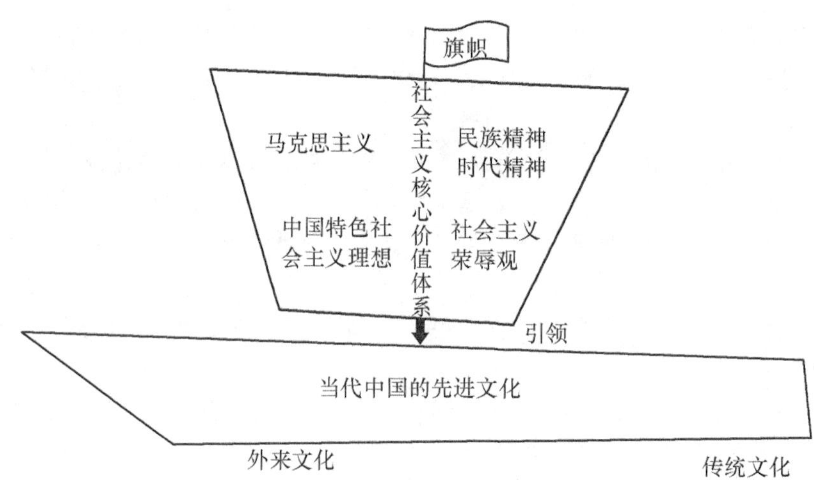

【教学反思与自我评价】

(1) 课堂教学设计要坚持以学生为本，充分尊重学生的成长规律、认知水平、思维能力，特别是对学生兴趣点的准确把握和挖掘。这就要求在课堂教学设计上首先应在考虑学情的基础上选取教学背景材料，必须既要能够为课堂教学服务，又能充分地激发学生的兴趣，因为兴趣是学生学习的最大动力。其次，注意在政治课堂上要尽量避免“说教”的色彩，应巧妙地设计课堂活动，使学生在活动中体会知识、运用知识，从而真正地接受知识、理解知识。再次，教师要充分发挥主导作用，要在引导学生生成知识方面发挥重要作用，注重多设问、少陈述、多引导、少展示，设问中要突出问题的层次性和对学生的有效性，做到让学生有话可说、敢说、爱说，能激发学生的深入思考。

(2) 政治教师平时不仅要加强专业知识的积累，还应关注社会、关注学生的精神世界及兴趣爱好，注意积累大量的教学素材，充实自己的课堂，这样才能使政治课堂真正活跃起来，让学生不再觉得政治课枯燥无味、脱离生活。

(3) 高中政治课教学应以知识逻辑为课堂根本线索，课堂的各种活动归根结底为学生对知识的了解和掌握服务，课堂教学形式是为教学内容服务，特别是学生的活动应是有目的的、有价值的，不应是为了活动而活动。

【专家分析与点评】

首先，尊重学生，尊重规律。这节课充分尊重学生的主体地位，不是“为教师而设计”的课堂，而是真正“为学生而设计”的课堂，不以教师的意志代替学生的意志，充分尊重学生的认知规律和情感规律。课堂通过“观—悟—思—行—情”五个环节的设计，学生思维经历了感性认识向理性认识的深化，情感经历了思辨向信念的升华。教师抛出的设问有较强的思辨性和发展性，使学生成为思维的主体。可以说，本节课在价值观上体现了一切为了学生，在行为观上，做到了全面依靠学生。

其次，小立课程，大作工夫。本节课，教师教给学生的基础知识尽可能地精简，让学生腾出时间和精力进行大量的活动。例如，通过“走进‘五个一工程’，小组讨论推荐一部作品，讨论推荐理由”；“小组合作设计一个先进文化作品，简要介绍作品”等小组活动，使学生从实践中总结知识，升华情感。实践证明，这样使学生获得的基础知识更加精粹。这样整体性的知识和体验与教师强加的传授知识有着本质的不同，学生收获了精粹的基础知识才能在今后的学习中运用自如。

再次，以情动人，知行合一。本节课最大的难度就是如何打动学生的心灵，而非理论的说教。张旷达老师广泛搜集素材，以电影《建党伟业》开篇，体会中国先进文化的产生及马克思主义的方向引领作用，引发了学生的共鸣。在此基础上，他通过引导学生“推荐一部‘五个一工程’作品”，使学生成为资源的开发者，思想的传播者。

最后，通过实践设计展示活动，使师生同历情感升华、坚定信仰的过程。可以说，整堂课是师生共同生成知识，共同体验生命成长的过程。当很多同学和老师在动情的泪水中下课的时候，我们不禁感慨，有灵魂的课堂会不断地激发着师生的合力、相互感染力、凝聚力和创造力！

下面我想用第斯多惠的一句名言结束这篇点评：教学的艺术不在于传授本领，而在于激励、唤醒和鼓舞。

（沈阳市皇姑区教师进修学校　胡颖）

【作者简介】

张旷达，辽宁省沈阳市第十一中学优秀青年政治教师，从教以来多次获得国家、省、市级优质课一等奖。

案例 10　《实现人生价值》教学设计

抚顺市第二中学　鄂丽红

【教学内容分析】

本课是高三复习课教学设计。

本课的核心是“什么是人生价值以及如何实现人生价值”。首先，教材从哲学意义上的价值入手，进而迁移到人生价值的含义和包含着两个方面的内容；其次，从一般意义上的价值观的导向作用迁移到如何树立正确的价值观（价值判断与价值选择的标准）；最后，在以上两个方面的基础上说明要实现人生价值需要有正确的价值观，努力为社会做贡献。

从本课所涉及的内容和在全册教材的地位来看，是人生观和价值观部分，是全书的落脚点与归宿，因而着重体现了学科的德育功能；从本复习课的目标来看，主要是加强对知识的巩固和运用以及知识体系的形成和对于知识理解的深化。因此，我把本节课的价值定位在“德育功能＋知识深化”。

【学情分析】

本复习课属于一轮复习，而且是必修四的最后一部分复习（总计四个必修模块）。在前面几个哲学部分的复习中，基本上对于单元式的复习脉络和方法有所把握，因此对于本课的复习来讲难度不大。但是由于一些知识点之间内在联系的理解及从哲学的其他方面上理解有一定的难度，需要教师加以引领。

【教学目标】

知识目标（高考考点要求）：价值和价值观；价值观的导向作用；价值判断与价值选择的客观依据；价值判断与价值选择的社会历史性；价值判断与价值选择的阶级性；价值冲突及评价标准；人生价值的实现方式；个人价值与社会价值的统一。

能力目标：培养学生辩证思维能力、知识迁移能力以及结合材料分析问题、解决问题的能力。

情感、态度、价值观目标：树立正确的人生价值观，为更好地实现人生价值而努力奋斗。

【教学重点和难点】

教学重点：人生价值是什么及如何实现人生价值。

教学难点：价值判断与价值选择的客观性、社会历史性。

【教学策略选择与设计】

本复习课的指导思想是充分发挥学生的主体作用，使学生在教师的引导下实现教学目标，具体通过以下几个环节来实现。第一，课前由教师设计导学案，引导学生自我复习教材中的基本知识点，并且在导学案中针对不同的知识点提出了有一定思维含量的问题，引导学生思考；第二，课堂上通过对两则材料的分析和高考精典题及师生对题的变式的训练来理解价值判断与价值选择的几个特点和如何实现人生价值；第三，通过学生质疑、学生回答来查缺补漏；第四，形成一定的知识体系，把握本课的核心问题。

【教学资源与工具设计】

本课的教学资源，一是教材本身的资源，二是网络上的素材和高考经典题的选择，最重要的是学生的资源。

教学工具是制作有标号①～⑥的竞答牌，为分组研讨后的展示做竞争的准备。

【教学过程】

一、依据导学案，自主构建——自主学习向课前延伸

附：高三复习课，必修四，第12课《实现人生价值》导学案

（课前预习案）

【知识梳理】

哲学意义的价值与人的价值比较

	哲学意义价值	人的价值
区别	含义 特点	含义 基本内容：　　　　评价：
联系		

重点思考1：人的价值基本内容为什么包含着两个方面？从这两个方面的内容看如何更好地实现人生价值？

价值观的含义及导向作用的表现是什么？

重点思考2：价值观与社会意识关系是什么？价值观与价值判断的关系是什么？

事实判断、价值判断与价值选择的关系是什么？

“花开了”与“花真漂亮”分别属于什么判断？

正确作出价值判断与价值选择的客观标准是什么？

价值判断与价值选择的社会历史性特征指什么？把握这一特点的意义是什么？

重点思考3：如何从唯物论、辩证法、认识论、真理的特点的角度理解价值判断与价值选择的社会历史性？

影响价值判断与价值选择的主观因素有哪些？正确作出价值判断与价值选择的主体性标准是什么？

重点思考4：如何正确处理价值判断与价值选择的冲突？[正确处理个人利益、他人利益、国家（集体）利益的关系]

（1）劳动和奉献对实现人生价值的意义是什么？

（2）个人与社会的关系如何？（教材第109页）如何就二者的关系实现人生价值？

（3）你所构建的本课的知识体系是什么？你认为本课的核心问题是什么？你还有哪些疑问？

（4）哲学既是世界观又是方法论，这一思想贯穿于唯物论、辩证法、认识论、历史观中，同样也贯穿于价值观（人生价值观）中。能否就本课的内容归纳基本的原理及对应的方法论。

	原理内容	方法论
人的真正价值	人的真正价值在于对社会的责任和贡献	为社会多做贡献
人的价值包括		
价值观的导向作用		
价值判断与价值选择的客观性		
价值判断与价值的社会历史性		
价值判断与价值选择的主体性		
个人与社会相统一		

【典型题精练】

1.（2011，广东文综）幸福，在西方文化传统中有诸神之赐，来世之享，天赋权利等解读。在现实生活中，也有幸福是金钱的占有，幸福是奉献的喜悦等观点。分析这些幸福观，正确的理论出发点是：

①价值判断和价值选择必然具有社会历史性　②价值判断和价值选择必然具有阶级性

③社会价值观的主导者历来属于人民群众　④正确的幸福观才是美好生活的航标

A. ①②　　B. ①④　　C. ②③　　D. ③④

变式一：幸福是什么？有人说，是一家人的团聚；有人说，是寒冷中的一杯奶茶；有人说，是伤心时听到的一句温暖的话语……这说明：

A. 幸福的感觉多种多样，离不开物质载体

B. 价值判断因人因时而异，具有社会历史性

C. 人们的需要和利益不同，价值判断也不同

D. 价值判断具有一定的阶级性

变式二：请你来设计材料，要选择的项是价值判断与价值选择的客观性。

2. 汉代的匡衡少年时没钱买蜡烛，就凿壁偷光，勤奋苦读。有一户人家有很多书，匡衡在这户人家当雇工却不要报酬，只是请求主人把所有的书都让自己读一遍。主人深受感动，就把书借给他。后来，匡衡成了大学问家。这表明：

①社会和他人提供的条件是实现人生价值的基础

②发挥人的主观能动性是实现人生价值的决定性因素

③人生价值能否实现取决于能否用正确的价值观来引导

④人生价值总是在个人与社会的统一中实现的

A. ①③　　B. ②③　　C. ①④　　D. ②④

3.（2011·四川文综）王国维在《人间词话》中说："古今之成大事业、大学问者，必经过三种之境界。'昨夜西风凋碧树，独上高楼，望尽天涯路'，此第一境也。'衣带渐宽终不悔，为伊消得人憔悴'，此第二境也。'众里寻他千百度，蓦然回首，那人却在，灯火阑珊处'，此第三境也。"这给我们的人生启示是：

①树立正确的人生目标和理想，对人生有着重大的指导作用

②实现人生价值需要有百折不挠、不怕失败的顽强奋斗精神

③个人的人生理想源于现实、高于现实，可自然转化为现实

④社会性是人的本质属性，实现人生价值需要一定的社会条件

A. ①② B. ①③ C. ②④ D. ③④

【材料分析 1】番茄的故事

番茄的老家在秘鲁和墨西哥，最早是一种生长在森林里的野生浆果。当地人把它当作有毒的果子，称之为“狼桃”。后来，英国有个公爵到南美洲游历，被它艳丽的色彩所深深吸引，于是把它带回了英国，献给伊丽莎白女王，以示对爱情的忠贞。此后，番茄便有了“爱情果”的美名。

直到 18 世纪，有一位法国画家冒天下之大不韪，“以身试桃”。他壮着胆子吃下了几个，并穿好衣服躺在床上等待“死神”的降临，然而过了老半天也未感到身体有什么不适。这个消息慢慢传播开来，人们开始知道了原来认为有毒的狼桃是有美味的。

今天人们对番茄的认识不断深入。番茄富含维生素和矿物质元素，能减少心脏病的发作；番茄红素具有独特的抗氧化能力，能阻止癌变进程；还能有效减少胰腺癌、直肠癌、喉癌、口腔癌、肺癌、乳腺癌等癌症的发病危险等。

然而，对于番茄的生吃与熟吃说法不一。经专家研究，认为生吃可以让人们摄入更多的维生素 C；加热时间越长，番茄红素和其他抗氧化剂增幅越大，而番茄红素可降低人患癌症的概率。

从人们对“番茄的价值”的认识过程，说明价值判断和价值选择具有哪些特点？从姜士和的事迹说明什么是人生价值以及如何实现人生价值？

【材料分析 2】“番茄大王”的美丽人生

姜士和于 1983 年抓住党的富民政策开始大棚西红柿生产。由于大棚西红柿生产技术要求高，为了掌握这门技术，姜士和多次到沈阳、长春等地参观学习，还订阅了《吉林科技报》、《农村科学试验》等报刊、杂志，购买了相关书籍，努力学习大棚西红柿种植技术。经过刻苦钻研，姜士和终于掌握了一整套科学种植大棚西红柿的技术，并无偿传授给周边农民，被省人力资源和社会保障厅评为“高级农艺师”。

姜士和不仅自己致富，还带领全镇 1120 户贫困户走上了致富路。通过发展西红柿产业，加快了菜园子镇的农业结构调整，使西红柿成为一大支柱产业，成为农民增产增收的重要途径。同时，解决农民就业 4000 多人。姜士和先后被评为全国、省及长春市劳动模范；长春市“乡土人”拔尖人才、农民党员“双带”标兵；连续多年被授予长春市“番茄大王”称号。

依托导学案，学生对基础知识进行自主梳理，并在此基础上构建知识网络结构，同时思考导学案中提出的问题。通过这种方式，让学生对相关复习内容形成主动感悟，对教材形成整体认识，为巩固复习打下基础，同时以自主的方式开展复习和学习，也会大大提升学生的学习品质。

二、知识能力大提升——课堂上交流研讨

刚上课时，请 3 名同学分别就本课的三目在黑板上写出知识体系。

（一）重点解决价值判断与价值选择的几个特点

（1）让学生通过对“西红柿的故事”的分析，把握价值判断与价值选择的几个特点(分组研讨，竞争展示)。由于最初的番茄生长在森林，地域限制着人们对它的认识，认为是有毒的；后来随着时间的推移、研究的深入，逐渐认识了它的观赏价值、食用价值、营养价值。说明价值判断与价值选择的社会历史性特点。

对于西红柿，有人用来观赏，有人用来食用；有人认为生吃有营养，有人认为熟吃更有价值，说明价值判断与价值选择因人而异，具有主体性特点。

实践证明，最初认为西红柿不能吃的观点是错误的，说明要有正确的事实判断和价值，判断必须遵循事物本身的属性及规律，表明其具有客观性。同时，事物的属性是多样的，人的需求也是多样的，所以价值判断与价值选择也是多样的。

（2）精练中进一步把握以上几个特点：在精练1中选取了高考真题，并以此题为蓝本又设计了变式一，目的是为了让学生对价值判断与价值选择的社会历史性和主体性有着更深的把握。

首先，教师指出这是一组关于“幸福观”的习题，然后提出问题，“幸福观”与“价值观”的关系是什么呢？(价值观是对事物总的看法和根本观点，幸福观是对于什么是幸福的具体的看法，二者是共性与个性的关系。也就是说，价值观与价值判断的关系是共性与个性的关系。)

其次，让学生做这一组题，并思考教师设计这两个题的意图是什么？(考查价值判断与价值选择的社会历史性和主体性)；在此基础上请同学们自己设计变式二，如何考查价值判断与价值选择的客观性，如何就“幸福”这个话题进行设计。

（3）如何从唯物论、辩证法、认识论、真理的角度理解价值判断与价值选择的社会历史性特点（知识迁移、从全书的角度升华）。唯物论的基本观点是物质决定意识，要求一切从实际出发；客观实际是不断变化的，要求从变化的实际出发，做到主客观具体的历史的统一。

辩证法中关于联系是客观的，但也是有条件的，要用联系的观点看问题，需要具体分析联系的条件性；矛盾是普遍的也是客观的，要认识事物需要具体问题具体分析，一切以时间、地点、条件为转移。从认识论来看，实践决定认识，随着实践的广度和深度的发展，认识也要与时俱进。

真理是对客观事物及本质规律的正确认识，真理具有客观性，同时真理也是有条件的、具体的，有相对性的特点。

以上几个方面都可以说明价值判断与价值选择的客观性和社会历史性。

（4）归纳：如何做出正确的价值判断和价值选择？(坚持真理，遵循社会发展的客观规律；自觉站在最广大人民的根本利益立场上。)

（二）重点理解人生价值的内容及如何实现人生价值

（1）让学生从对“番茄大王”的美丽人生的故事分析中获得认识（分组研讨，部分展示）。

“番茄大王”抓住市场机遇实现了个人的致富，同时带领他人共同致富；社会授予他“劳动模范”、“西红柿大王”等称号，让他的人生价值不断得以绽放。说明人生价值包括个人对社会的贡献和社会对个人的尊重与满足，但人生的真正价值在于对社会的责任和贡献。

姜士和在番茄的种植过程中，一人富不算富，还无偿传授技术给他人，带领大家共同致富，自己也获得众多荣誉称号，表明人只有在奉献社会的实践中才能创造并实现价值。他的成功离不开党的联产承包的政策，离不开他人对他技术的传授，离不开村民对他的信服和支持，表明只有在个人和社会统一中才能实现人生价值。姜士和到外地参观学习、买书籍研究、培训农民等行为，表明实现人生价值需要正确价值观的指导，充分发挥主观能动性，不断增长才干。

(2) 学生练习精典题 2 和 3，进一步理解实现人生价值既离不开社会条件，也离不开人的主观努力。通过这一组题的分析，把握这两个题考查的区分点在哪里，并渗透客观题的答题方法。在复习过程中，结合设计的背景材料和习题，对一些重点、难点、疑点进行分析，既可以加深学生对基础知识的理解，又有助于基本技能的提高；同时对于“番茄”资料的选择既降低切入的起点，又有着鲜明的德育功能。

(三) 学生质疑，学生解答 (弥补个人对知识的漏洞)

以小组为单位，研讨本小组中还有哪些疑难问题，提出来，请求其他小组回答。比比看，哪个小组提的问题更有价值，哪个小组回答的更加精彩。

提出问题是解决问题的一半，而学生质疑，学生解答这种方式是调动学生学习主动性的最佳方式，它将引导学生主动地深入思考问题。

(四) 形成本课的知识体系

(1) 看黑板上学生构架的知识体系，请他人评析——归纳出本课的一条线索或核心，就是“什么是人生价值及如何实现人生价值”。

学生仅仅对一个个知识点的理解是远远不够的，更需要知识体系的形成，把支离破碎的知识点放到整个体系中去把握才是真正的理解。

(2) 换个角度，重新构架。把握哲学的一大特点是“哲学既是世界观，又是方法论”。对本课中涉及的世界观及对应的方法论进行归纳。

	原理内容	方法论
人的真正价值	人的真正价值在于对社会的责任和贡献	为社会多做贡献
人的价值	人的价值包括个人对社会的贡献和社会对个人的尊重和满足	在劳动和奉献中创造价值，在个人与社会的统一中实现价值，在砥砺自我中走向成功
价值观的导向作用	价值观作为一种社会意识，对社会存在具有重大反作用，对人们的行为具有驱动、制约、导向作用	要树立和坚持正确的价值观，发挥价值观的导向作用
价值判断与价值选择的客观性	正确的价值观必须符合社会发展的客观规律	树立正确价值观，要坚持真理，遵循社会发展的客观规律
价值判断与价值的社会历史性	价值判断与价值选择因时间、地点、条件的变化而变化	根据客观条件变化进行价值判断与价值选择，一切以时间、地点、条件为转移

续表

	原理内容	方法论
价值判断与价值选择的主体性	价值判断与价值选择受主体所处地位以及认识的角度而不同	自觉站在最广大人民的立场上，把人民群众的利益作为最高的价值标准和价值追求
个人与社会相统一	社会发展是个人发展的基础，社会发展也离不开个人发展	要在个人与社会的统一中实现人生价值，正确处理个人与集体、个人与社会的关系

三、总结反思，自我内化

从一定意义上说，反思的深度决定着我们进步的幅度。因此在课堂上还应给学生留出一定的时间总结反思，完善知识结构，进一步巩固提升学科能力。

总之，从整体上讲，在设计这课的复习模式时，遵循了把学生的自主学习向课前延伸，做精课堂的思路。在学生学习方式上注重自主、合作、交流。

【课后反思与自我评价】

本课的教学实践使我认识到处理好几个问题的重要性。一是复习课与新授课的不同：复习课没有必要对所涉及的知识面面俱到，只需要对重点、难点、疑点加以重点分析和对知识的迁移深化理解及知识脉络的把握。二是处理好导学案与课堂教学的关系。导学案是课前引导学生阅读教材进行自我思考的依据，而非课上教学的依据；但课上教学是对导学案中的重、难点的深入分析。三是处理好复习课中的“德育功能”与“高考功能”的关系。德育功能是政治课教学的主要功能，它将贯穿于各种类型的课程中。四是处理好课件的选择与使用。课件是辅助教学的，是为教学服务的，不能“为了用而用”。

在本课中，由于导学案的设计，我把一些材料（背景、习题）呈现在导学案中，便于学生课前和课上的看和思考，同时也有利于学生对于资料的保存，便于复习。另外，在课的设计上依然存在着一些问题：一是导学案的设计缺少具体的知识点，难度偏大；二是选取“番茄”的资料有些偏旧，如果能从当代一些热点的话题，如“幸福吗？当有人×××，你会怎么办?”切入会更加鲜活。

本人在教学中善于思考、具有一定的创新精神和批判性思维。针对目前“流行”的导学案教学、高三复习课中的“知识点＋习题”的常规模式及 PPT 的运用都有着自己独特的理解。

【专家分析与点评】

第一，本节课凸显学科理念，落实“三维”目标。通过课堂学习向课前延伸，自主感悟—课堂上研讨交流、提升能力—总结反思、自我内化三个环节完成教学中的知识、能力和德育目标。

第二，教学中充分体现了学生主体作用和教师的主导作用。在课前，学生依据导学案进行自我复习和思考，培养自主学习的思维品质；课上学生在教师的引导下合作探究、互动生成。同时通过一种竞争机制，充分调动了学生思考与表达的积极性；特别是选择了让学生自我设计习题和学生相互质疑、相互解答的模式，充分调动了学生的主动性。

第三，教者打破了高三复习大多采用“知识点十习题”的复习模式，而是采取在“情景设计”分析中突破重、难点，在对经典题的“练与变”中巩固重难点，在知识迁移中建立知识间的内在联系。站在唯物论、辩证法、认识论、真理的角度重新来解读价值判断与价值选择的客观性和社会历史性特点，有一定高度。但交给学生的切入点很低，把复杂的问题加以简单化处理。

第四，在导学案与课堂教学关系的处理上有新意。设计的导学案不是简单知识点的堆积，而是从一些知识间的内在联系上、从不同角度的切换上来设计的，让学生在课前的自我复习中深入思考一些问题；在课堂的教学中不拘泥于导学案和教材的先后顺序，只是针对性的对于一些重、难点分析。

本课也存在一些不足。首先，在导学案的设计上缺少具体知识点的解读，设问点有些偏难，会增加学生的课后负担。其次，在教学几个环节的处理上存在着前松后紧的现象，教学节奏没能很好把握。最后，在教学案例的选择上有些“偏旧”，如能选取现实生活中的案例会增加其鲜活性。

（抚顺市教师进修学院教研员　熊立新）

【作者简介】

鄂丽红，辽宁省抚顺市第二中学任教，市兼职教研员和省学科带头人。

案例 11　单元教学设计：《认识社会与价值选择》

辽宁省绥中县第一高中　柳　杰

【内容及结构分析】

1. 本单元的地位

《认识社会与价值选择》是人教版高中政治《生活与哲学》模块第四单元的内容，共6课时。马克思主义哲学由辩证唯物主义和历史唯物主义两大板块组成。通过前三单元辩证唯物主义的学习，我们明白了“世界是什么”，“世界怎么样”，知道了如何正确地看待我们周围的世界，而本单元则转向历史唯物主义，主要追索社会生活的本质，探究社会历史的规律，寻觅人生的意义和价值。对人类社会和人自身的探索与研究，有利于我们更好地认识和利用自然，而对自然的认识和利用是为了更好地为人类服务。因此，本单元是整个教材的落脚点和归宿，起到概括和总结全书的作用。

2. 本单元内容结构

本单元围绕的核心问题是在如何看待我们周围世界的基础上，形成正确的世界观、人生观和价值观。对社会人生问题的正确认识是形成正确的人生观和价值观的前提，因此要谈价值观，就必须先谈社会历史观。但是，由于第二、第三单元主要是从最一般意义上讲如何正确看待我们周围的世界，而没有把如何正确看待社会和人生作为一个独立的主题进行讨论。因此，第四单元首先要讲清楚的一个内容就是社会历史观，即教材第十一课。第十二课是全书的逻辑重点，专门讲人生价值的实现。此外，对这一单元中没有涉及的人生理想和信念的相关知识，设计了一个探究活动进行探讨，同时也对价值观的有关内容进行总结。

基本结构是：历史观（第十一课）—价值观（第十二课）—人生观（综合探究）。

【教学目标】

依据新课程标准及学生实际认知水平和参与能力，确立如下教学目标。

知识目标：本单元主要引导学生从生活和实践出发，认识社会历史的真谛（知道社会生活在本质上是实践的），理解社会发展的规律，明确社会历史的主体，把握社会历史发展的趋势。在此基础上，引导学生理解人生的价值，了解价值观的导向作用，懂得如何进行价值判断和价值选择，把握实现和创造人生价值的基本途径。

能力目标：通过引导学生对现实生活中的典型事例及时事政治材料的合作探究，分析理解归纳唯物史观的基本观点，从而培养学生正确认识社会发展规律和发展趋势的能力；正确分析和看待社会、人生的能力；正确的价值判断和价值选择以及正确的设计和规划自己人生的能力。

情感、态度和价值观目标：通过本单元的学习，培养学生历史唯物主义的基本立场，培养学生尊重社会发展规律，走社会历史发展的必由之路的思想意识；培养学生的群众观点，坚定群众立场，牢固树立为人民服务的思想；树立为社会历史发展和人类进步事业做贡献的理想信念，形成正确的世界观、人生观和价值观。

【教学重点和难点】

教学重点：

（1）社会存在与社会意识的辩证关系。

（2）人民群众是历史的创造者，是实践的主体。

（3）价值的含义，人的价值的内涵与评价标准。

（4）理解做正确的价值判断和价值选择需要遵循社会发展的客观规律，领悟社会存在决定社会意识；理解最大多数人的利益是最紧要和最具有决定性的因素。

（5）在创造和奉献中实现人生价值。

教学难点：

（1）社会存在与社会意识的辩证关系。

（2）人民群众是社会变革的决定力量。

（3）价值的含义，人的价值与物的价值的区别。

（4）理解做出正确的价值判断和价值选择需要遵循社会发展的客观规律，领悟社会存在决定社会意识；理解最大多数人的利益是最紧要和最具有决定性的因素。

（5）在个人与社会的统一中实现价值。

【学情分析】

学生通过对《生活与哲学》前面三个单元的学习，初步掌握了运用唯物论、辩证法、认识论的观点去认识问题、分析问题的能力，这为他们学习本单元历史唯物主义奠定了理论基础。高二学生拥有一定的生活体验，具备一定的信息收集和筛选能力、阅读能力、语言表达能力，对问题具有一定的探究能力，同伴合作能力和具备初步逻辑思维能力。高中学生正处于世界观、人生观和价值观的形成时期，对于如何实现人生价值问题有所思考，由于现代社会物欲横流，青少年以自我为中心的思想比较突出，所以引导学生树立正确的人生价值观，对他们的成长起到关键作用。而历史唯物主义的观点理论性强，比较抽象，这就需要教师在教学中创设教学情境，使学生能在情境中构建知识、升华情感，以达到知情融合，从而坚持历史唯物主义，树立正确的世界观、人生观和价值观。

【课程资源】

采用多媒体辅助教学，通过视频、图片、歌曲、数据、文字材料等的展示，使教学更加直观、生动、便捷。

【课时安排】

第一课时，第十一课第一框，社会发展的规律。
第二课时，第二框，社会历史的主体。
第三课时，第十二课第一框，价值与价值观。
第四课时，第二框，价值判断与价值选择。
第五课时，第三框，价值的创造与实现。
第六课时，综合探究，坚定理想，铸就辉煌。

【作者简介】

柳杰，辽宁省绥中县第一高中政治教师，绥中县级骨干教师。

案例 12 模块教学设计：思想政治必修四《生活与哲学》

锦州市教师进修学院 胡 静

【模块概述】

《生活与哲学》以邓小平理论和“三个代表”重要思想为指导，帮助学生了解马克思主义哲学的基本原理，学习运用辩证唯物主义和历史唯物主义的观点和方法，正确看待自然、社会和人生的发展，知道实践是检验真理的唯一标准，坚持解放思想、实事求是、与时俱进，能够在社会生活中做出正确的价值判断与行为选择，树立和追求崇高的理想，逐步形成正确的世界观、人生观、价值观。

《生活与哲学》属于必修模块，根据课程标准的要求，本模块每周 2 学时，共 36 学时，在高二第二个学期完成。

【教材分析】

《生活与哲学》模块的核心问题确定为：如何正确看待自然、社会（人生）和思维，树立科学的世界观、人生观和价值观。教材四个单元就是围绕这一核心问题展开的。

第一单元，主要回答什么是科学的世界观和方法论，说明马克思主义哲学的历史地位和重要意义。

第二单元，主要说明马克思主义哲学如何看待我们周围的世界，如何看待物质和意识、实践和认识、真理和谬误的关系，阐明辩证唯物主义的基本观点。

第三单元，主要说明马克思主义哲学如何看待物质世界的运动和发展，阐明辩证唯物主义的联系、发展和对立统一的观点即矛盾观点，学习唯物辩证法。

第四单元，主要阐明马克思主义哲学如何看待社会历史和人生价值，阐明历史唯物主义关于社会基本矛盾和社会发展的基本规律、社会发展的主体力量、阶级和阶级斗争、人生价值等方面的基本观点。

以上四个方面的内容，构成对什么是科学的世界观和人生观、如何形成科学的世界观和人生观这一模块核心问题的回答。这是本课程的主线，也是这一模块的基本设计思路。

【学情分析】

学生特点：高二学生有一定的逻辑、辩证思维能力，拥有一定的生活体验，具备一定的信息收集和筛选能力、阅读能力、语言表达能力、对问题的初步的探究能力，但思维中的抽象概括、推理论证在很大程度上要依赖具体的材料。

知识障碍：哲学本身很抽象，难度很大，因此教学中要注意将抽象的问题具体化，将理论性强的问题生活化。

学生心理分析：在我国现阶段，涌现了大批的先进人物和道德典范，但同时由于社会价值的多元化，个人主义、享乐主义、拜金主义等资本主义腐朽思想也同样在影响着当代的中学生。随着经济的快速发展，许多家庭生活都达到小康水平，还有不少是富裕家庭，独生子女的家庭比较多。因此，现在的学生大多是不太懂得体谅父母的辛劳，对老师和父母不懂得感恩，索取多而奉献少，所以有必要加强世界观、人生观和价值观的教育，引导学生树立正确的世界观、人生观和价值观，为其今后的人生道路奠定基础。

【教学目标】

知识目标：了解辩证唯物主义和历史唯物主义的基本原理和方法。

能力目标：①提高用马克思主义立场、观点和方法面对实际问题，做出正确的价值判断和行为选择的能力。②培养为未来生活而自主学习、选择、探索的能力。③发展采用多种方法特别是现代信息技术，收集、筛选社会信息的能力。

情感、态度和价值观目标：①热爱中国共产党，坚定走中国特色社会主义道路的信念。②热爱祖国，热爱人民，关心祖国命运，增强民族自尊心、自信心和自豪感，弘扬中华民族精神，树立为实现中华民族伟大复兴而奋斗的志向。③关注社会发展，积极参加社会实践，诚实守信，增强社会责任感和民主法制观念，培养公民意识。④热爱集体，奉献社会，关心他人，乐于助人，倡导团结友善的精神。⑤乐于学习，尊重科学，追求真理，具有科学态度和创新精神。

【教学策略】

1. 坚持从生活实际出发

以实际生活为突破口，着眼于学生的实践、认知水平，联系学生的生活经历或学生关注的社会生活问题是重要的教学原则之一。教师在进行教学设计时，无论是知识引入、情境设计，还是活动安排、问题切入，都应该密切联系现实的、学生感兴趣的、耐人寻味的材料或问题，帮助和启发学生从哲学的角度分析和思考问题，使学生感到生活需要哲学，哲学是一门给人智慧，使人聪明的学问。学好哲学，终生受益。

2. 注重展开思维过程

引导学生从自己的思维过程获取知识，也是一条重要的教学原则。在教学过程中，教师要加强对学生的哲学思维训练和培养，运用分析和比较等方法，引导学生在分析实际生活的事例中逐步掌握所学的哲学观点和原理，提高分析、归纳、概括的能力。

3. 鼓励探究和争辩

哲学是一门思辨性很强的课程。鼓励学生进行探究和争辩，是学习哲学的重要教学原则之一。在教学过程中，教师要设计一些有助于提高学生思维能力的研究性和探究性活动，鼓励学生发现问题、提出问题、分析问题、解决问题，提高学生理论联系实际的能力和水平。同时，教师要鼓励学生在课堂上积极主动地发言，及时发现并抓住学生思维的亮点，总结、归纳所学的哲学观点，让学生在讨论或辩论中弄清所学的哲学观点和原理，从丰富多彩的生活中体会和获取知识与智慧。

【教学方法】

1. 情境教学法

这是一种引发学生学习兴趣，活跃学生思维的教学方法。教师应充分运用这一教学方法，巧妙设计问题情境，使学生在学习知识的过程中不断获取新的感受、新的体验，产生浓厚的学习兴趣，积极思维，从而加深对观点和原理的理解。

2. 自主合作探究法

发挥学生的主体作用，生生互动、师生互动，是教学过程中常用的教学方法。在课堂上，教师不能让学生只限于听讲、记忆、复述，而应积极为学生创设良好的学习氛围，让学生积极思考问题，在生生对话、师生对话中，深入理解教材阐述的观点。

3. 案例教学法

案例教学法是新课改背景下为广大教师所推崇的一种教学方法，它要求根据课程标准规定的教学目标要求，结合教材，运用以真实的事件为基础所撰写的案例，在教师的指导下，运用多种形式启发学生独立思考，对案例提供的材料和问题进行分析研究，提出见解，做出判断和决策，借以提高学生分析问题和解决问题能力的一种教学方法。

新课程要立足于学生现实的生活经验，着眼于学生的发展需求，把理论观点的阐述寓于社会生活的主题之中，构建学科知识与生活现象、理论逻辑与生活逻辑有机结合的课程模块。案例教学法在践行以生活为基础、以学科知识为支撑的新课程理念方面，有着传统教学方法所不具备的优越性。

4. 多媒体教学法

精心设计和制作课件，发挥多媒体及网络的作用，是现代化教学常用的教学手段。教师要充分运用现代化的教学手段，通过极为丰富的表现力，有效地揭示事物的本质及其内在联系，达到声画同步，化静为动，化繁为简，化难为易，调动学生的学习积极性，以激发学生兴趣，开阔眼界，培养学生的创新精神。

5. 开展实践活动

教学实践活动，包括课内和课外的实践活动。在教学中，教师要重视学生的参与活动，鼓励学生参与、讨论、质疑，学会独立思考、观察、表达，促使学习向深度和广度发展。

【教学评价】

根据课程标准的评价建议要求，我们要做好对知识目标、能力目标和情感态度价值观目标的评价。要真实、准确、全面、客观地评价学生学习知识和理解运用知识的能力以及行为表现，重视学生参与评价，同时也要正确地评价教师的教学活动。这一方面有利于促进学生主体的发展，另一方面有利于教师驾驭课堂教学，不断提高教学质量。

1. 注重过程性评价

要关注学生对实际生活的思考和分析的情况，关注学生学习和掌握知识的情况，更要关注学生获取知识的过程。学生参与和体验教学活动是评价的重要方面，关注和表达本身就是一种评价，这种评价方式反映了以学生发展为本的价值取向。还可以根据学生参与课堂教学活动和社会实践活动的次数、参与程度等，给予评价等级。

2. 多种评价方式相结合

采用课堂思考及回答问题与学期考试相结合的方式是评价教学的方式之一。学生在课堂上积极思考、主动回答问题、参与探究性学习等表现，都可以作为平时的学习成绩，这样就可以避免“一卷定终身”的评价方式，同时也活跃了课堂气氛。

3. 试题测试

试题测试是评价学生学习状况的有效途径。试题测试可采用开卷与闭卷相结合的方式。开卷试题可以侧重思维的发散性；闭卷试题则注重知识的基础性。试题的设计既要注意概念的准确性，又要体现概念的发展，引导学生能正确地用辩证的观点思考问题，避免学生陷入“要么是，要么不是”的形而上学的思维方式，给学生以自由发挥的空间。

4. 撰写论文或随笔

通过学生撰写的哲学小论文或随笔，评价学生学习知识的情况。例如，针对某一种思想、观点或某一种社会现象，让学生运用所学的基本观点和原理进行分析说明，撰写哲学小论文，是提高学生理论联系实际和分析问题的能力的有效手段。让学生写一事一议即随笔，可促使学生积极思考问题。对学生撰写的小论文或随笔进行评价时，要客观、准确，

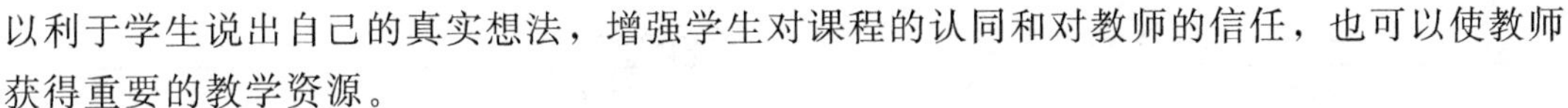

以利于学生说出自己的真实想法，增强学生对课程的认同和对教师的信任，也可以使教师获得重要的教学资源。

5. 做读书笔记

对学生的读书笔记作出评价，也是一种有效的评价方式。例如，学生在阅读马克思主义哲学的经典原著、哲学名家传记以及通俗哲学读物后，做的读书笔记，能反映学生自己探索、自己学习和自己动脑的能力。同时使学生在这一过程中直接感受到马克思主义哲学的风格和气质，进而产生进一步学习马克思主义哲学的热情。

6. 社会调查

通过学生参与社会调查活动，评价学生对知识的迁移和综合运用的能力。例如，做一次调查活动，从学生确定调查活动的主题，拟定调查提纲，采取的调查方式，如何分析和评价调查活动的结果等方面能看出学生的能力。

7. 行为评价

哲学的教学，首先应当注意的是培养学生正确认识世界和改造世界的能力。也就是说，要让学生正确看待世界和人生，形成正确的世界观、人生观和价值观。学生是否关注时事、热爱生活，是否能用所学的观点发现问题、分析问题和解决问题，是否具有创新精神等，最终都体现在行动上。因此，对学生行为的评价是非常重要的评价内容。对学生的行为进行评价要坚持因人而异的原则，学生有了进步，教师要给予积极的肯定。

【教学安排】

教学进度安排是在考虑本学期授课时数的前提下，根据教学内容、教学目标和学生的实际情况，对本学期的教学任务进度及时间等进行整体的计划与安排，目的是保证模块（学期）教学任务的有序进行和顺利完成。安排教学进度要注意节假日所占课时数，注意给教材的重点和难点部分留有充足的时间。教学进度安排通常以表格的形式出现，主要包括年月、周次、节次、教学内容等项目。教学进度表的具体设计可以各具特色，以下两种设计可供参考。

教学进度表（一）

周次	起止时间	教学内容	作业	备注
1	月　日			
2	月　日			
3	月　日			
…	…			

教学进度表（二）

授课时间	教学内容	授课时数	教学方式	完成情况

××学校学期教学计划表

周授课课时	2	授课班级	××班
学期总授课时	36	讲授新课时间	24
复习考试时间	10	机动时间	2
周次	教学内容（单元、课、框）	辅助活动	完成情况
第一周	生活处处有哲学 1，关于世界观的学说 1	作业	
…	…	作业	
…	…	作业	

注：①本学期为 20 周时间，实际教学周为 19 周。每周按 5 天计算。

②教学内容后面的数字为课时数。基本按 1 框内容 1 课时，个别课题根据课标要求为 2 课时。

【作者简介】

胡静，中学高级教师，锦州市教师进修学院高中部政治教研员，曾获“东北三省”、“东北、西北、华北”政治教学专业委员会优秀教研员称号，获辽宁省教育学会政治教育委员会优秀学会工作者称号。

绪表现为高兴、兴奋。能联系生活实际分析：同样“口渴时遭遇半杯水”的事，一个有乐观、豁达态度的人，往往有积极健康的情绪，“半杯水比没有水幸运多了”；而悲观、急躁的态度易使人心生抱怨、失望，“半杯水哪够解渴的！”由此得出“情绪与个人的态度紧密相连”，进一步得出结论：“改变自己的态度可以控制情绪”。

（教师点评） 如果说情绪是奔腾的洪水，那么理智就是一道坚固的闸门，我们可以通过改变自己的态度来控制情绪。（过渡语）可是，我们为什么要调控情绪呢？

二、调控不良情绪

★问题讨论：“为什么情绪需要调控？”

教师组织学生案例交流。同学们能够轻松地搜集到不良情绪的案例，并相互交流。例如，因为朋友间的小矛盾而伤心难过，无心学习；因为与同学发生口角而发怒、生气，甚至大打出手；考试前或课堂发言时紧张，以至于发挥失常；一名韩国留学生要钱未果，一时冲动而怒杀母亲……（教师此处可追问“不良情绪会导致怎样的后果呢？”）学生结合事例，分析归纳出不良情绪会使我们冲动、懦弱、忧郁，甚至做出一些违背道德规范的事情。

（教师点评） 前几天在美国发生的致 20 名儿童死亡的凶杀案，正是一个情绪波动、极端的人所为。不良情绪的恶果告诫我们：情绪需要调控，对任何人都一样，对情绪多变的青少年来说，更应如此。（过渡语）可是，怎样调控情绪呢？

★合作探究：“调节情绪的方法有哪些？”

1. 献计献策

课前，同学们经过搜集资料和拓展阅读，已经对“调节不良情绪的方法”有了初步学习。现在，我们身边有几位同学正处于不良情绪，该使用什么方法进行调节呢？大家给他们出出主意吧！

（1）小丽因为自己失误，导致班级跳绳比赛没获得名次，很伤心，难过得哭了。

（2）因为周末就要去葫芦山庄拓展训练，赵刚兴奋得这几天什么也干不下去。

（3）小红很胆小，老师一让她发言就紧张得什么都忘了，也变结巴了。

希望同学们不但能帮他人调节情绪，也能在自己情绪不佳时，运用方法来调整。

（1）考试时很紧张，这时我会__________。

（2）与他人发生口角，我气得刚想砸东西推人，这时我会__________。

（3）没能第一批入团，很难过，我会__________。

2. 探究展示

请各小组结合以上事例，归纳整理出“调节情绪好方法”，选择指导手册、演讲、三句半、歌曲等任一形式展示探究成果。学生展示如下：（部分内容）

跟我做：……今天这么多老师来听课，大家很紧张吧？可以用（长吁法）调节。请跟我一起做：深呼吸，徐徐吐出一口气，再深呼吸，徐徐吐出……每当我们忧愁、郁闷时，可以使用（短叹法），请跟我一起做：慢慢吸入一口气，短促地叹出来“嗨！”，再来一次“嗨！”，是不是感觉郁闷的情绪有所减轻呢？……

指导手册：* 生气、愤怒——第 1 页（进行运动，大声喊叫，自我暗示）

* 难过、哀伤——第 2 页（大哭一场，倾诉，自我安慰）